오픈소스
하드웨어 플랫폼

손석원 지음

도서출판 홍릉

저자소개

손석원 (sohn@hoseo.edu)

인하대학교에서 공학사, 공학석사, 공학박사를 취득하고 1999년부터 호서대학교 컴퓨터공학부 교수로 재직 중이다. 지금까지의 연구 분야는 무선통신 자원관리, 무선센서를 이용한 구조물 건전성 모니터링 시스템이 있으며, 최근의 관심 연구 분야는 사물 인터넷 및 저지연 트레이딩 플랫폼 등이다.

오픈소스 하드웨어 플랫폼

인 쇄: 2021년 2월 8일 초판 1쇄
발 행: 2021년 2월 19일 초판 1쇄

저 자: 손석원
발행인: 송 준
발행처: 도서출판 홍릉
주 소: 01093 서울시 강북구 인수봉로 50길 10
등 록: 1976년 10월 21일 제5-66호

전 화: 02-999-2274~5, 903-7037
팩 스: 02-905-6729
e-mail: hongpub@hongpub.co.kr
http://www.hongpub.co.kr
ISBN: 979-11-5600-842-2(93000)

정 가: 18,000원

머리말

오늘날 현대사회에서 임베디드 시스템은 스마트 폰, 가정용 전자제품, 무인 자동차 및 무인 항공기 등의 여러 다양한 분야에서 매우 중요한 역할을 하고 있다. 임베디드 시스템은 하드웨어, 소프트웨어 및 펌웨어(firmware)로 구성되고 입력 및 출력 장치 인터페이스가 필수적이며 때에 따라서 GUI 환경을 제공하기도 한다. 대부분의 인터페이스에서 입력장치는 센서라고 부르고, 출력 장치는 액추에이터(actuator)라고 한다. 입출력 인터페이스는 어느 정도 전자공학의 기초지식을 요구하기 때문에 임베디드 시스템을 개발하는 데에는 하드웨어와 소프트웨어의 융합 지식이 필요하다.

이 책은 특정한 임베디드 플랫폼을 사용하지 않고 현재 주변에서 흔히 구할 수 있는 개방형 하드웨어(open source hardware) 플랫폼을 사용하여 이론보다는 실습 위주로 학습할 수 있도록 내용을 기술하였다. 개방형 하드웨어 보드로서 비글본 블랙(Beaglebone Black) 보드와 라즈베리 파이3(Raspberry Pi 3) 보드를 채택하였다. 이들 타겟 보드에 데비안(Debian) 및 우분투(Ubuntu) 리눅스 운영체제를 설치하고 디지털 및 아날로그의 기본 입출력 인터페이스와 각종 센서 및 액추에이터 제어를 실습하는데 리눅스 운영체제의 기초적 이해가 필수적이다.

입력장치로는 온도, 습도, 조도, 초음파, 가속도 센서와 스위치를 사용하였고, 출력 장치로는 LED, 7-세그먼트 디스플레이 장치와 서보 모터 같은 액추에이터를 사용하였다. 모든 부품은 국내 인터넷 쇼핑몰에서 구입하기 쉬운 전자부품을 사용하였고, 빵판과 점퍼 선을 이용하여 납땜하지 않고도 실습할 수 있도록 하였다. 개발 언어로는 C, C++, Nodejs, Python 등의 언어, 즉 현대 컴퓨터 공학에서 중요하고 많이 사용되는 언어를 이용하도록 하였다. 즉, 임베디드 시스템 개발에서 기존에 많이 사용되는 C 및 C++ 뿐

만 아니라 사물 인터넷(IoT)과 웹 애플리케이션에서 많이 사용되는 Nodejs 및 Python 언어를 사용하여 학습자의 응용력을 높이고자 하였다.

주요 독자는 컴퓨터공학, 정보통신공학, 전자공학과 학생들로서 본 교재의 내용을 익히고 나아가서 졸업작품에 활용할 수 있도록 하였다. 실습은 크게 하드웨어 중심실습과 소프트웨어 중심실습으로 나눈다. 센서 및 액추에이터 등의 하드웨어 인터페이스는 비글본블랙 및 라즈베리 파이 3 보드에서 공통으로 적용하여 실습한다. Ubuntu Linux 운영체제 빌드 및 포팅(설치)은 비글본블랙 보드에서 실습하고, Qt5를 이용한 임베디드 GUI 프로그래밍은 라즈베리 파이 3 보드에서 실습한다.

이 책의 학습 방법은 각 장의 실습 내용을 면밀히 이해하고 체화한 뒤에 실습 문제를 이용하여 직접 실습하는 것이다. 책의 내용에 관해 궁금한 것은 카페(cafe.naver.com/esbbb)를 이용해 주기 바라며 동영상 강의도 함께 제공된다. 끝으로 이 책이 나올 수 있게 도와주신 도서출판 홍릉 관계자분들께 감사의 마음을 전합니다.

차례

CHAPTER 1

임베디드 시스템 기초 (Embedded System Basics)

1.1 임베디드 시스템의 정의와 개발환경

1.1.1 임베디드 시스템이란?

임베디드 시스템이 무엇인가를 알려면 우선 "임베디드 시스템"이란 용어가 의미하는 정확한 뜻을 살펴보아야 한다. 임베디드란 단어는 동사 embed의 과거분사(embedded)로서 "끼워진" 또는 "내장된"이란 뜻이다. 즉, 임베디드 시스템이란 어떤 커다란 장치에 끼워진 특별한 컴퓨터 시스템(embedded computer system)을 말한다. 보통의 컴퓨터는 컴퓨터 자체가 주인공이 되지만 임베디드 시스템은 주인공이 아니라 보조적인 역할을 한다. 그러나 그 역할이 매우 중요한 연산과 제어기능을 담당하기 때문에 마치 주인공인 것처럼 보일 수 있다. 예를 들면, 스마트 폰, 무인 항공기(drone 또는 UAV), 무인 자동차 같은 제품 안에는 의심의 여지 없이 특별하고도 중요한 컴퓨터 시스템이 들어있다. 즉, 임베디드 시스템이 내장되어 있다. 이 들 제품은 임베디드 시스템 없이는 작동할 수 없다. 그러나 이들 제품은 컴퓨터 시스템이라고 부르지는 않는다. 임베디드 시스템이 들어있는 장치들은 너무 많아서 오히려 없는 제품을 찾기가 더 빠를지도 모른다. 디지털 카메라, 게임기, 전자레인지, 세탁기, 냉장고, 스마트 TV, 로봇 청소기, 그 외 현재 사용하는 기존의 자동차 및 비행기 등 임베디드 시스템이 사용되는 장치들은 이루 헤아릴 수 없이 많다.

지금까지 "임베디드"란 용어에 대하여 알아보았다. 이제는 "시스템(system)"이란 무엇인가에 대하여 생각해보자. 시스템이란 용어는 경제 시스템(economic system), 법체계(legal system), 바이오 시스템 등과 같이 사회 분야 및 일상생활에서도 많이 사용된다. 그러나 공학 분야로 국한해서 설명하자면 그림 1.1과 같이 중앙의 블랙박스가 입력 신호를 받아서 처리한 다음에 출력 신호를 내보내는 장치로 설명할 수 있다.

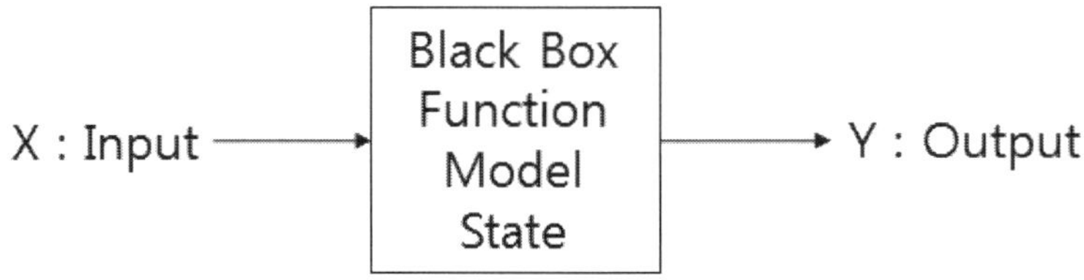

그림 1.1 시스템의 구성도

이 블랙박스는 함수라 부르기도 하고 모델 또는 상태(state)라고 부르기도 한다. 입출력 장치, CPU 및 메모리 장치가 있는 것을 컴퓨터라고 정의하듯이 컴퓨터도 시스템의 일종이라고 말할 수 있다. 사람도 바이오 시스템(bio system)이라고 말할 수 있다. 시스템은 다시 시간/메모리 개념이 포함되는가에 따라서 정적(static) 시스템과 동적(dynamic) 시스템으로 나뉠 수 있는데 동적 시스템은 시간 또는 메모리 개념이 포함된 시스템이다. 시스템은 신호의 종류에 따라서도 분류되는데 아날로그 신호를 처리하면 연속(continuous) 시스템이라 하고 주로 미분 방정식을 사용하여 해석한다. 그러나 신호가 디지털이라면 이산(discrete) 시스템이라고 부르며 이산 수학, 정수론 및 확률/통계에 기초한 이론을 근거로 문제를 해석하고 해결 방법을 찾는다. 2진수를 사용하여 계산하는 컴퓨터는 대표적인 이산 시스템이라고 할 수 있다. 일반적으로 말해서 컴퓨터 공학을 제외한 공학에서는 미분 방정식을 중요한 분석 수단으로 생각하지만 컴퓨터 공학에서는 이산 수학이 중요하게 취급된다.

1.1.2 임베디드 시스템의 구성

임베디드 시스템은 컴퓨터의 일종이므로 범용 컴퓨터와 마찬가지로 하드웨어와 소프트웨어로 이루어진다. 스마트 폰이나 냉장고 등과 같은 상용 제품에 내장된 임베디드 시스템은 그 상품에 맞게 독자적으로 설계되고 개발되기 때문에 학생으로서 그 제품을 입수하여 배우고 개발하기에는 적당하지 않고, 현실적으로 거의 불가능에 가까운 경우도 많다. 따라서 임베디드 시스템을 학습하는 데에는 범용 하드웨어 플랫폼을 이용하는 것이 좋은데 최근에는 가성비가 우수한 개방형(open source) 하드웨어 플랫폼이 많아서 그것들을 사용하는 것이 추세가 되었다. 그 대표적인 예로서, beaglebone black(BBB, http://www.beagleboard.org), Raspberry Pi(RPi, http://www.raspberrypi.org), Arduino (http://www.arduino.cc) 등을 사용한다. 이러한 오픈 소스 하드웨어들은 제조사에서 회로도를 제공하므로 개발자가 일부 기능을 추가하거나 제거하여 설계된 하드웨어 임베디드 보드를 직접 제작할 수도 있다. 경우에 따라서는 어른이 아기를 업듯이 BBB 또는 RPi에 아두이노 보드를 피기백(piggyback) 시켜서 사용하기도 한다.

소프트웨어 측면에서 봤을 때, BBB와 RPi 보드는 리눅스 운영체제를 실행하고 그 위에서 응용 프로그램을 동작시킨다. 반면에 아두이노 보드는 저가격의 소형크기를 지향하므로 운영체제 없이 아두이노 MCU(micro controller unit)가 직접 프로그램을 실행하여 센서를 인터페이스하고 모터 같은 액추에이터(actuator)를 동작시킨다. BBB, RPi 및 아두이노 같은 임베디드 보드는 클라우드 플랫폼(cloud platform)에 연결되는 끝단의 단말기(terminal)로 인식될 수 있다. 이렇게 구성하면 IoT(onternet of things) 서비스를 제공하는 IoT 플랫폼의 구성요소로서 동작한다. 과거의 임베디드 시스템 개발은 디바이스 드라이버와 사용자 인터페이스 프로그램 작성이 주를 이루었으나 IoT 플랫폼으로서의 임베디드 시스템은 입출력(IO) 인터페이스가 더 중요하게 되었다. 따라서 사용 언어도 기존의 C/C++ 언어로부터 JavaScript(nodejs)나 Python 같은 고급 언어(high level)를 지원하는 것으로 확대되고 있다.

리눅스 운영체제의 사용자 인터페이스는 CLI(command line interface, text shell)나 GUI(graphic user interface, graphical shell)를 사용한다. 본서에서는 하드웨어 개발 플랫폼으로서 BBB와 RPi를 사용하며 이후 모든 설명은 BBB와 RPi를 그 대상으로 한다. BBB와 RPi의 리눅스 운영체제는 리눅스(Debian 또는 Ubuntu)를 사용한다. 개발 프래그래밍 언어는 C/C++ 언어를 비롯하여 JavaScript(nodejs) 및 Python 등의 언어를 지원한다. 특히 JavaScript는 Google의 V8 엔진에 기반을 둔 nodejs를 사용한다.

Windows나 리눅스 운영체제에서 Java 프로그램을 실행시키기 위해 JRE(java runtime environment)가 필요한 것과 마찬가지로 JavaScript를 서버에서 동작시키기 위해서는 nodejs가 필요하다.

1.2 비글본 블랙(BeagleBone Black)

1.2.1 하드웨어 개론

비글본 블랙 보드는 개발자를 위한 리눅스 기반의 저렴하고 가성비가 좋은 오픈 소스(open source) 하드웨어 플랫폼이다. 개발 및 판매는 beagleboard.org foundation에 의해 수행되는데 이곳은 미국 미시건에 위치한 비영리 단체이며, 미국 텍사스에 위치한 CircuitCo(http://www.circuitco.com)라는 회사에서 제조된다. 유사한 오픈 소스 개발 플랫폼으로서 Raspberry Pi(http://www.raspberrypi.org)가 있는데 이것은 영국에 기반을 둔 Raspberry Pi Foundation에 의해 개발되었다.

비글본 블랙(beaglebone black) 보드는 2013년 4월에 개발되었지만 그 역사는 2008년 7월에 개발된 비글 보드(beagleboard)로 거슬러 올라간다. 비글 보드는 MCU(micro-controller unit)로서 Texas Instruments(TI, http://www.ti.com)사의 OMAP3530을 사용하였다. 이것은 CPU로서 32bit 프로세서로서 ARMv7-A 구조를 갖는 ARM Cortex-A8을 사용하며 TMS320C64x DSP 칩을 포함한다. 2010년 9월에는 BeagleBoard-xM이 발표되었는데 프로세서로 TI DM3730을 사용하였다. 2011년 10월에는 beaglebone이 발표되었는데 인쇄기판(pcb) 앞면이 흰색으로 되어 있어서 beaglebone white로도 불린다. 이것은 TI AM3358(sitara processor)를 사용한다. 이 프로세서는 beaglebone black에서도 사용하는 프로세서로서 64KB on-chip memory가 내장되어 있다. 2013년 4월에 PCB 앞면이 검은 색으로 되어 있는 beaglebone black(BBB)이 발표되었는데 2015년 말 현재 Rev. C가 사용된다. Beaglebone에서 사용하는 동일한 프로세서인 AM3358이 사용되지만 클럭 스피드가 720 MHz에서 1 GHz로 상향되었다. BBB 이외에도 wifi/ble/servo 모터 제어 등 외부 인터페이스를 강화하여 로봇개발에 사용하도록 개발된 blackbone blue(https://beagleboard.org/blue)가 있으며 BBB에 wifi와 BLE(bluetooth low energy)가 포함된 beaglebone green(https://beagleboard.org/green)도 있다. 이러한 보드들의 기본은 BBB이다. 본서에서는 BBB를 기반으로 설명한다.

전술한 바와 같이 BBB Rev. C는 CPU 클럭 스피드가 1 GHz인 ARM Cortex-A8을 사용하는 TI AM335x 프로세서를 사용한다. 메모리는 512 MB DDR3 RAM, 4 GB eMMC (embedded multimedia card) on-board flash 메모리를 사용한다.

특이한 점은 2개의 32 bit PRU(programmable real-time unit)을 포함하여 하드웨어적으로 실시간 처리가 가능하다. 그 외 사양으로서 7개의 ADC(analog-to-digital conversion), 65개의 digital pin(3.3 V), microSD 카드 지원, USB 2.0, microHDMI, RJ45 ethernet 커넥터 등의 하드웨어를 지원한다. 회로도, PCB 파일, 흔히 BOM(bill of material)이라고 말하는 자재명세서, 매뉴얼 등의 모든 자료는 BBB wiki 사이트(http://elinux.org/Beagleboard:BeagleBoneBlack)에서 오픈 소스 형태로 제공한다. 매뉴얼은 TI AM335X의 BBB TRM(technical reference manual)과 BBB SRM(system reference manual)이 있으며 모두 인터넷상에서 내려 받을 수 있다. 특히 BBB SRM(beagleboard.org 사이트에 링크되어 있음)은 일독할 것을 권장한다.

그림 1.2 BBB의 각 부품의 명칭

소프트웨어는 Debian 및 Ubuntu 리눅스 운영체제뿐만 아니라 안드로이드 모바일 운영체제까지 지원한다. 공장 제조 시에 eMMC에 Debian 리눅스를 설치해서 판매하고, 이 Debian 리눅스에는 Google의 V8 엔진에 기반을 둔 자바 스크립트 실행환경(JavaScript runtime environment)인 nodejs가 설치되어 있다. 또한, 웹 서버가 설치되어 있어서 별도 설치 없이 바로 웹 서버로 사용할 수 있다. 따라서 nodejs와 JavaScript를 사용하여 server-side programming 개발이 가능하다. BBB를 위한 nodejs 라이브러리인 BoneScript가 내장되어 있으며 웹 기반 통합 개발 도구인 cloud9이 설치되어 있는데 192.168.7.2:3000으로 접속할 수 있다.

실습 1.1 ▎ BBB와 모니터/키보드 연결

1. microHDMI 케이블의 한 쪽은 BBB에 연결하고 반대쪽은 모니터를 연결한다.
2. BBB에 키보드와 마우스를 연결한다.
3. USB 케이블로 전원을 공급한다.

실습 1.2 ▎ BBB와 TFT LCD 연결

1. BBB에 7" TFT LCD 디스플레이를 연결한다.
2. 전원으로 5V 어댑터를 연결한다.

1.2.2 개발환경

BBB는 기본적으로 표준 입출력(standard input/output) 장치인 키보드와 모니터를 직접 연결할 수 있다. 따라서 USB 키보드/마우스를 연결하고 microHDMI 케이블을 이용하여 모니터를 연결할 수 있다. 대형 모니터 대신에 4.3인치 또는 7인치 LCD를 직접 BBB 핀에 연결해서 사용해도 된다. 이때 전원장치는 5 V power adapter를 사용한다. 그러나 BBB에 직접 전용 키보드와 전용 모니터를 연결하는 방법은 추가적인 모니터와 키보드가 필요하다는 측면에서 불편하다.

호스트 컴퓨터의 키보드와 모니터를 개발자에게 제공하여 BBB를 제어하고 사용하는 방법에는 크게 두 가지가 있다. 첫째, USB 케이블을 이용하는 방법과 둘째, 6핀의 디버그 시리얼 케이블을 이용하는 방법이다. USB 케이블을 이용하는 방법은 별도의 전원을 공급하지 않아도 된다는 장점이 있다. 반면에 디버그 시리얼 케이블을 이용할 때는 외부 5V 어댑터를 이용해서 전원을 공급하거나 USB 케이블로 전원을 공급해야 하는 단점이 있다. 그럼에도 불구하고 BBB가 부팅할 때부터 모든 메시지를 볼 수 있다는 장점이 있으므로 실제 개발에서는 시리얼 케이블 방법이 많이 사용된다. 그러나 때에 따라서 USB 케이블이 더 편리할 때도 있다. 여기에서는 이해의 명확성을 위해서 첫 번째 방법, 즉 USB 케이블을 이용하는 방법만을 설명하고 두 번째 방법인 시리얼 케이블을 이용하는 방법은 리눅스 빌드 및 설치 부분에서 설명한다.

호스트 컴퓨터는 윈도우즈 운영체제를 사용해도 되지만 후반부의 우분투 리눅스 설치 등의 내용으로 인하여 우분투 리눅스를 사용하는 것이 더 편하다. 별도의 하드 디스크 (예를 들어 외장 SSD)에 우분투 리눅스를 설치해서 호스트 컴퓨터로 사용하는 것이 가장 좋다. 그러나 윈도우즈 PC에서 VMware(www.vmware.com) 또는 VirtualBox (www.virtualbox.org) 등의 가상 머신(PC)을 설치하고 그 위에서 우분투 리눅스를 설치 및 사용해도 된다. 우분투 리눅스는 최소 5년간 업데이트를 지원하는 것을 LTS(long term support) 버전이라고 하는데 우분투 리눅스는 일 년에 두 번(4월과 10월) 신버전이 발표되므로 2020년 8월 현재 최신 버전은 20.04LTS이다. 또한 서버 버전에 대응하는 클라이언트(client) 개념으로 데스크탑(desktop)이란 용어를 사용하는데 이것은 또한 모바일(mobile) 클라이언트와 비교해서 PC 데스크탑이라는 것을 의미하기도 한다. 즉 데스크탑이란 용어는 클라이언트(client) PC라고 생각하면 된다. 가상 머신 소프트웨어 및 Ubuntu 리눅스는 매년 버전 업이 되면서 약간씩 달라지므로 자세한 설치 방법은 Youtube 영상을 참조하는 것이 좋다.

1.2.3 USB 케이블을 이용한 BBB 접속

그림 1.3과 같이 리눅스 PC에는 USB type A 커넥터를 연결하고 BBB에는 type mini-B 커넥터를 연결한다. 이것은 BBB의 internet-over-USB 기능, 즉 USB 포트를 이용한 이더넷(ethernet) 기능을 이용하는 것이다. 이때 디폴트(default)로 BBB의 고정 IP 주소는 192.168.7.2가 되고 리눅스 PC의 주소는 192.168.7.1이 된다. 사용 방법은 다음

과 같다.

1) USB 케이블(그림 1.3)을 PC와 BBB에 연결한다. PC의 USB 2.0은 최대 500 mA 전류를 공급하기 때문에 경우에 따라서 wifi 동글에 전류가 부족하게 공급되어 무선 접속이 안 될 수가 있다. 이때에는 USB3.0 또는 1A 이상의 5 V power 어댑터를 사용한다.

그림 1.3 USB 케이블

2) 리눅스 PC의 터미널을 연다. 이때 리눅스의 로그인 사용자는 표준 모드가 아닌 관리자 모드로 생성하여야 한다. BBB가 부팅한 후에(리눅스의 우 상단에 LAN 접속 아이콘을 보면 연결이 해제되었다가 다시 연결되는 시점이 있다. 이것이 BBB가 부팅되는 시점인데 USB 케이블로 전원 공급 후 1분 이내이다) 터미널에서 ifconfig 명령을 실행하면 eth0, eth4, lo 등의 ethernet adapter를 볼 수 있으며 어댑터에 할당된 IP 주소도 볼 수 있다. 가상머신을 사용하는 경우에는 항상 리눅스 PC에 BBB가 연결되어 있어야 한다는 사실을 잊지 말아야 한다. eth0는 리눅스 PC에 할당된 IP 주소(예: 그림 1.4에서 58.124.33.178)이고, ethX(X는 임의의 숫자, 그림 1.4의 경우 eth4)는 BBB 때문에 만들어진 PC 리눅스의 또 다른 IP 주소(192.168.7.1)이다. 즉, 두 개 모두 PC의 IP 주소이지만 eth4는 USB ethernet 기능으로 생긴 PC의 새 IP 주소이다. 그리고 lo는 local address(127.0.0.1)를 의미한다. BBB에 의해서 만들어진 ethX의 IP 주소가 192.168.7.1이 아니라면 PC 리눅스의 네트워크 설정을 IP 주소 자동할당(DHCP)으로 되어 있는지 확인한다. ifconfig

명령이 없다면 net-tools 툴을 설치한다. 설치 명령은 sudo apt-get install net-tools이다.

```
bbb@DMZ:~$ ifconfig
eth0      Link encap:Ethernet  HWaddr 00:13:77:c3:50:d0
          inet addr:58.124.33.178  Bcast:58.124.33.255  Mask:255.255.255.128
          inet6 addr: fe80::213:77ff:fec3:50d0/64 Scope:Link
          UP BROADCAST RUNNING MULTICAST  MTU:1500  Metric:1
          RX packets:7320 errors:0 dropped:0 overruns:0 frame:0
          TX packets:4344 errors:0 dropped:0 overruns:0 carrier:0
          collisions:0 txqueuelen:1000
          RX bytes:9825153 (9.8 MB)  TX bytes:349220 (349.2 KB)

eth4      Link encap:Ethernet  HWaddr d0:5f:b8:fd:4e:f7
          inet addr:192.168.7.1  Bcast:192.168.7.3  Mask:255.255.255.252
          inet6 addr: fe80::d25f:b8ff:fefd:4ef7/64 Scope:Link
          UP BROADCAST RUNNING MULTICAST  MTU:1500  Metric:1
          RX packets:42 errors:0 dropped:0 overruns:0 frame:0
          TX packets:12 errors:0 dropped:0 overruns:0 carrier:0
          collisions:0 txqueuelen:1000
          RX bytes:8215 (8.2 KB)  TX bytes:2292 (2.2 KB)

lo        Link encap:Local Loopback
          inet addr:127.0.0.1  Mask:255.0.0.0
          inet6 addr: ::1/128 Scope:Host
```

그림 1.4 PC 리눅스에서 본 IP 주소

3) 터미널 윈도우에서 ssh(Secure SHell)명령을 이용하여 BBB에 연결하고 로그인한다(그림 1.5). 로그인할 때 username에 root를 사용하면 비밀번호를 물어보지 않는다. 로그인 후에 date 명령을 실행해 보자. ping 명령은 아직 BBB에서 인터넷 접속이 안 되므로 타겟 호스트인 www.google.com이 접속되지 않는 것을 그림 1.5에서 보여준다.

```
bbb@Desktop: ~
bbb@Desktop:~$ ssh root@192.168.7.2
Debian GNU/Linux 7

BeagleBoard.org BeagleBone Debian Image 2014-04-23

Support/FAQ: http://elinux.org/Beagleboard:BeagleBoneBlack_Debian
Last login: Wed Apr 23 20:26:40 2014 from 192.168.7.1
root@beaglebone:~# date
Wed Apr 23 20:28:32 UTC 2014
root@beaglebone:~# ping www.google.com
ping: unknown host www.google.com
root@beaglebone:~#
```

그림 1.5 ssh 명령어를 이용한 login 화면

그림 1.5에서는 root@192.168.7.2처럼 root 사용자를 사용하였다. 그러나 username을 사용하지 않고 ssh 192.168.7.2와 같이 명령을 실행하면 호스트(host) 리눅스의 login username을 이용해서 접속을 시도하므로 주의해야 한다. BBB에 login 후 prompt를 확인하면 bbb@Desktop:~$에서 root@beaglebone:~#으로 변경된 것을 알 수 있다(그림 1.5). 이 프롬프트를 주의해서 보면 현재 BBB에 로그인되어 있는지 PC 리눅스에 있는지를 판단할 수 있다.

BBB에서 ifconfig 명령을 실행하면 eth0, usb0, lo 등의 어댑터와 IP 주소도 볼 수 있다(그림 1.6). eth0는 IP 주소가 보이지 않는데 이것은 PC(192.168.7.1)를 의미하고 usb0(192.168.7.2)는 BBB를 의미한다.

```
root@beaglebone:~# ifconfig
eth0      Link encap:Ethernet  HWaddr d0:5f:b8:fd:4e:f5
          UP BROADCAST MULTICAST  MTU:1500  Metric:1
          RX packets:0 errors:0 dropped:0 overruns:0 frame:0
          TX packets:0 errors:0 dropped:0 overruns:0 carrier:0
          collisions:0 txqueuelen:1000
          RX bytes:0 (0.0 B)  TX bytes:0 (0.0 B)
          Interrupt:40

lo        Link encap:Local Loopback
          inet addr:127.0.0.1  Mask:255.0.0.0
          inet6 addr: ::1/128 Scope:Host
          UP LOOPBACK RUNNING  MTU:65536  Metric:1
          RX packets:0 errors:0 dropped:0 overruns:0 frame:0
          TX packets:0 errors:0 dropped:0 overruns:0 carrier:0
          collisions:0 txqueuelen:0
          RX bytes:0 (0.0 B)  TX bytes:0 (0.0 B)

usb0      Link encap:Ethernet  HWaddr d6:a4:27:22:bb:5c
          inet addr:192.168.7.2  Bcast:192.168.7.3  Mask:255.255.255.252
          inet6 addr: fe80::d4a4:27ff:fe22:bb5c/64 Scope:Link
          UP BROADCAST RUNNING MULTICAST  MTU:1500  Metric:1
```

그림 1.6 BBB에서 본 IP 주소

ssh 프로그램이 없어서 명령어가 실행되지 않는다면 ssh 프로그램을 설치한 후에 다시 실행시킨다. ssh를 설치하려면 apt-get 명령어를 사용한다. sudo는 super user의 권한으로 실행(do)하라는 뜻이다.

```
sudo apt-get install ssh
```

이때 물어보는 password는 root(super user)의 비밀번호가 아니라 host PC에 로그인한 일반 사용자의 비밀번호라는 것에 주의한다. ssh를 이용하여 처음 접속하게 되면 정말 접속할 것인지를(yes/no) 물어보는데 yes를 입력한다(그림 1.7).

```
bbb@Desktop: ~
bbb@Desktop:~$ ssh root@192.168.7.2
The authenticity of host '192.168.7.2 (192.168.7.2)' can't be established.
ECDSA key fingerprint is c0:81:1a:f4:58:b9:51:15:00:df:ee:71:c4:d9:fd:54.
Are you sure you want to continue connecting (yes/no)? yes
Warning: Permanently added '192.168.7.2' (ECDSA) to the list of known hosts.
Debian GNU/Linux 7

BeagleBoard.org BeagleBone Debian Image 2014-04-23

Support/FAQ: http://elinux.org/Beagleboard:BeagleBoneBlack_Debian
Last login: Wed Apr 23 20:20:10 2014
root@beaglebone:~# 
```

그림 1.7 접속할 것인지를 물어보는 화면(yes/no를 입력)

일단 BBB에 로그인 후에는 모든 명령어는 BBB의 리눅스에서 실행하는 것이 된다. 때때로 host key가 변경되었을 때 그림 1.8과 같이 오류 메시지가 보인다. 이때는 당황

```
bbb@Desktop: ~
bbb@Desktop:~$ ssh root@192.168.7.2
@@@@@@@@@@@@@@@@@@@@@@@@@@@@@@@@@@@@@@@@@@@@@@@@@@@@@@@@@@@
@    WARNING: REMOTE HOST IDENTIFICATION HAS CHANGED!     @
@@@@@@@@@@@@@@@@@@@@@@@@@@@@@@@@@@@@@@@@@@@@@@@@@@@@@@@@@@@
IT IS POSSIBLE THAT SOMEONE IS DOING SOMETHING NASTY!
Someone could be eavesdropping on you right now (man-in-the-middle attack)!
It is also possible that a host key has just been changed.
The fingerprint for the ECDSA key sent by the remote host is
c0:81:1a:f4:58:b9:51:15:00:df:ee:71:c4:d9:fd:54.
Please contact your system administrator.
Add correct host key in /home/bbb/.ssh/known_hosts to get rid of this message.
Offending ECDSA key in /home/bbb/.ssh/known_hosts:1
  remove with: ssh-keygen -f "/home/bbb/.ssh/known_hosts" -R 192.168.7.2
ECDSA host key for 192.168.7.2 has changed and you have requested strict checkin
g.
Host key verification failed.
bbb@Desktop:~$ ^C
bbb@Desktop:~$ ^C
bbb@Desktop:~$ 
```

그림 1.8 host key가 변경되었을 경우 오류 메시지

하지 말고 하일라이트 부분을 선택하고 마우스 우버튼을 클릭해서 복사한 다음에 $ 프롬트 뒤에 붙여넣기를 하여 명령어를 수행하면 된다(그림 1.9).

```
Host key verification failed.
bbb@Desktop:~$ ^C
bbb@Desktop:~$ ^C
bbb@Desktop:~$ ssh-keygen -f "/home/bbb/.ssh/known_hosts" -R 192.168.7.2
```

그림 1.9 ssh 명령 실행시 오류 대처법

실습 1.3 ‖ PC에서 BBB 접속하기

Internet-over-USB 기능을 이용한다.

1. PC와 BBB를 USB 케이블로 연결하여 BBB를 부팅시킨다.
2. 터미널에서 ifconfig 명령을 실행하고 eth0, eth1, lo 등에 할당되어 있는 ip 주소를 확인한다.
3. ssh root@192.168.7.2 명령을 실행하여 BBB에 접속을 시도한다.
   만약 ssh가 없다면 ssh 소프트웨어를 설치한다.
   `$sudo apt-get install ssh`

실습 1.4 ‖ 커널 버전 확인

1. root 사용자로 로그인한다.
   `root@beaglebone:~#`
2. BBB에서 다음 명령을 실행하여 커널버전을 확인한다.
   `root@beaglebone:~#uname -r`
   `3.8.13-bone50`
3. ifconfig 명령을 실행시켜 eth0, usb0, lo 등에 할당된 ip주소를 확인한다.
   `usb0(192.168.7.2), lo(127.0.0.1)`
4. ping 192.168.7.1
5. date
6. iwconfig
7. lsusb
8. exit

1.2.4 시스템 끄기(Shutdown)와 리셋(Reset)

BBB에서 eMMC나 microSD 메모리를 언마운트(unmount)하기 전에 물리적으로 전원을 분리하면 파일 시스템(file system)이 고장날 수 있다. 따라서 shutdown 명령어를 이용하는 것이 좋다. 프롬프트에 #가 보이는 것은 root로 로그인한 경우이다.

```
#shutdown -h now
```

하드웨어적으로 파워 버튼(power button)을 눌러서 셧다운 시키는 방법이 있는데 이 방법에는 soft shutdown 및 hard shutdown이 있다.

- soft shutdown : 파워 버튼을 살짝 누른다.
- hard shutdown : 약 8초간 파워 버튼을 누른다.

시스템을 재시작하는 명령어는 reboot을 사용한다.

```
#reboot
```

파워 버튼과 비슷한 버튼으로 리셋(reset) 버튼이 있는데 이것은 CPU의 전원공급을 끊었다 다시 연결하는 것을 의미한다. 그러나 다른 디바이스들의 전원은 계속 공급된다. 데스크탑 PC의 경우에도 마찬가지로 파워 버튼과 리셋 버튼이 따로 존재하는 경우가 있지만, 요즘은 원가절감 차원에서 리셋 버튼이 없어지는 추세이다.

실습 1.5 ▎ PWR & RESET 버튼과 시스템 LED 확인

1. Reset 버튼을 누른다.
2. 부팅 메시지와 시스템 LED 확인
   시스템 LED 순서는 HMCE 순서이다. (Heartbeat, MicroSD, Cpu, Emmc)
3. PWR 버튼을 눌러서 BBB를 끈다.

1.3 BBB에서의 인터넷 연결

기본적으로 BBB 보드의 RJ45 커넥터에 LAN 케이블을 연결해서 유선 네트워크를 이용할 수 있으며 DHCP를 지원하는 허브(hub)나 아파트의 벽에 있는 RJ45 잭에 연결하면 자동으로 IP 주소가 설정된다. 기본적으로 유선 이더넷을 추천하지만 부득이한 경우에는 무선 wifi 연결 또는 USB 케이블을 이용한 네트워크 공유 연결 방법을 사용한다.

1.3.1 Wifi 연결

BBB의 전원을 끈 다음에 wifi 동글(dongle)을 장착한다. Wifi 동글로는 ipTIME (http://www.iptime.co.kr) N100mini 또는 이것보다 조금 큰 ipTime N100UM 등의 모델을 사용해서 설명한다. USB 동글 하드웨어를 탐색하는 명령어는 lsusb가 있다. 이 명령으로 wifi 동글 하드웨어가 탐색 되어야 정상적으로 동작하는 것이다. 만약 lsusb 명령으로 wifi 동글이 탐색되지 않는다면 전류가 적게 공급되는 문제일 가능성이 크다. 전원으로 USB 2.0 케이블을 사용하면 전류공급(최대 500 mA)이 적어서 동작하지 않을 수 있다. 이런 경우에는 전원 공급으로 USB 3.0 또는 5 V power 어댑터를 연결하여 BBB를 부팅시키도록 한다. root로 로그인한 후에 iwconfig 명령어를 사용하여 network adapter를 확인한다. network adapter는 ra0 또는 wlan0와 같이 보일 것이다.

```
c2015@EDI: ~
root@beaglebone:~# iwconfig
ra0       Ralink STA

lo        no wireless extensions.

eth0      no wireless extensions.

usb0      no wireless extensions.

root@beaglebone:~# 
```

그림 1.10 ra0 interface

Debian 7 Linux의 경우 network adapter가 확인되었으면 /etc/network/interfaces 파일을 아래와 같이 수정한다.

```
auto wlan0
iface wlan0 inet dhcp
wpa-ssid "SSID" //(SSID는 변경됨)
wpa-psk "1234567890"  //(비밀번호)
```

위와 같이 /etc/network/interfaces 파일을 수정한 후에 그림 1.11과 같이 ifup 명령어를 이용하여 네트워크를 활성화한다. 비활성화 명령어는 ifdown ra0이다.

```
#ifup ra0
```

그림 1.11에서 BBB의 ip address는 192.168.0.5임을 알 수 있다. 그림 1.12는 네트워크가 동작한 후에 iwconfig 명령어를 수행한 후의 화면이다. ESSID: "Thumper"는 interfaces 파일의 내용 중 wpa-ssid를 말한다. 즉 무선 AP의 SSID이다. ra0 어댑터가 무선 wifi AP에 접속된 후에 ping test를 실시하여 인터넷 접속이 잘 되는 것을 확인한다.

```
root@beaglebone:~# ifup ra0
Internet Systems Consortium DHCP Client 4.2.2
Copyright 2004-2011 Internet Systems Consortium.
All rights reserved.
For info, please visit https://www.isc.org/software/dhcp/

Listening on LPF/ra0/64:e5:99:f4:49:cb
Sending on   LPF/ra0/64:e5:99:f4:49:cb
Sending on   Socket/fallback
DHCPDISCOVER on ra0 to 255.255.255.255 port 67 interval 8
DHCPDISCOVER on ra0 to 255.255.255.255 port 67 interval 11
DHCPREQUEST on ra0 to 255.255.255.255 port 67
DHCPOFFER from 192.168.0.1
DHCPACK from 192.168.0.1
bound to 192.168.0.5 -- renewal in 3445 seconds.
root@beaglebone:~# █
```

그림 1.11 ifup 명령어

```
c2015@EDI: ~
root@beaglebone:~# iwconfig
ra0       Ralink STA  ESSID:"Thumper"  Nickname:"MT7601STA"
          Mode:Managed  Frequency=2.417 GHz  Access Point: 00:08:9F:DE:6F:BC
          Bit Rate=135 Mb/s
          RTS thr:off   Fragment thr:off
          Encryption key:E604-3B57-2EFC-3436-05F5-86B2-85FE-0017 [2]   Securityn
          Link Quality=100/100  Signal level:-40 dBm  Noise level:-68 dBm
          Rx invalid nwid:0  Rx invalid crypt:0  Rx invalid frag:0
          Tx excessive retries:0  Invalid misc:0   Missed beacon:0

lo        no wireless extensions.

eth0      no wireless extensions.

usb0      no wireless extensions.
```

그림 1.12 iwconfig 명령어

실습 1.6 ❙ BBB wifi 연결

1. BBB 전원을 끈다. (power off)
2. wifi dongle을 연결한다.
3. ssh root@192.168.7.2를 이용해서 BBB에 로그인한다.
4. BBB에서 iwconfig 명령을 실행하여 wlan0 또는 ra0 확인
5. BBB에서 /etc/network/interfaces 파일을 vi editor를 이용하여 수정한다.(#는 주석)
   ```
   auto wlan0
   iface wlan0 inet dhcp
   wpa-ssid "SSID" (각자의 SSID)
   wpa-psk "PASSWORD" (각자의 비밀번호
   ```
6. 다음 명령어를 사용함으로써 무선 어댑터를 동작시킨다.
   ```
   #ifup wlan0              //wifi network interface를 up시킨다.
   #ifconfig                //ifconfig 명령을 실행하여 ip 주소를 확인한다.
   #ping www.google.com //ping test를 실시하여 인터넷이 작동하는지 알아본다.
   ```

1.3.2 USB 케이블을 이용한 네트워크 공유(network sharing)

인터넷 케이블을 데스크탑 PC(리눅스)에 연결하고, PC하고 BBB 사이를 USB 케이블로 연결해서 인터넷을 사용하는 것을 네트워크 공유라고 한다. 인터넷을 데스크탑 PC와

BBB 보드가 공유해서 같이 사용한다는 뜻이다. 이를 위해서는 리눅스 PC에서 kernel firewall 설정과 IP forwarding 기능을 활성화해야 하고, BBB에서는 gateway 설정을 해주어야 하는 번거로움이 있다. 우선 리눅스 PC에서 다음과 같이 3단계 작업을 수행한다.

1) ifconfig 명령을 이용해서 두 개의 이더넷(ethernet) 어댑터 확인
   main adapter(eth0)와 internet-over-USB adapter(ethX)

```
ifconfig
```

   그림 1.13에서 eth0는 PC에서 사용하는 이더넷 어댑터(main adapter)이고 eth1은 BBB가 PC에게 제공한 이더넷 어댑터(internet-over-USB adapter)이다.

```
bbb@Desktop: ~
bbb@Desktop:~$ ifconfig
eth0      Link encap:Ethernet  HWaddr 00:13:77:c3:50:d0
          inet addr:192.168.123.100  Bcast:192.168.123.255  Mask:255.255.255.0
          inet6 addr: fe80::213:77ff:fec3:50d0/64 Scope:Link
          UP BROADCAST RUNNING MULTICAST  MTU:1500  Metric:1
          RX packets:78 errors:0 dropped:0 overruns:0 frame:0
          TX packets:104 errors:0 dropped:0 overruns:0 carrier:0
          collisions:0 txqueuelen:1000
          RX bytes:16270 (16.2 KB)  TX bytes:12617 (12.6 KB)

eth1      Link encap:Ethernet  HWaddr d0:5f:b8:fd:4e:f7
          inet addr:192.168.7.1  Bcast:192.168.7.3  Mask:255.255.255.252
          inet6 addr: fe80::d25f:b8ff:fefd:4ef7/64 Scope:Link
          UP BROADCAST RUNNING MULTICAST  MTU:1500  Metric:1
          RX packets:39 errors:0 dropped:0 overruns:0 frame:0
          TX packets:12 errors:0 dropped:0 overruns:0 carrier:0
          collisions:0 txqueuelen:1000
          RX bytes:7797 (7.7 KB)  TX bytes:2292 (2.2 KB)

lo        Link encap:Local Loopback
          inet addr:127.0.0.1  Mask:255.0.0.0
          inet6 addr: ::1/128 Scope:Host
          UP LOOPBACK RUNNING  MTU:65536  Metric:1
          RX packets:217 errors:0 dropped:0 overruns:0 frame:0
```

그림 1.13 PC 리눅스에서 ifconfig 화면

2) 다음 iptables 명령어를 사용하여 kernel의 firewall을 설정한다(그림 1.14). 명령어

는 대소문자를 구별(case sensitive)한다. iptables는 user space command line program으로서 자세한 것은 netfilter 프로젝트(http://www.netfilter.org)를 참조할 수 있다.

```
sudo iptables --append FORWARD --in-interface eth1 -j ACCEPT
sudo iptables --table nat --append POSTROUTING --out-inter-
face eth0 -j MASQUERADE
```

위 명령에서 eth0 및 eth1은 1)번에서 보인 어댑터를 의미한다.

3) ip forwarding 기능을 활성화한다.

```
sudo sh -c "echo 1 > /proc/sys/net/ipv4/ip_forward"
```

`ip_forward` 파일은 초기 값이 "0"이다. -c 옵션은 그 뒤에 나오는 string이 shell 명령어가 되도록 하는 것이다.

```
bbb@Desktop: ~
bbb@Desktop:~$ sudo iptables --table nat --append POSTROUTING --out-interface et
h0 -j MASQUERADE
bbb@Desktop:~$ sudo iptables --append FORWARD --in-interface eth1 -j ACCEPT
bbb@Desktop:~$ sudo sh -c "echo 1 > /proc/sys/net/ipv4/ip_forward"
bbb@Desktop:~$
```

그림 1.14 kernel의 firewall 설정과 ip forwarding

이제 BBB에 로그인해서 Google의 DNS(domain name server)를 ping test 해 보자. 8.8.8.8은 Google의 public DNS 서버로서 8.8.4.4도 같은 기능의 서버 주소이다.

```
ping 8.8.8.8
```

네트워크가 연결되지 않았기 때문에 ping test는 실패할 것이다. 이제 다음과 같이 gateway를 설정한다.

```
#/sbin/route add default gw 192.168.7.1
```

여기서 192.168.7.1은 BBB에서 바라본 PC linux를 말하는 것이므로 BBB의 데이터를 모두 PC로 보내고 PC에서 인터넷 어댑터를 통해서 외부로 나가라는 뜻이 된다. 이제 다시 ping test를 해 보자.

```
#ping 8.8.8.8
```

```
bbb@Desktop: ~
root@beaglebone:~# ping 8.8.8.8
connect: Network is unreachable
root@beaglebone:~# /sbin/route add default gw 192.168.7.1
root@beaglebone:~# ping 8.8.8.8
PING 8.8.8.8 (8.8.8.8) 56(84) bytes of data.
64 bytes from 8.8.8.8: icmp_req=1 ttl=45 time=68.2 ms
64 bytes from 8.8.8.8: icmp_req=2 ttl=45 time=67.8 ms
64 bytes from 8.8.8.8: icmp_req=3 ttl=45 time=67.7 ms
^C
--- 8.8.8.8 ping statistics ---
3 packets transmitted, 3 received, 0% packet loss, time 2002ms
rtt min/avg/max/mdev = 67.713/67.958/68.296/0.246 ms
root@beaglebone:~#
```

그림 1.15 gateway 설정 및 ping 테스트

이제는 ping test가 잘 될 것이다. 그러나 도메인 네임을 이용해서 핑 테스트를 실행하면 에러가 발생한다.

```
#ping www.google.com (에러 발생)
```

이때는 /etc/resolv.conf 파일을 수정해서 google DNS인 8.8.8.8을 넣는다.

```
bbb@Desktop: ~
nameserver 8.8.8.8
~
```

그림 1.16 /etc/resolv.conf 파일의 내용

그리고 다시 위 명령을 실행하면 도메인 네임을 이용해서도 핑 테스트가 잘 되는 것을 확인할 수 있다.

```
bbb@Desktop: ~
root@beaglebone:/etc# ping www.google.com
PING www.google.com (1.255.33.35) 56(84) bytes of data.
64 bytes from 1.255.33.35: icmp_req=1 ttl=57 time=1.49 ms
64 bytes from 1.255.33.35: icmp_req=2 ttl=57 time=1.62 ms
64 bytes from 1.255.33.35: icmp_req=3 ttl=57 time=1.50 ms
^C64 bytes from 1.255.33.35: icmp_req=4 ttl=57 time=1.65 ms

--- www.google.com ping statistics ---
4 packets transmitted, 4 received, 0% packet loss, time 15402ms
rtt min/avg/max/mdev = 1.499/1.570/1.659/0.071 ms
root@beaglebone:/etc# 
```

그림 1.17 도메인 네임을 이용한 핑 테스트

이제 date 명령을 실행해 보자. 시간이 맞지 않으면 시각 서버를 이용해서 시간을 맞추도록 하자.

```
#date
#ntpdate pool.ntp.org
```

```
c2015@EDI: ~
root@beaglebone:~# date
Thu May 15 02:34:27 UTC 2014
root@beaglebone:~# ntpdate pool.ntp.org
12 Jan 02:34:36 ntpdate[1415]: step time server 211.233.84.186 offset 52444794.4
48680 sec
root@beaglebone:~# date
Tue Jan 12 02:34:41 UTC 2016
root@beaglebone:~# 
```

그림 1.18 BBB에서 시간 맞추기

1.4 NBC(Nodejs, BoneScript, Cloud9)와 웹 서버

BBB에서는 공장 출하 시 Debian 7을 설치해서 제공하며 기본적으로 JavaScript runtime environment(실행환경)로서 nodejs(http://www.nodejs.org)를 제공하고, BBB를 위한 nodejs의 함수 라이브러리로서 BoneScript를 제공한다. 또한 Web IDE로 cloud9을 제공한다. Cloud9을 사용함으로써 BBB는 개발자에게 웹 서비스 개발환경을 제공한다. 이것은 웹 접속을 이용하므로 PC와 BBB가 네트워크로 연결되어 있어야 한다.

1.4.1 Nodejs

Google의 chrome에서 사용하는 V8 JavaScript engine에 기반을 둔 것으로서 서버 사이드 웹 응용 프로그램을 위한 open-source JavaScript 실행 환경(runtime environment)이다. 흔히 JavaScript 언어는 웹 브라우저에서 실행되는 client-side 프로그램을 위해 사용되지만 nodejs는 서버에서 실행되는 server-side 프로그램에도 사용된다.

1.4.2 BoneScript

이것은 beaglebone black을 위한 nodejs 함수 라이브러리를 말한다. BBB의 GPIO 연결을 nodejs를 이용해서 쉽게 한다. 기본 디렉터리는 /usr/local/lib/node_modules/bonescript이다.

1.4.3 Cloud9 Web IDE

Eclipse와 같은 대부분의 IDE는 독립실행형(stand-alone)이지만 cloud9(http://c9.io)은 웹 기반 IDE로서 호스트 PC에서 웹 브라우저를 이용해 BBB를 접속해서 사용한다. 즉 BBB가 cloud9의 웹 서버로 동작한다. 리눅스 PC에서 http://192.168.7.2:3000과 같이 포트주소 3000번을 사용하여 웹 접속을 하면 IDE에 접속이 된다(Debian 7). USB 케이블을 사용하면 BBB의 IP 주소가 자동으로 192.168.7.2로 정해지므로 쉽게 cloud9에 접속할 수 있다. Cloud9 Web IDE 프로그램은 nodejs 환경에서 JavaScript로 작성되었다.

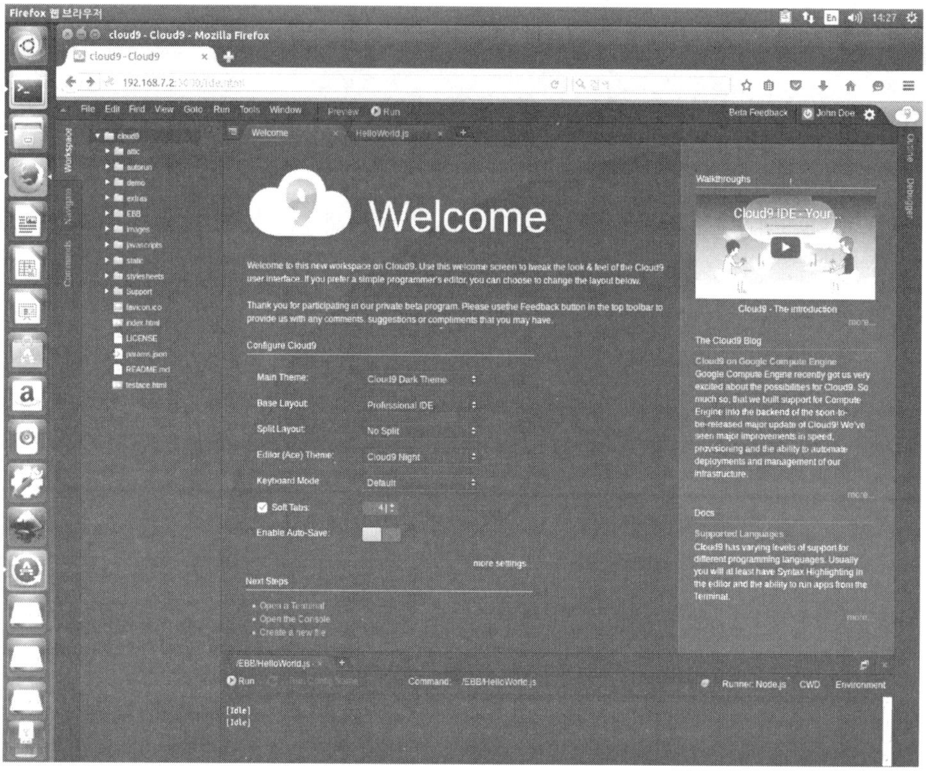

그림 1.19 Cloud9 Web IDE

1.4.4 웹 서버(web server)

BBB에는 기본적으로 실행되는 웹 서버가 두 개 있다. 하나는 apache2 web server이고 또 하나는 nodejs에서 실행되는 웹 서버이다. Apache2 웹서버의 설정 디렉터리는 /etc/apache2이고 실행은 /etc/init.d/apache2 스크립트에 의해 실행된다. Apache2의 웹 루트 디렉터리(web root directory)는 /var/www이다. port는 8080을 디폴트로 사용한다.

다른 웹서버는 nodejs 기반에서 JavaScript를 사용해서 실행되는데 설정 디렉터리는 /usr/local/lib/node_modules/bonescript/systemd이고 port 80과 port 3000의 두 가지 웹 서버를 디폴트로 제공한다. 첫째, port 80 웹 서버는 bonescript.socket과 bonescript.

service 파일에 의해 실행되며, 루트 디렉터리는 /var/lib/cloud9이다. 이 디렉터리의 index.html 파일을 수정하면 http://192.168.7.2를 사용해서 접속되는 웹 서버의 내용을 수정하는 것이다. 둘째, port 3000 웹 서버는 cloud9.socket과 cloud9.service 파일에 의해 실행되며, 루트 디렉터리는 /opt/cloud9이다. 이것은 cloud9이라는 Web IDE를 서비스한다.

실습 1.7 ▎ BBB의 nodejs 기본 웹서버 연결

1. 기본 웹 서버 (port 80) 연결하기
   주소: 192.168.7.2
2. 내용 변경하기
   접속 홈페이지를 변경하려면 루트 디렉터리의 index.html 파일을 변경한다.
   루트 디렉터리: /var/lib/cloud9로 이동
   `#cd /var/lib/cloud9`
3. 원래 파일(index.html) 백업 복사하기
   `#mv index.html index.html_org`
4. index.html을 새로 만들기
   `#vi index.html`

실습 1.8 ▎ BBB의 nodejs Cloud9 웹서버 연결

1. Cloud9 웹 서버 (port 3000) 연결하기
   주소: 192.168.7.2:3000
   루트 디렉터리: /opt/cloud9

실습 1.9 ▎ BBB의 Apache2 웹서버 연결

1. Apache2 웹 서버 (port 8080) 연결하기
   주소: 192.168.7.2:8080
   루트 디렉터리: /var/www

1.5 가상파일 시스템(VFS)을 이용한 BBB LED 제어

BBB에는 파란색 LED가 4개 있다. LED에는 이름이 붙어 있는데 5V 잭(jack)을 위로 향하게 할 때 보드 우측부터 각각 USR0, USR1, USR2, USR3이라고 불린다. BBB에서 USR0는 보드의 심장 박동(heartbeat)을 의미한다. 즉, 보드가 동작하고 있으면 1초 주기로 깜박인다. USR1은 microSD 카드 메모리가 동작될(access) 때 깜박인다. USR2는 CPU가 동작할 때 깜박인다. USR3는 eMMC 메모리가 액세스될 때 깜박이게 된다. 이들 LED 동작은 디폴트로 정해진 것인데 경우에 따라서 바꿀 수도 있다. 이들 LED를 제어할 때는 가상파일 시스템(virtual fie system)인 sysfs를 이용해서 제어할 수 있는데 sysfs는 /sys에 마운트(mount)되어 있다. 즉, 마운트 지점(mount point)이 /sys가 되는 것이다. LED는 원래 하드웨어이므로 커널 영역(kernel space)에서만 제어할 수 있지만 sysfs를 이용해서 사용자 영역(user space)에서도 제어할 수 있다.

Linux 주소 영역(address space)은 커널 영역(kernel space)과 사용자 영역(user space)으로 나누어진다. 커널 영역에서는 커널 모듈 프로그램(kernel module program)이 실행되고 사용자 영역에서는 사용자 응용 프로그램(user application program)이 실행된다. 커널 모듈의 대표적인 것으로서 디바이스 드라이버(device driver)를 예로 들 수 있다. 사용자 응용 프로그램은 사용자 영역의 라이브러리(library) 함수(예: GNU C library API)를 사용하기도 하며, 때에 따라서는 디바이스를 제어(이런 프로그램을 디바이스 드라이버라고 부른다)하기 위해서 커널 영역을 액세스하는 시스템 콜(system call)

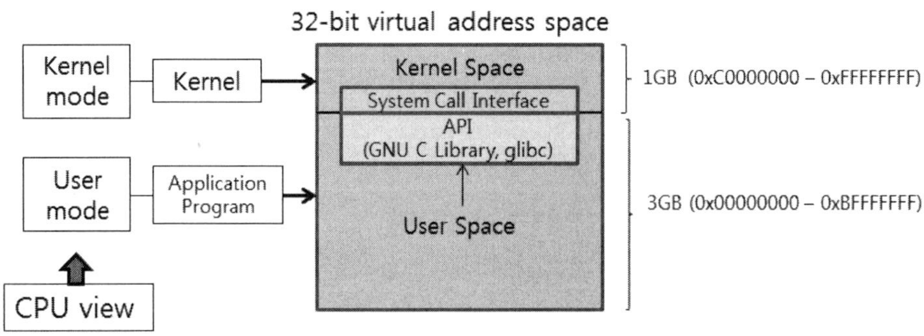

그림 1.20 Linux address space

을 사용하기도 한다. 이를 그림 1.20에 간략히 나타낸다. 예를 들어서 커널 모듈 프로그램인 디바이스 드라이버를 제어하기 위해 `open()`이라는 시스템 콜을 사용할 수도 있으며, 사용자 영역의 프로그램을 위해 standard C library(glibc)로서 `fopen()` 함수를 사용할 수도 있다.

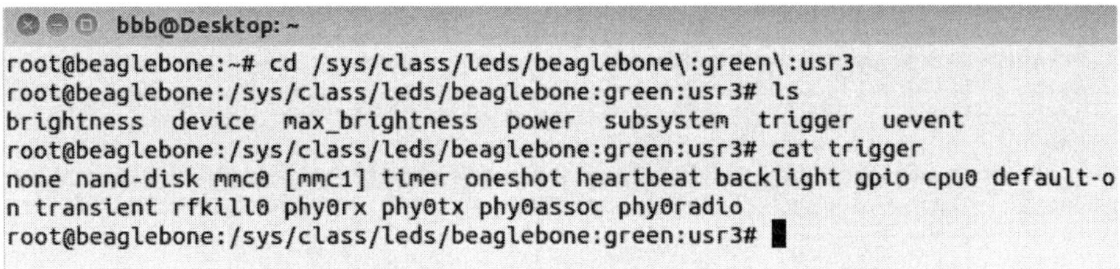

그림 1.21 sysfs를 이용한 USR3 제어

우선 ssh 명령어로 BBB에 접속한 후에 그림 1.21과 같이 /sys를 액세스한다. 그림 1.21을 보면 우선 /sys/class/leds/beaglebone\:green\:usr3 디렉터리로 이동한다. 이때 tab 키를 사용해서 디렉터리 이름들을 쉽고 빠르게 입력한다. 여기서 trigger 파일을 cat 명령으로 읽으면 [mmc1]을 볼 수 있다. 이것은 USR3가 디폴트로 mmc1으로 설정되어 있다는 것을 의미한다. mmc1은 eMMC 메모리를 의미하며 USR3는 eMMC가 액세스될 때 동작한다는 것을 의미한다. mmc0는 microSD 카드 메모리를 의미하므로 /sys/class/leds/beaglebone\:green\:usr1에 가보면 trigger 파일에 [mmc0]으로 되어 있을 것이라고 짐작할 수 있다.

이제 그림 1.22에서 보듯이 /sys/class/leds/beaglebone\:green\:usr2 디렉터리로 이동한다. trigger 파일을 cat으로 읽으면 [cpu0]를 볼 수 있다. USR2 LED가 CPU가 동작할 때 같이 동작한다는 뜻이다. 이 LED를 동작하지 않게 끄려면 none으로 덮어쓰면 된다. 이 명령은 아래와 같다. 여기서 #는 프롬프트(prompt) 문자이므로 타이핑하지 않는다.

```
#echo none > trigger
```

```
bbb@Desktop: ~
root@beaglebone:~# cd /sys/class/leds/beaglebone\:green\:usr2
root@beaglebone:/sys/class/leds/beaglebone:green:usr2# ls
brightness  device  max_brightness  power  subsystem  trigger  uevent
root@beaglebone:/sys/class/leds/beaglebone:green:usr2# cat trigger
none nand-disk mmc0 mmc1 timer oneshot heartbeat backlight gpio [cpu0] default-o
n transient rfkill0 phy0rx phy0tx phy0assoc phy0radio
root@beaglebone:/sys/class/leds/beaglebone:green:usr2# echo none > trigger
root@beaglebone:/sys/class/leds/beaglebone:green:usr2# echo 1 > brightness
root@beaglebone:/sys/class/leds/beaglebone:green:usr2# echo 0 > brightness
root@beaglebone:/sys/class/leds/beaglebone:green:usr2# echo timer > trigger
root@beaglebone:/sys/class/leds/beaglebone:green:usr2# ls
brightness  delay_on  max_brightness  subsystem  uevent
delay_off   device    power           trigger
root@beaglebone:/sys/class/leds/beaglebone:green:usr2# cat delay_on
500
root@beaglebone:/sys/class/leds/beaglebone:green:usr2# echo 50 > delay_on
root@beaglebone:/sys/class/leds/beaglebone:green:usr2# echo 50 > delay_off
root@beaglebone:/sys/class/leds/beaglebone:green:usr2# echo cpu0 > trigger
root@beaglebone:/sys/class/leds/beaglebone:green:usr2#
```

그림 1.22 sysfs를 이용한 USR2 제어

이 LED를 항상 ON 즉 불이 들어오게 하려면 trigger 파일 대신에 brightness 파일에 1을 쓴다. 0을 쓰면 USR2 LED가 항상 꺼진 상태로 있게 된다.

```
#echo 1 > brightness
```

trigger 파일에 timer를 덮어쓰면 LED가 깜박이게 되는데 ON 되는 시간이 500 ms이고 OFF 시간이 500 ms가 된다.

```
#echo timer > trigger
```

다른 파일 중에서 delay_on 파일과 delay_off 파일이 있다. 이것은 LED가 깜박이는 주기를 정하는 데 사용된다. 즉 ON 상태가 몇 초 지속(delay)하는가를 결정한다. 디폴트 값은 500이다. 즉, 위에서와 같이 trigger 파일에 timer를 썼을 때 디폴트로 500이 delay_on과 delay_off 파일에 써지는 것이다. 이 값을 변경할 수도 있다.

```
#echo 50 > delay_on
#echo 50 > delay_off
```

위와 같이 하면 LED가 빠르게(100 ms 주기로) 깜박이는 것을 확인할 수 있다. LED를 처음 상태로 되돌리려면 아래와 같이 실행한다.

```
#echo cpu0 > trigger
```

실습 1.10 ❙ USR3 LED 확인하기

1. BBB에 root로 로그인한다.
2. 다음과 같이 디렉터리를 변경한다.
   `#cd /sys/class/leds/beaglebone\:green\:usr3`
   (tab 키 사용하면 편리하다.)
3. 디렉터리 리스트(ls 명령어)
   `#ls`
4. trigger 파일 읽기
   `#cat trigger`

실습 1.11 ❙ USR2 LED 제어

1. 디렉터리 변경
   `#cd /sys/class/leds/beaglebone\:green\:usr2`
2. 디렉터리 리스트
   `#ls`
3. trigger 파일 읽기
   `#cat trigger`
4. USR2 LED 제어
   ```
   #echo none > trigger
   #echo 1 > brightness
   #echo 0 > brightness
   #echo timer > trigger
   ```
5. LED2 깜박임 주기 변경하기
   ```
   #cat delay_on
   #echo 50 > delay_on
   #echo 50 > delay_off
   ```
6. LED2 원래상태로 되돌리기
   `#echo cpu0 > trigger`

CHAPTER 2

BeagleBone Black 프로그래밍

2.1 Debian 9 운영체제 설치

지금까지는 BBB 보드에 내장된 eMMC 메모리에서 부트하였다. 그러나 이제부터는 센서 및 액추에이터 인터페이스 실습이 잘되도록 microSD 카드 메모리에 Debian 9 리눅스를 설치하고 이 microSD 카드 메모리로부터 부팅을 한다. 이러한 작업은 호스트 컴퓨터로서 PC Windows에서 하는 것이 아니고 PC Ubuntu 리눅스에서 진행하는 것이다. 이 작업을 위하여 PC Ubuntu 리눅스에서 https://beagleboard.org/latest 웹사이트에 접속하여 최신 BBB를 위한 Debian 9 리눅스를 내려 받도록 한다. 비글본 블랙을 위해서는 AM3358 Debian 9.12 2020-04-06 4GB SD ImgTec을 내려 받도록 한다. 이것은 데비안 리눅스 Stretch 버전이다. 4GB 이상의 실습용 microSD 메모리를 PC에 장착하고 리눅스 터미널에서 lsblk 명령으로 /dev/sdX에서 X를 확인한다. 다운로드 폴더에서 내려 받은 Debian 이미지 파일을 마우스 우클릭한 후에 디스크 이미지 쓰기로 연다. 디스크 이미지 복구에서 대상을 선택하는데 /dev/sdX를 참고하여 선택하고 복구를 시작한다. 이 복구는 실제로는 /dev/sdX에 Debian 9 리눅스를 설치하는 것을 의미한다. 설치가 끝나면 볼륨(V)에서 볼륨 크기를 조정하는데 파티션을 전체크기로 한다. 이것은 추가 파티션 옵션이란 설정 메뉴에서 크기 조정 서브 메뉴에서 가능하다. 이후 설치가 완료되면 마운트를 해제시킨 후에 microSD 카드 메모리를 PC에서 빼서 BBB에 장착 후 부팅시킨다.

BBB에서 microSD 메모리로부터 Debian 리눅스를 부팅시키려면 boot 버튼을 누른 상태에서 전원을 공급하고 바로 boot 버튼을 떼면 microSD 메모리로부터 부팅이 시작된다. 이때 BBB의 LED 중에서 USR1(두 번째 LED)이 깜박거리는지 확인하는 것이 좋다. USR1은 microSD 메모리가 액세스 될 때 깜박인다.

2.2 BBB 접속과 wifi 연결

부팅이 완료된 후에 BBB에 접속하는 방법은 두 가지가 있다. Windows PC에서 chrome같은 web browser를 이용해서 BBB의 통합개발기구인 cloud9 서버에 접속하는 방법과 Ubuntu 리눅스의 터미널에서 ssh 명령어를 실행하여 접속하는 방법이 있다. 두 방법 모두 USB 케이블이 연결되어 있어야 한다. 첫째, web cloud9 서비스에 접속하는 방법은 Windows PC의 웹 브라우저에서 http://192.168.7.2로 접속하는 것이다. 둘째, ssh 명령어를 이용해서 접속하는 방법은 그림 2.1을 참조하면서 Ubuntu 리눅스의 터미

```
bbb@DeskTop: ~
File Edit View Search Terminal Help
Host key verification failed.
bbb@DeskTop:~$ ssh-keygen -f "/home/bbb/.ssh/known_hosts" -R "192.168.7.2"
# Host 192.168.7.2 found: line 8
/home/bbb/.ssh/known_hosts updated.
Original contents retained as /home/bbb/.ssh/known_hosts.old
bbb@DeskTop:~$ ssh debian@192.168.7.2
The authenticity of host '192.168.7.2 (192.168.7.2)' can't be established.
ECDSA key fingerprint is SHA256:B46N67OAOYYD05Zi02Nmphk1QjRAEoabqWR6tZSltnY.
Are you sure you want to continue connecting (yes/no)? yes
Warning: Permanently added '192.168.7.2' (ECDSA) to the list of known hosts.
Debian GNU/Linux 9

BeagleBoard.org Debian Image 2019-08-03

Support/FAQ: http://elinux.org/Beagleboard:BeagleBoneBlack_Debian

default username:password is [debian:temppwd]

debian@192.168.7.2's password:

The programs included with the Debian GNU/Linux system are free software;
the exact distribution terms for each program are described in the
individual files in /usr/share/doc/*/copyright.
```

그림 2.1 ssh 접속

널에서 ssh debian@192.168.7.2 명령을 실행하는 것이다. password는 temppwd를 사용한다. 때때로 host key가 변경되었을 때 1장에서처럼(그림 1.8) 오류 메시지가 보이면 ssh-keygen 명령어를 사용해서 에러가 발생하지 않도록 한다(그림 2.1).

Debian 9 버전에서는 network connection manager 프로그램인 connmanctl 명령어를 이용해서 그림 2.2처럼 쉽게 wifi 연결을 할 수 있다. connmanctl의 서브 명령어인 services 명령에서 SSID가 보이지 않는다면 disable wifi 명령 후에 다시 enable wifi 명령을 실행하고 services 명령을 실행하면 SSID가 보일 것이다. SSID를 연결할 때에는 connect 명령을 사용하는데 이때 wifi_로 시작하는 SSID를 선택할 때 명령어 자동완성 시키는 TAB 키를 활용한다. connect 명령에서 passphrase를 입력하라고 하면 무선 AP(SSID)의 비밀번호를 입력하면 된다. 접속이 완료되었으면 ifconfig 명령으로 ip 주소를 확인할 수 있다.

```
bbb@DeskTop: ~
File Edit View Search Terminal Help
debian@beaglebone:~$ connmanctl
Error getting VPN connections: The name net.connman.vpn was not provided by any
connmanctl> enable wifi
Error wifi: Already enabled
connmanctl> scan wifi
Scan completed for wifi
connmanctl> services
*AO TRCNEW               wifi_0026664a1916_5452434e4557_managed_psk
    HP-Print-2E-LaserJet Pro MFP wifi_0026664a1916_48502d5072696e742d32452d4c617
365724a65742050726f204d4650_managed_none
    iptime js            wifi_0026664a1916_697074696d65206a73_managed_psk
                         wifi_0026664a1916_hidden_managed_psk
    t-broad04C9          wifi_0026664a1916_742d62726f616430344339_managed_psk
connmanctl> agent on
Agent registered
connmanctl> connect wifi_0026664a1916_5452434e4557_managed_psk
Error /net/connman/service/wifi_0026664a1916_5452434e4557_managed_psk: Already c
onnected
connmanctl> quit
debian@beaglebone:~$ 
```

그림 2.2 connmanctl 명령어를 이용한 wifi 연결

2.3 스크립트 프로그래밍(script programming)

BBB에서는 기본적으로 Bash script, Perl, Python 및 JavaScript 등과 같이 프로그래밍이 쉬운 스크립트 프로그래밍을 지원한다. Bash는 BBB의 쉘(shell)로서 파일 저장위치는 /bin/bash이다. 네 가지 스크립트 언어 모두 인터프리터(interpreter) 언어로서 실행 속도가 컴파일러(compiler) 언어보다 느린 것이 단점이지만 쉽게 사용할 수 있다는 점이 큰 장점이다. 더구나 BBB에서 사용하는 JavaScript는 Google V8 엔진 기반의 nodejs를 실행 환경(runtime environment)으로 사용하는데 즉, 이것은 nodejs 위에서 실행되는데 nodejs는 just-in-time(JIT) 컴파일러 기술을 이용한다. JIT는 미리 컴파일하지 않고 실행할 때 컴파일하는 것으로서 인터프리터 언어의 편리성을 취하면서도 컴파일 언어의 빠른 속도의 장점을 취하는 중간노선을 따른다. Nodejs는 기존 인터프리터 언어보다는 대략 10배 정도 빠르고 C 언어 같은 컴파일 언어보다는 두 배 정도 느리다. Nodejs는 JVM같은 가상 머신의 바이트 코드(bytecode)를 사용하지 않고 JavaScript를 바로 CPU에서 실행되는 2진 코드, 즉 네이티브 머신 코드(native machine code)로 컴파일하기 때문에 실행 속도가 빠르다. Java나 C# 언어는 바이트 코드(bytecode)로 컴파일한 다음에 실행할 때 JIT 컴파일러를 이용해서 다시 네이티브 머신 코드로 바꾼다.

본 장에서는 bash shell script, nodejs(JavaScript) 그리고 Python 프로그래밍에 대해서 간략히 알아보고 같은 기능을 하는 프로그램을 전통적인 C 언어를 사용한 예를 보인다. BBB에서 기본적으로 제공하는 리눅스는 Debian 7 리눅스인데 이것의 기본 쉘(shell)이 bash shell이다. 또한 대부분 리눅스의 기본 쉘은 bash 이며 bash shell script는 하드웨어 보드의 프로그래밍 기본 개념을 익히는 데는 좋지만, 실제 이것으로 임베디드 시스템을 프로그래밍하지는 않는다.

2.3.1 Bash shell script 프로그래밍

BBB에서는 기본 쉘로서 bash shell을 사용하는데 이 쉘에서 해석되는 스크립트를 bash shell script라고 한다. 이 스크립트를 이용해서 프로그램을 만들어보자. USR3 LED를 on/off/flash 시키는 프로그램을 그림 2.3과 같이 아주 간단하게 만들어보자. 기본적으로 가상 파일시스템인 sysfs을 사용해서 LED를 제어하는 것이다. 즉, /sys/class/leds/beaglebone:green:usr3 디렉터리의 trigger, brightness, delay_on 및 delay_off 파일을 사용한다. 라인 1의 #!는 shell이 어느 디렉터리에 있는지를 알려준다. 라인 2부터 쓰이는 #는 주석(comment)을 의미한다. 따라서 라인 4는 주석이다.

```
bbb@Desktop: ~
1 #!/bin/bash
2
3 if [ "$1" == on ]; then
4 ### FLASH-ON doesn't work. FLASH-default-ON
5     echo none > /sys/class/leds/beaglebone:green:usr3/trigger
6     echo 1 > /sys/class/leds/beaglebone:green:usr3/brightness
7 elif [ "$1" == off ]; then
8     echo 0 > /sys/class/leds/beaglebone:green:usr3/brightness
9 elif [ "$1" == flash ]; then
10    echo timer > /sys/class/leds/beaglebone:green:usr3/trigger
11    echo 50 > /sys/class/leds/beaglebone:green:usr3/delay_on
12    echo 50 > /sys/class/leds/beaglebone:green:usr3/delay_off
13 fi
```

그림 2.3 USR3 on/off/flash하는 bash shell script(led1.sh)

쉘 스크립트 파일 led1.sh의 실행은 다음과 같이 한다.

```
./led1.sh on
```

./를 쓰는 이유는 현재 디렉터리가 환경 변수 PATH에 없기 때문이다. 라인 3에서 $1은 두 번째 전달 인수(passing argument)를 의미한다. 이때 이중 인용부호(double quote)는 인수 사이에 스페이스가 없어서 사실상 그 역할을 하지 않기 때문에 없어도 된다. $0는 프로그램 자체, 즉 ./led1.sh을 의미한다. 실행 시에 오류 메시지가 "permission denied"로 나올 때는 파일을 아래와 같이 chmod 명령어를 사용해서 실행모드로 변경시켜줘야 한다.

```
chmod 755 led1.sh
```

코드 led1.sh(그림 2.3)를 좀 더 보기 쉽고 친절하게 코딩한 것을 led2.sh로 만들고 그림 2.4에 나타내었다. 그러나 기본적인 기능이나 사용법은 동일하다. 에디터로서 vi를 사용할 때 왼쪽에 라인 번호가 보이게 하는 명령어는 그림 2.4의 맨 밑에 있듯이 :set nu(mber)이다. (mber)은 생략가능하다. 라인 번호가 안보이게 하는 것은 :set nonu이다.

```
bbb@Desktop: ~
  1 #!/bin/bash
  2 
  3 SYSFS_USR3=/sys/class/leds/beaglebone:green:usr3
  4 
  5 if [ "$1" == on ]; then
  6    echo none > $SYSFS_USR3/trigger
  7    echo 1 > $SYSFS_USR3/brightness
  8    echo " LED is turned ON"
  9 elif [ "$1" == off ]; then
 10    echo 0 > $SYSFS_USR3/brightness
 11    echo " LED is turned OFF"
 12 elif [ "$1" == flash ]; then
 13    echo timer > $SYSFS_USR3/trigger
 14    echo 50 > $SYSFS_USR3/delay_on
 15    echo 50 > $SYSFS_USR3/delay_off
 16    echo " LED is FLASHing"
 17 else
 18    echo "Usage is:"
 19    echo -e "./led2.sh on|off|flash \n"
 20    exit 0
 21 fi
~
~
:set nu                                          1,1           All
```

그림 2.4 USR3 on/off/flash하는 bash shell script(led2.sh)

led2.sh 코드에서 라인 3은 자주 사용하는 디렉터리를 변수 SYSFS_USR3에 저장한 것이다. 라인 19에서 echo 뒤에 -e는 탈출 문자(escape character)를 인에이블(enable) 시키기 위한 것이다. 디폴트는 디스에이블(disable)이다. Shell script, JavaScript, C 언어 등에서 탈출 문자 \(backslash) 뒤에 문자가 온다. 즉 -e가 있으면 \n 명령이 실행된다. 라인 5와 같이 if로 시작하면 라인 21처럼 항상 fi로 끝나야 한다.

2.3.2 Nodejs 프로그래밍

BBB에서 nodejs는 기본적으로 설치되어 제공된다. Nodejs는 Google의 크롬(chrome)

브라우저에서 사용하는 V8 JavaScript 엔진(engine)에 기반을 둔 것으로서 nodejs 단어는 node와 js의 합성어이다. Nodejs는 node와 동일한 프로그램으로서 /usr/bin/nodejs에 위치하며 웹 브라우저 외부에서 JavaScript를 실행할 수 있도록 해준다. Nodejs 자체는 C++ 언어로 구현되었으며 v6.17.0의 실행파일 크기는 약 16 Mbyte이다. 이것을 사용함으로써 웹 브라우저인 클라이언트뿐만 아니라 서버에서도 JavaScript를 실행할 수 있게 된 것이다. 즉, 하나의 언어로 클라이언트뿐만 아니라 서버 프로그램도 작성할 수 있어서 그만큼 편리해진 것이다. 그림 2.5에서 보면 JavaScript 코드가 클라이언트와 서버에서 각각 V8 엔진 위에서 실행하게 된다. 클라이언트에서는 크롬 브라우저 안에서 실행하고 서버에서는 node 위에서 실행한다. 즉, JavaScript 언어 하나를 사용해서 클라이언트 프로그래밍과 서버 프로그래밍이 가능하다.

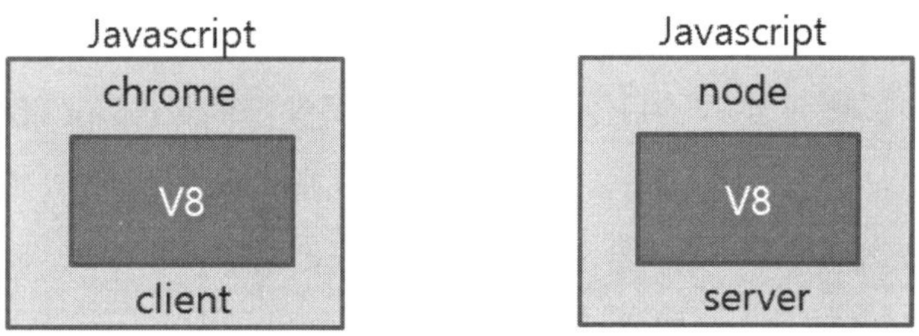

그림 2.5 클라이언트와 서버에서의 JavaScript 실행

Nodejs의 버전 및 help 정보는 다음 명령으로 알 수 있다. LTS(longterm support) 버전은 짝수로 표시된다.

```
node -v
node --help
```

Nodejs는 이벤트 구동형(event-driven) 구조로서 비 블로킹(non-blocking) I/O API를 제공한다. 그림 2.6에서 보면 웨이터는 테이블 1과 테이블 2를 동시에 서비스한다. 그러나 그림 오른쪽의 쉐프는 테이블 1에서 주문한 요리를 먼저 끝마친 다음에 테이블 2에서 주문을 한 요리를 만든다. 즉, 웨이터는 본인이 하는 일에 대해서 블로킹이 없고

셰프는 하나씩 처리해야 하는 블로킹이 있다. 따라서 비 블로킹(non-blocking) 구조는 비동기식(asynchronous)이고 블로킹(blocking) 구조는 동기식(synchronous) 구조이다. 비 블로킹 구조는 주로 I/O가 많은 일에 적합하고 블로킹 구조는 주로 CPU 계산이 많은 일에 적합하다.

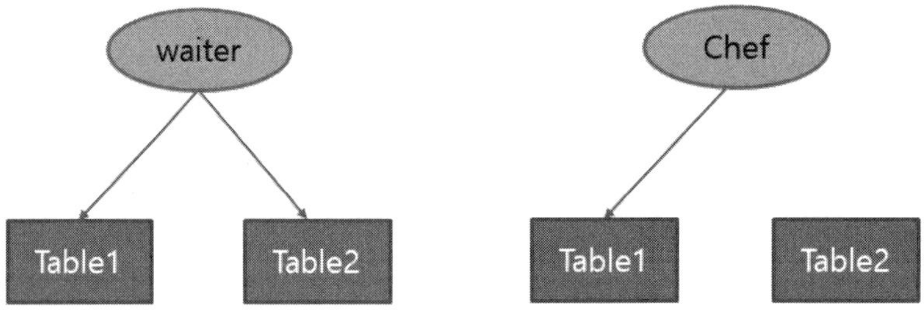

그림 2.6 Non-blocking vs. blocking 구조

Nodejs에서 한 개 또는 여러 개의 JavaScript 파일, 즉 javascript library를 모듈(module)이라고 부른다. 여러 개의 모듈이 모인 것을 패키지(package)라고 부르는 데 모듈은 파일(file) 개념이며 패키지는 디렉터리(directory) 개념이다. BBB에서 패키지는 /usr/local/lib/node_modules 밑에 설치되며 package.json 파일로 설명된다. BBB를 위한 nodejs 패키지는 BoneScript라고 불리는데 /usr/local/lib/node_modules/bonescript에 설치되어 있다. Nodejs에서는 npm(nodejs package manager)이라는 도구 소프트웨어로 패키지들을 설치 및 제거한다.

모듈은 글로벌(global)로 설치되거나 또는 로컬(local)로 설치된다. 글로벌로 설치된다는 말은 전역적으로 설치되어서 프로젝트 디렉터리에 제한받지 않고 모든 디렉터리에서 즉, 운영체제 시스템 안에서 사용할 수 있다는 것이다. 반면에 로컬로 설치된 모듈은 프로젝트 디렉터리 안에서만 사용할 수 있다. 위에서 언급된 BoneScript 모듈은 전역적으로 설치되어 있어서 모든 디렉터리에서 사용할 수 있다.

일반적으로 모듈은 객체를 생성(creation)하고 로딩(loading)하는 과정이 필요하다. Nodejs는 이미 만들어진 글로벌 객체를 갖고 있는데 이것들은 이미 객체이므로 별도로 모듈을 객체로 만드는 작업이 필요없다. 반면에 글로벌 객체가 아니면 모듈을 require

함수를 이용해서 객체로 만든 후에 사용한다. BoneScript 모듈은 글로벌 객체가 아니므로 require 함수를 사용해서 객체로 만든 후에 사용한다.

객체(objects)는 모듈, 함수, 스트링 등의 형태(type)로 존재하는데 글로벌 객체는 전역 객체로서 process, console, require, setInterval 등이 글로벌 객체이다. 함수 사용은 **객체.함수** 순서로 이루어지는데 예를 들어서 `global.console.log()`에서 console 객체는 글로벌 객체이므로 객체 만드는 작업이 필요 없고, 앞에 global 키워드도 생략하고 단순히 `console.log()`로 사용한다.

Nodejs에는 nodejs를 설치할 때 자동으로 함께 설치되는 내장 모듈(built-in)이 있는데 os, fs, events, http 등이 내장 모듈이다. 내장 모듈은 https://nodejs.org/api에 접속해서 왼쪽 메뉴에서 볼 수 있다. 별도로 사용자가 개발한 모듈은 응용(application) 모듈이라고 한다.

그림 2.3의 bash shell script로 LED를 깜박이게 하는 코드(led1.sh)와 같은 기능을 하는 코드를 이번에는 nodejs에서 실행되는 JavaScript로 프로그래밍한 것이 그림 2.7이다. 즉, 서버 사이드(server-side) JavaScript를 이용하는 것이다. 그림 2.7의 라인 1에서 process는 내장 객체로서 글로벌 객체이다. process.argv에서 argv는 속성값을 나타내는데 명령줄의 전달인수를 나타내며 스트링의 배열로 표현된다. 라인 1에서와 같이 변수 args에 스트링 배열을 할당하는데 args[2]는 명령줄에서 세 번째 전달 인수(passing argument)가 된다. args[0]는 프로그램 이름 자체가 되는데 여기서는 node가 된다. args[1]은 프로그램 이름 즉, led1.js가 되고 args[2]는 on이 된다. process.argv는 또한 process.argv.slice(0)라고도 쓰는데 이때 slice는 커맨드(command)라고 부른다. 괄호 안의 숫자 0은 첫 번째 인수를 말한다. 즉, slice라는 커맨드(command)를 사용하지 않으면 디폴트로 slice(0)와 같다. led1.js 코드를 실행하려면 다음과 같이 명령을 실행한다.

```
node led1.js on
```

nodejs 코드가 현재 디렉터리에 존재하면 즉, led1.js가 현재 디렉터리에 있으면 확장자 js를 쓰지 않고 led1만 써도 된다.

```
node led1 on
```

Node는 뒤에 따라오는 프로그램 파일이 확장자가 없으면 처음에 led1 파일을 읽으려 하고, 그 파일이 없으면 다음에는 js 확장자를 붙여서 메모리에 로딩한다. 그러나 led1.js 파일이 현재 디렉터리가 아니고 서브 디렉터리 안에 있으면 확장자 이름을 모두 써 주어야 한다.

```
bbb@Desktop: ~
1 var args = process.argv;
2 var fs = require('fs');
3 if (args[2]== "on"){
4 // FLASH-ON doesn't work, FLASH-default-ON
5     fs.writeFileSync("/sys/class/leds/beaglebone:green:usr3/trigger", 'none');
6     fs.writeFileSync("/sys/class/leds/beaglebone:green:usr3/brightness", 1);
7 }
8 else if (args[2] == "off")
9     fs.writeFileSync("/sys/class/leds/beaglebone:green:usr3/brightness", 0);
10 else if (args[2] == "flash"){
11     fs.writeFileSync("/sys/class/leds/beaglebone:green:usr3/trigger", 'timer');
12     fs.writeFileSync("/sys/class/leds/beaglebone:green:usr3/delay_on", 50);
13     fs.writeFileSync("/sys/class/leds/beaglebone:green:usr3/delay_off", 50);
14 }
```

그림 2.7 USR3 on/off/flash의 nodejs 코드 (led1.js)

라인 4의 //는 주석이다. 라인 5에서 파일의 writeFileSync 메서드가 동작을 하기에 앞서 라인 2에서 require라는 내장 함수를 이용하여 내장 모듈 fs를 로딩하여 객체 fs를 만든다. Java에서 사용하는 import와 유사하다.

그림 2.7의 코드를 좀 더 보기 쉽고 친절하게 코딩한 것이 그림 2.8(led2.js)이다. 라인 4는 자주 사용하는 writeFileSync 함수와 sysfs 디렉터리를 이용하여 write_to_LED라는 사용자 정의 함수를 만든 것이다. 라인 10에서 console은 process와 함께 글로벌 객체이므로 별도로 require 함수를 사용해서 객체 만드는 작업을 하지 않는다.

2.3.3 Python 프로그래밍

Python 언어는 스크립트 언어로서 사용하기 쉬운 장점이 있다. Python 스크립트 코

```
var args = process.argv;
var SYSFS_USR3="/sys/class/leds/beaglebone:green:usr3"

function write_to_LED(dir, file, value) {
    var fs = require('fs');
    try {
        fs.writeFileSync(dir+file, value);
    }
    catch (error) {
        console.log("Writing to file is failed:" + dir+file);
    }
}

switch (args[2]) {
    case 'on':
        write_to_LED(SYSFS_USR3, "/trigger", 'none');
        write_to_LED(SYSFS_USR3, "/brightness", 1);
        console.log("LED is turned ON");
        break;
    case 'off':
        write_to_LED(SYSFS_USR3, "/brightness", 0);
        console.log("LED is turned OFF");
        break;
    case 'flash':
        write_to_LED(SYSFS_USR3, "/trigger", 'timer');
        write_to_LED(SYSFS_USR3, "/delay_on", 50);
        write_to_LED(SYSFS_USR3, "/delay_off", 50);
        console.log("LED is FLASHing");
        break;
    default:
        console.log("Usage is:");
        console.log("node led2 on|off|flash|help");
}
```

그림 2.8 USR3 on/off/flash의 nodejs 코드 (led2.js)

드가 실행되면 바이트 코드(byte code)가 만들어지고 이 바이트 코드는 다시 PVM (python virtual machine) 위에서 실행된다. Python의 많은 library는 C 언어로 만들어 졌기 자연히 C 언어보다 실행 속도는 늦게 된다. Python 인터프리터(interpreter)는 Debian 또는 Ubuntu 리눅스에 기본적으로 설치되기 때문에 추가로 설치하지 않아도 된다. 대부분의 Python 패키지 프로그램은 PyPI(python package index)라고 불리는 저장소 또는 리포(repository)에 있다. 이러한 패키지를 설치할 때는 pip이라고 불리는 python package manager 프로그램을 이용해서 리포로부터 설치한다.

Python 언어를 사용해서 USR3 LED를 제어하는 코드(그림 2.8)를 Python 코드로 변환한 것이 그림 2.9(led.py)에 나타나 있다. 실행 명령은 다음과 같다. 주의할 것은 전달 인수로서 flash를 사용할 때는 trigger 파일을 사용하는데 이때는 관리자 권한으로 실행하여야 한다. 따라서 명령어 맨 앞에 sudo를 사용하여야 한다.

```
python led.py on
python led.py off
sudo python led.py flash
```

그림 2.9 USR3 LED를 제어하는 Python 코드 (led.py)

2.4 C 프로그래밍

Linux에서 C 언어로 "Hello World!"를 모니터에 프린트하는 프로그램을 작성하고 컴파일해보자.

```
#include <stdio.h>

int main(int argc, char *argv[]) {
    printf("Hello World!\n");
    return 0;
}
```

그림 2.10 hello.c

C 코드는 아래와 같이 gcc 컴파일러를 이용하여 컴파일하고 실행해 보자.

```
gcc hello.c -o helloc
./helloc
```

그림 2.11의 C 코드(led1.c)는 그림 2.7과 같은 기능, 즉 USR3 LED를 제어하는 프로그램을 C 언어로 만든 것이다. led.1c 코드를 좀 더 자세하고 친절한 C 코드를 작성한

```
#include <stdio.h>

int main(int argc, char* argv[]){
    FILE *fp1, *fp2, *fp3, *fp4;
    if(strcmp(argv[1],"on")==0){
        fp1=fopen("/sys/class/leds/beaglebone:green:usr3/trigger", "w+");
        fprintf(fp1, "%s", "none");
        fclose(fp1);
        fp2=fopen("/sys/class/leds/beaglebone:green:usr3/brightness", "w+");
        fprintf(fp2, "%d", 1);
        fclose(fp2);
    }
    else if(strcmp(argv[1],"off")==0){
        fp2=fopen("/sys/class/leds/beaglebone:green:usr3/brightness", "w+");
        fprintf(fp2, "%d", 0);
        fclose(fp2);
    }
    else if (strcmp(argv[1],"flash")==0){
        fp1=fopen("/sys/class/leds/beaglebone:green:usr3/trigger", "w+");
        fprintf(fp1, "%s", "timer");
        fclose(fp1);
        fp3=fopen("/sys/class/leds/beaglebone:green:usr3/delay_on", "w+");
        fprintf(fp3, "%s", "50");
        fclose(fp3);
        fp4=fopen("/sys/class/leds/beaglebone:green:usr3/delay_off", "w+");
        fprintf(fp4, "%s", "50");
        fclose(fp4);
    }
}
```

그림 2.11 USR3 LED를 제어하는 C 코드 (led1.c)

것이 그림 2.12(led2.c)이다. 즉, 그림 2.8(led2.js), 그림 2.9(led.py), 그림 2.12(led2.c)는 같은 동작을 하는 코드를 각각 nodejs, Python, 그리고 C 언어로 구현한 것이다. 그림 2.13(usr3_flashc.c)는 system call인 `access()` 함수와 C/C++ 표준함수인 `system()` 함수를 이용하여 코딩한 C 프로그램이다. 훨씬 간결하게 코딩이 가능한 것을 확인할 수 있다. 또한 iobb(3장 참조)라는 C 라이브러리를 이용하면 훨씬 간단하게 BBB의 GPIO C 프로그래밍을 할 수 있다.

bbb@Desktop: ~

```
#include <stdio.h>
#define SYSFS_USR3 "/sys/class/leds/beaglebone:green:usr3"

void write_to_LED(char filename[], char value[]);

int main(int argc, char* argv[]){
    FILE *fp1, *fp2, *fp3, *fp4;
    if(strcmp(argv[1],"on")==0){
        write_to_LED("/trigger", "none");
        write_to_LED("/brightness", "1");
    }
    else if(strcmp(argv[1],"off")==0)
        write_to_LED("/brightness", "0");
    else if(strcmp(argv[1],"flash")==0){
        write_to_LED("/trigger", "timer");
        write_to_LED("/delay_on", "50");
        write_to_LED("/delay_off", "50");
    }
    else if (strcmp(argv[1], NULL)==0) {
        printf("Usage is\n");
        printf("./led2 on|off|flash\n");
        return 0;
    }
}

void write_to_LED(char file[], char value[]) {
    FILE* fp;   //create a file pointer fp
    char pathname[100];
    sprintf(pathname, SYSFS_USR3 "%s", file);
    fp = fopen(pathname, "w+");
    fprintf(fp, "%s", value);
    fclose(fp);
}
~
```

그림 2.12 USR3 LED를 제어하는 C 코드 (led2.c)

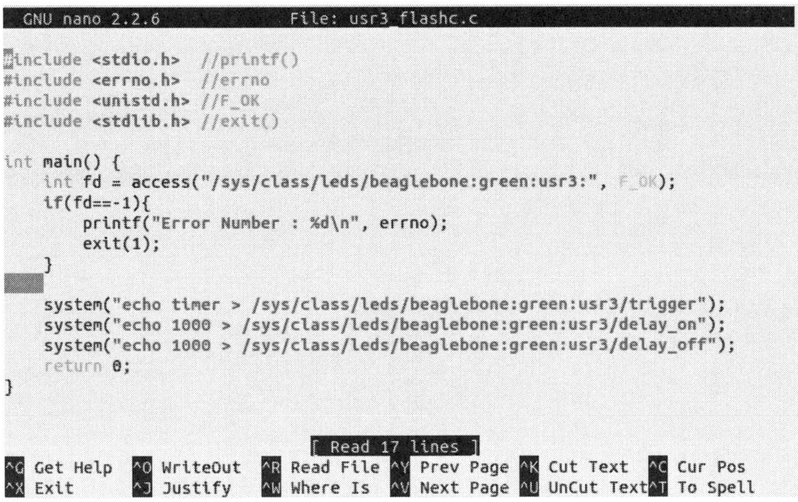

그림 2.13 USR3 LED를 제어하는 C 코드 (usr3_flashc.c)

CHAPTER 3

BBB 디지털 및 아날로그 인터페이스

3.1 BBB PIN Headers

BBB 핀은 그림 3.1처럼 한 열에 46개씩 모여 있는 핀 헤더(pin header) P8과 P9로 구성된다. 그라운드(ground)는 DGND(digital ground)로 표시되며 PCB에서 가장 많은 면적을 차지한다. P8_1, P8_2, P9_1, P9_2, P9_43, P9_44, P9_45, P9_46과 같이 8개의 핀이 DGND로 제공된다. DGND는 전압 0 V를 의미한다. P9_34는 GND_ADC로서 ADC 핀과 함께 사용하는 그라운드로서 노이즈가 최소화된 그라운드이고 아날로그 그라운드로 생각할 수 있다.

BBB 보드에서 출력되는 전압은 3.3 V와 5 V의 두 가지가 있다. 3.3 V는 VDD_3.3V 핀(P9_3과 P9_4)에서 출력되며 최대 전류 250 mA를 공급한다. 공급 전류를 소스(source) 전류라고 하고 반대로 소비하는 전류를 싱크(sink) 전류라고 한다. VDD_5V는 5 V 전압을 출력하는 핀(P9_5와 P9_6)인데 최대 공급 전류는 1,000 mA이다. 그런데 이것은 5 V 외부 파워 어댑터(power adapter)를 BBB 보드 전원으로 사용했을 경우이다. 만약에 USB로 전원을 공급할 때는 이들 핀에서는 전압이 나오지 않게 된다. 대신에 SYS_5V(P9_7과 P9_8) 핀에서 5 V가 공급되는데 이때의 최대 전류는 250 mA가 된다. 5 V 파워 어댑터를 사용했을 경우는 VDD_5V 뿐만 아니라 SYS_5V에서도 전압이 출력되는데 그림 3.2는 출력 전압과 전류에 대한 것이다.

Beaglebone Black Pinout Diagram

P9

Function	Physical Pins		Function
DGND	1	2	DGND
VDD 3.3 V	3	4	VDD 3.3 V
VDD 5V	5	6	VDD 5V
SYS 5V	7	8	SYS 5V
PWR_BUT	9	10	SYS_RESET
UART4_RXD	11	12	GPIO_60
UART4_TXD	13	14	EHRPWM1A
GPIO_48	15	16	EHRPWM1B
SPIO_CSO	17	18	SPIO_D1
I2C2_SCL	19	20	I2C_SDA
SPIO_DO	21	22	SPIO_SLCK
GPIO_49	23	24	UART1_TXD
GPIO_117	25	26	UART1_RXD
GPIO_115	27	28	SP11_CSO
SP11_DO	29	30	GPIO_112
SP11_SCLK	31	32	VDD_ADC
AIN4	33	34	GND_ADC
AIN6	35	36	AIN5
AIN2	37	38	AIN3
AIN0	39	40	AIN1
GPIO_20	41	42	ECAPWMO
DGND	43	44	DGND
DGND	45	46	DGND

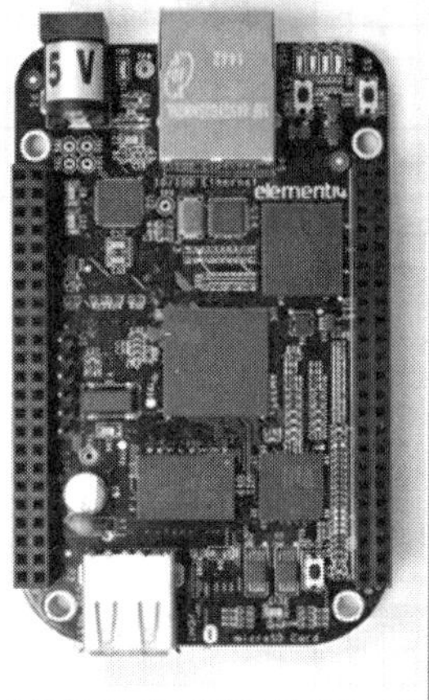

LEGEND
Power, Ground, Reset
Digital Pins
PWM Output
1.8 Volt Analog Inputs
Shared I2C Bus
Reconfigurable Digital

P8

Function	Physical Pins		Function
DGND	1	2	DGND
MMC1_DAT6	3	4	MMC1_DAT7
MMC1_DAT2	5	6	MMC1_DAT3
GPIO_66	7	8	GPIO_67
GPIO_69	9	10	GPIO_68
GPIO_45	11	12	GPIO_44
EHRPWM2B	13	14	GPIO_26
GPIO_47	15	16	GPIO_46
GPIO_27	17	18	GPIO_65
EHRPWM2A	19	20	MMC1_CMD
MMC1_CLK	21	22	MMC1_DAT5
MMC1_DAT4	23	24	MMC1_DAT1
MMC1_DATO	25	26	GPIO_61
LCD_VSYNC	27	28	LCD_PCLK
LCD_HSYNC	29	30	LCD_AC_BIAS
LCD_DATA14	31	32	LCD_DATA15
LCD_DATA13	33	34	LCD_DATA11
LCD_DATA12	35	36	LCD_DATA10
LCD_DATA8	37	38	LCD_DATA9
LCD_DATA6	39	40	LCD_DATA7
LCD_DATA4	41	42	LCD_DATA5
LCD_DATA2	43	44	LCD_DATA3
LCD_DATA0	45	46	LCD_DATA1

그림 3.1 BBB의 P8, P9 PIN Headers

P8_7, P8_8과 같이 GPIO(general purpose input output)로 표시된 핀들은 디지털 입력 및 출력으로 동작하는 핀을 의미한다. 입력과 출력은 그때그때 필요에 따라 미리 지정해야 한다. GPIO 핀은 0 V와 3.3 V 같은 디지털 신호를 BBB 외부로부터 입력받기도 하며, 또한 BBB 외부로 디지털 신호를 출력하는 기능을 한다. 이때 공급/소비 전류(source/sink current)는 핀에 따라서 약간씩 다르며 최대 4-6 mA가 된다.

디지털 신호의 입력뿐만 아니라 아날로그 신호의 입력 기능도 있는데 AIN0(P9_39)부터 AIN6(P9_35)까지 총 7개 핀이 아날로그 신호를 입력받을 수 있다. 이때 입력 전압의 범위는 0~1.8 V까지이다. P9_32(VDD_ADC)는 1.8 V의 고정전압을 출력하는데 아날로그 입력을 위해서 기준(reference) 전압으로 동작한다. 이것은 조도 센서 편에서 자세히 설명될 것이다.

Pin Type	Maximum Voltage	Maximum Current
AIN	**1.8V**	
GPIO	**3.3V**	4mA - 6mA
VDD 3.3	3.3V	250mA
VDD 5V	5V*	1000mA *
SYS 5V	5V	250mA
VDD ADC	**1.8V**	0?
SYS 5V	5V	250mA

* VDD only works when the 5V barrel jack is used

5V RAW(VDD_5V) :
Power Adapter
7 Analog Inputs : 1.8V 까지 측정 가능
GPIO Digital Outputs: 3.3V

그림 3.2 파워(power) 및 그라운드(ground)의 핀

3.2 전자부품

일반적인 전자회로에서 중요한 부품 세 개가 있는데 저항 R(resistor), 인덕터 L(inductor), 그리고 커패시터 C(capacitor)가 그것이다. 역학에서 댐퍼(damper), 질량(mass), 스프링(spring) 모델은 전자회로의 RLC회로로 모델링될 수 있다. 인덕터와 커패시터의 이해는 시간과 주파수의 개념이 들어가서 약간 복잡하므로 본 교재에서는 다루지 않는다. 그러나 저항으로 이루어진 회로는 시간과 주파수 개념이 들어가지 않으므로 임베디드 시스템이나 소프트웨어 개발자도 쉽게 이해할 수 있다. 따라서 이 장에서는 우선 저항, 다이오드 및 기타 많이 사용되는 부품들에 대하여 알아보자.

3.2.1 저항(resistor)

저항은 전기 회로에서 전류의 흐름을 방해하는 작용을 한다. 많이 사용되는 탄소 피막 저항은 그림 3.3과 같은 모습이다. 저항 내부에 탄소 피막을 사용한 것으로 정격 전력으로 1/2, 1/4, 1/8 W(watt)의 것이 많이 사용되며 오차는 대부분 5% 저항을 많이 사용한다. 저항은 그림 3.4와 같이 외부 표면에 4개의 색깔 띠가 있는데 이 띠를 눈으로 봐서 저항값을 계산할 수 있다. 물론 멀티 테스터로 저항값을 측정할 수도 있다. 저항의 단위

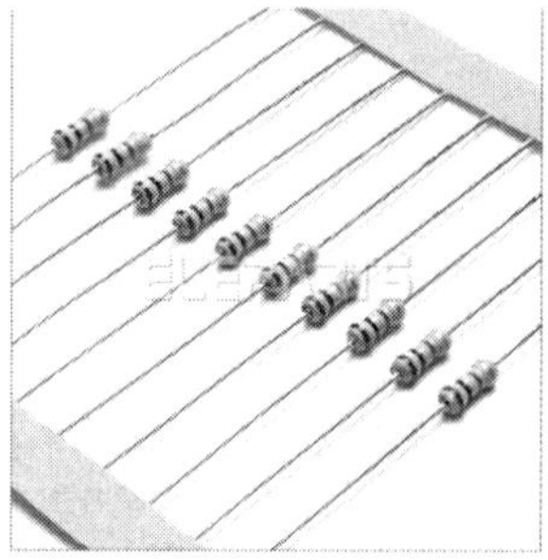

그림 3.3 저항(resistor)

는 옴(Ohm, Ω)을 사용한다. 공장에서 생산할 때 모든 값의 저항을 생산하지 않고 많이 사용되는 저항만 생산한다. 예를 들어서 100 Ω, 470 Ω, 1 kΩ, 10 kΩ 등이 있다. 그림 3.4의 맨 위 저항을 보면, 왼쪽 첫 번째 띠가 빨간색이므로 우측 표에서 2라는 것을 알 수 있고 다음 띠가 주황색이므로 3이다. 초록색은 5인데 이것은 0의 개수가 5개라는 뜻이므로 저항값은 2,300,000옴, 즉 2.3 MΩ을 뜻한다. 편의상 2.3 MΩ의 예를 든 것이고 이렇게 큰 저항은 요즘은 잘 사용되지 않는다. 전자회로를 주로 개발하는 전자공학 전공

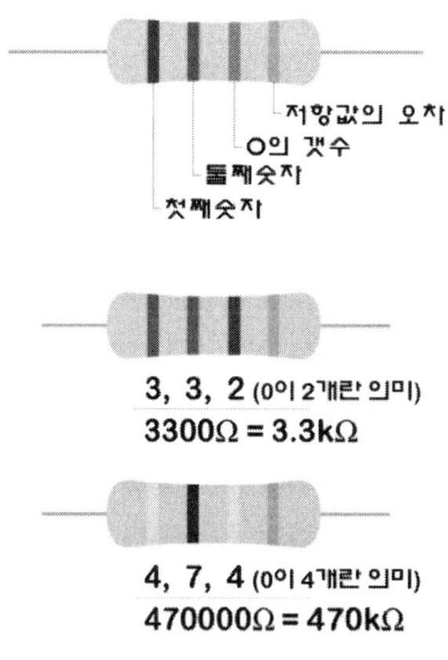

색	값
검정색	0
갈 색	1
빨강색	2
주황색	3
노란색	4
초록색	5
파란색	6
보라색	7
회 색	8
하얀색	9
은 색	±10%
금 색	± 5%

그림 3.4 저항의 막대 띠를 이용한 저항값 계산

자는 이 표를 외우는 게 편하겠지만 간단한 회로를 구성하는 임베디드 개발자에겐 필요 없을 것으로 생각한다.

저항을 전자회로 기호(symbol)로 그리면 그림 3.5와 같이 표현한다. 이것은 두 개의 저항을 병렬 연결한 것을 보여준다. 병렬연결은 전류의 흐름을 분산시킴으로써 저항 한 개가 담당하는 전류의 흐름 저항이 낮아지고, 전체적으로 저항을 낮추는 효과를 보인다. 직렬연결은 저항을 두세 개를 직렬로 연결해서 사용함으로써 전류의 흐름을 그만큼 더 방해하므로 저항의 크기를 증가시키는 효과를 낸다. 아래 병렬연결 저항의 크기는 1/(1/3+1/2)=6/5 Ω이다. 이러한 계산은 머리로 이해하고 그다음엔 몸으로 체화하는 과정이 필요하다. 2 Ω 저항 두 개가 병렬 연결되면 1 Ω이 된다. 3 Ω 저항 두 개가 병렬이면 1.5 Ω이 된다. 그런데 그림 3.5에서 2 Ω과 3 Ω이 병렬 연결되니까 전체저항 x는 $1 < x < 1.5$가 된다.

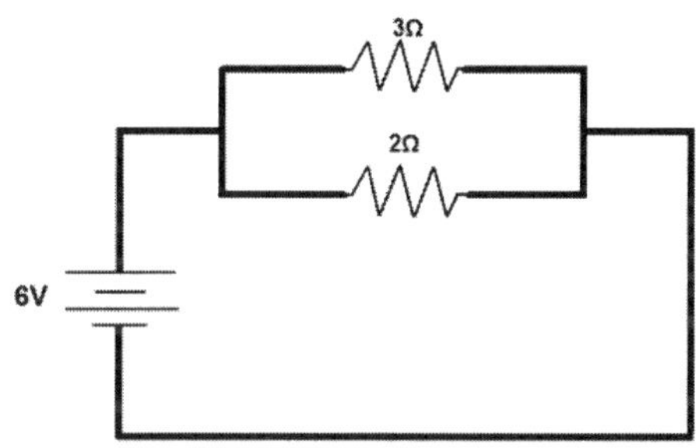

그림 3.5 저항의 전자 기호

3.2.2 다이오드(diode)와 LED

다이오드는 실리콘(silicon)이나 게르마늄(germanium)으로 만들어진 부품으로, 전류를 한쪽 방향으로만 흐르게 하는 성질을 갖고 있다. 따라서 +(양극, 애노드, anode)와 −(음극, 캐소드, cathode) 극을 갖고 있다. LED(light emitting diode)는 순방향 전압을 가했을 때 빛이 나오는 다이오드를 말한다. 다이오드의 +극에 전지의 +극을 연결하고 다이오드의 −극에 전지의 −극을 연결하는 것을 순방향 전압 회로라고 부르며 그 반대는 역방향 전압 회로라고 한다. 순방향 회로일 때 전류가 흐르며 역방향 회로에서는 전류가 흐르지 않는다. 그림 3.6에서 보면 다이오드의 한쪽에 띠가 보이는데 이곳이 - 극이다. LED에서 보면 다리가 짧은 쪽이 -이다. 그림 3.6의 가운데 그림 (a)가 다이오드의 전자회로 기호를 나타낸다.

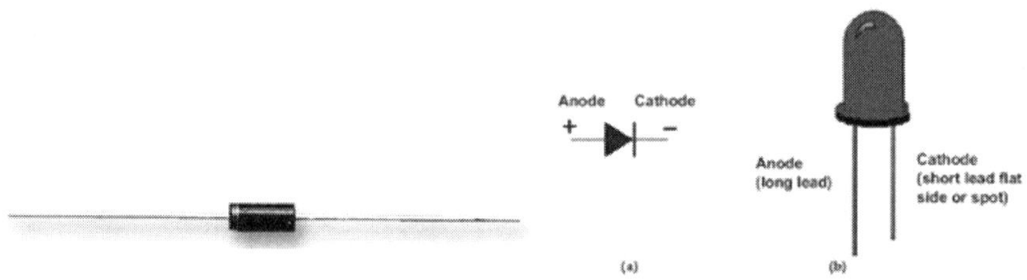

그림 3.6 다이오드(왼쪽)와 LED(오른쪽)

3.2.3 빵판(breadboard)

빵판은 인두(iron)를 사용하지 않고 전자부품을 연결할 때 사용하며 그림 3.7에 외관을 나타낸다. 그림 3.7에서 보면 맨 윗줄은 빵판 내부에서 가로로 서로 연결되어 있다. 가로로 연결된 라인이 위에 두 개, 맨 아래에 두 개가 있다. 맨 아래는 주로 그라운드(ground)를 연결하고 윗줄은 플러스 전압을 연결한다. 세로줄은 한 줄에 다섯 개의 구멍으로 이루어졌는데 이 다섯 개의 구멍은 서로 내부에서 연결되어 있다. 또한 가로줄과 세로줄은 서로 분리되어 있다.

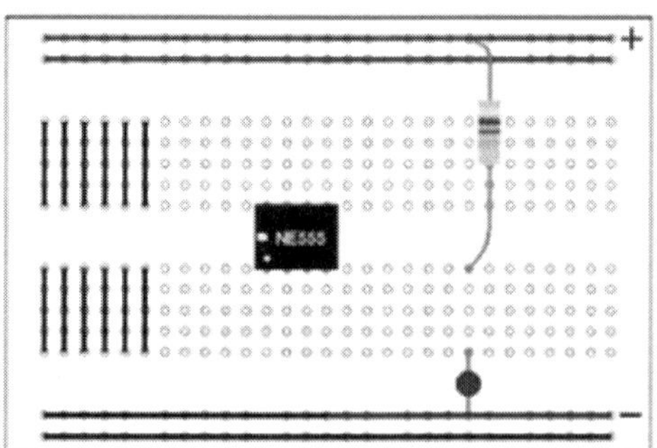

그림 3.7 빵판(breadboard)

3.2.4 트랜스듀서(transducer)

트랜스듀서는 한 형태의 에너지(또는 신호)에서 다른 형태의 에너지(또는 신호)로 바꾸어주는 장치(device)이다. 트랜스듀서는 센서(sensor)와 액추에이터(actuator)로 나누어진다. 센서는 일반적으로 인체의 5감과 관계있는 부품을 말한다. 온도, 습도 및 조도 센서가 대표적인 예이다. 조도 센서는 빛 신호를 저항값으로 바꾸고, 온도 센서는 열에너지를 전압 신호로 바꾸어주는 장치이다. 이와 반대로 액추에이터는 모터가 유명한데 출력 부분을 담당하는 장치이다. 이것은 전기 에너지를 운동 에너지로 바꾸어준다. 본 교재에서는 센서로서 조도, 온도, 습도, 초음파, 가속도 센서 등을 사용하고 액추에이터는 서보 모터를 사용한다. 센서는 측정값을 전압이나 저항값으로 읽어내는 아날로그 센서와 아날로그 센서에 ADC 칩을 연결해서 하나의 모듈로 만들어서 디지털 값으로 출력하는 디지털 센서로 나누어진다. ADC 부품이 더 추가되는 디지털 센서가 더 비싸지만 사용하기에는 더 편리하다. 산업체에서는 가성비가 좋은 아날로그 센서를 사용하는 경우가 많고 교실에서는 디지털 센서를 더 많이 사용한다.

우리는 1장의 그림 1.1에서 시스템에 대하여 알아보았다. 센서는 그림 3.8에서와 같이 시스템에서 입력 신호로써 사용된다. 컴퓨터 시스템에서는 입력장치로 센서 대신에 키보드와 마우스를 사용한다고 볼 수 있는데 일반적으로 키보드와 마우스는 센서로 부르지는 않는다. 마찬가지로 출력 장치인 모니터와 프린터 등은 액추에이터라고 부르지는 않는다.

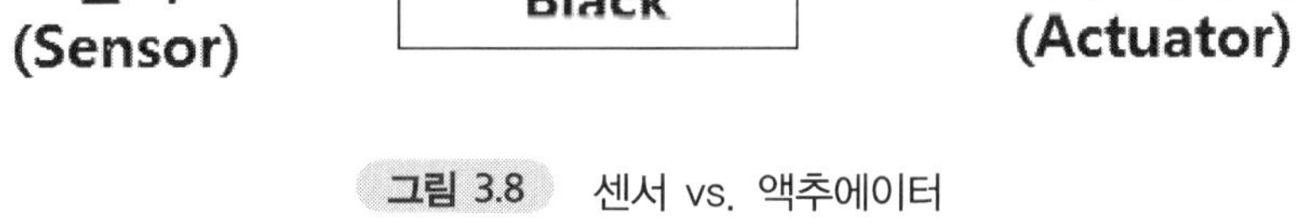

그림 3.8 센서 vs. 액추에이터

3.3 전자회로 기초

전자회로 이론의 바탕을 이루는 것은 옴의 법칙(Ohm's Law)이다.

V : 전압(voltage), I : 전류(current), R : 저항 (resistor)일 때 I = V/R(V = IR)

이 성립한다. 즉, 회로에 흐르는 전류는 전압에 비례하지만, 저항에는 반비례한다. 단순한 이 식을 머리로 이해하고 외우는 것은 물론 그 의미를 잘 생각하고 체험화된 지식으로 간직해야 한다. 전압 = 전류×저항이며, 거리 = 시간×속도 같은 방법으로 외우길 바란다. 전류 크기는 저항이 크면 당연히 작아진다. 전기의 흐름(전류)은 저항하는 장치가 있으면 약해지기 마련이다. 이것은 매우 중요한 개념이니 독자들은 꼭 기억하기를 바란다.

그림 3.9의 회로에서 LED 모델번호는 BL-B5134인데 부록 1에 있는 명세서 또는 데이터 쉬트(datasheet)를 보면 그림 3.10과 같은 순방향 전압(forward voltage) vs. 순방향 전류(forward current)에 관한 그래프가 있다. 이 그래프를 보면 전압이 약 1.8 V에서 전류가 약 4 mA가 흐른다. 이 전압을 넘게 되면 급격하게 전류가 흐르게 된다. 그러나 회로에서 GPIO 핀의 소스 전류가 4 mA를 넘지 못하므로 LED에 흐르는 전류는 저항에 흐르는 전류와 같게 4 mA가 흐르게 된다. 이때 LED의 순방향 전압은 그래프에서 1.8 V가 된다. 이것을 표현할 때 "LED에 1.8 V의 순방향 전압이 걸린다"라고 말한다. 이

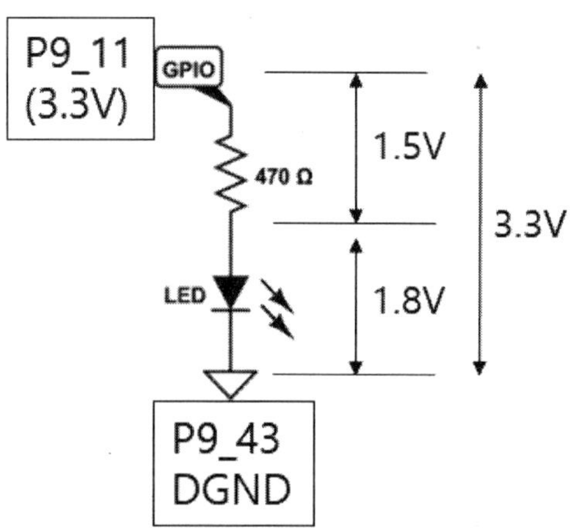

그림 3.9 LED blink 회로

때 그림 3.9의 회로에서 저항에 걸리는 전압은 3.3−1.8 = 1.5 V가 걸리게 된다. 이때 저항값은 R = V/I = 1.5 V/0.004 A = 375 Ω이 된다. 그러나 실제 375 Ω 저항은 없고 470 Ω만 생산된다. 따라서 저항에 흐르는 전류를 다시 계산하면 I = V/R = 1.5 V/470 Ω = 3 mA가 된다.

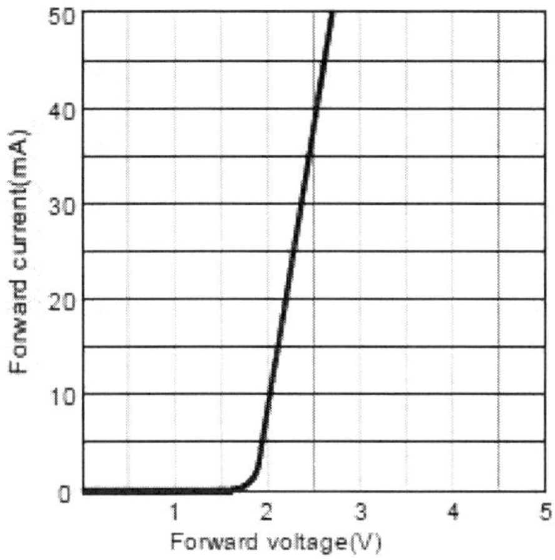

그림 3.10 순방향 전압 vs. 순방향 전류

3.4 디지털 인터페이스(digital interface)

이제부터는 BBB 하드웨어와 그에 따르는 제어 프로그램을 작성해서 BBB 시스템의 동작 상태를 살펴보는데 프로그래밍 언어는 nodejs 환경하에서 JavaScript를 사용한다. 액세스(access)라는 단어는 write와 read의 동작을 한 번에 말할 때 쓴다. 이때 기준은 BBB의 AM335x 프로세서가 되며 write 동작은 프로세서가 외부로 전압을 내 보낸다 또는 출력(write)한다는 뜻이다. 즉, 프로세서로부터 디지털 논리 값 0/1(전압으로는 0 V 또는 3.3 V)이 GPIO 핀(OUTPUT 모드)을 통해서 출력된다는 뜻이다. 반대로 read 동작은 프로세서가 외부의 논리값 0/1(전압으로는 0 V 또는 3.3 V)을 GPIO 핀(INPUT 모드)을 통해서 측정 즉, 읽는다는 뜻이다. 정리하면, 기준은 AM335x 프로세서가 되고 전압을 write한다는 말은 "내 보낸다/출력한다"라는 말과 같은 뜻이다. 또한 read한다는 말은 "들여보낸다/입력한다"라는 말과 같다.

실습 순서는 처음에 가장 간단한 digitalWrite 메서드를 이용하여 LED를 깜박이게(blink)하는 회로와 프로그램을 작성한다. 둘째는 digitalRead 메서드를 이용하여 스위치의 상태를 읽고 digitalWrite를 이용하여 LED를 켜고 끄는 회로와 프로그램을 작성한다. 셋째는 analogWrite 메서드를 이용하여 LED의 밝기를 제어하는 프로그램을 작성하고 실험한다. 넷째는 analogRead 메서드를 사용하여 온도 센서와 조도 센서 값을 읽는 회로와 프로그램을 작성한다.

3.4.1 디지털 출력 – LED blink

먼저 digitalWrite 동작부터 살펴보자. 일반적으로 write 동작이 read 동작보다 더 간단하므로 먼저 설명한다. 개념적으로 보면 디지털 핀인 GPIO 핀에서 0 V 또는 3.3 V를 출력하는 것이다. BBB가 행위의 주체로서 외부로 신호를 출력, 즉 write하는 것이다. 이 행위 전에 미리 사용하는 GPIO 핀이 출력(output) 용도로 사용된다는 것을 BBB 프로세서에게 알려주어야 한다.

LED를 켜고 끄는 동작을 하기 위해서는 digitalWrite 메서드를 사용한다. 이를 위해서 LED blink 전자회로(그림 3.9)를 보고 빵판에 구성한다. 회로에서 LED의 아랫부분이 음극(–)인데 그라운드와 연결된다. 전자회로를 보고 빵판에 구현한 결과가 그림 3.11이다. 회로 구성의 원칙은 전자회로를 보고 빵판을 이용해서 구현하는 것이다. 그림 3.11은 회로의 구현 결과물이기 때문에 이 결과물만을 보고 그대로 따라서 구성하면 실패할 수 있으므로 꼭 회로도를 같이 보아야 한다. 그림 3.9의 회로에서 GPIO(P9_11) 핀에서 출력되는 3.3 V(소스 전류는 4 mA 정도)를 저항의 한 끝에 연결한다. 즉, 이때의 GPIO 핀은 OUTPUT 모드로 지정되어야 한다. 그리고 DGND(P9_43) 핀을 LED의 음극(짧은 다리)에 연결한 다음에 저항과 LED의 양극을 연결하면 된다.

전자회로를 구성하였으면 이를 제어하기 위한 프로그램을 작성해서 완전한 blink 시스템을 구성한다. Nodejs 코드는 그림 3.12(blink.js)에 나타낸다. 코드에서 라인 1의 // 는 주석을 의미한다. 핵심적인 라인은 라인 9인데 여기에서 라인 4에서 정의된 GPIO 핀에게 1 또는 0을 write한다. 즉, 3.3 V를 핀 P9_11에게 출력하게 한다. 이것은 digital-

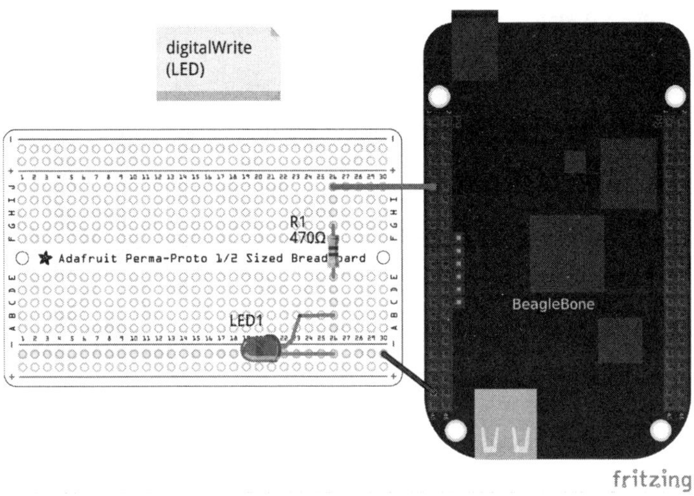

그림 3.11 LED blink 회로의 구성

Write 함수를 이용하는데 nodejs에서는 이런 함수를 메서드(method)라고 부르고 메서드 앞의 b를 객체(object)라고 한다. 즉 메서드를 사용하려면 객체.메서드로 구성하여 사용한다. digitalWrite 하기 전에 우선 GPIO 핀 P9_11을 출력(OUTPUT) 모드로 사용한다고 지정해야 하는데 이것은 라인 5의 pinMode 메서드를 이용한다.

라인 5와 9의 메서드(pinMode, digitalWrite)들은 모두 b라는 객체에서 동작하는 메서드이다. 따라서 라인 3에서 bonescript 내장 모듈을 require 함수를 이용하여 객체 b를 만든다. Bonescript 모듈은 그 이름에서 알 수 있듯이 BBB를 위해서 특별히 만든 nodejs 라이브러리이다. 이것을 이용하면 pinMode, digitalWrite 함수나 USR0와 같은 LED를 편리하게 사용할 수 있다. Bonescript 라이브러리에 대한 자세한 것은 웹사이트(http://beagleboard.org/Support/BoneScript)를 참조하기 바란다. 라인 5에서 b.pinMode(led, b.OUTPUT); 대신에 b.pinMode(P9_11, b.OUTPUT); 이라고 써도 되는데 이때는 라인 4는 필요 없게 된다.

라인 3부터 6까지는 모두 정적으로 실행하는 것이고 실제 프로그램이 움직이는 것은 라인 11부터 시작한다. 라인 11에서 500 ms 주기로 toggleLED 함수가 실행되는데 이 함수는 라인 7에 정의되어 있다. 라인 8은 변수 state의 값을 0과 1을 교대로 나타내기 위함이다. 이를 위해서 ⊕ 연산자, 즉 배타적 OR(exclusive OR)를 사용하는데 ·

(circumflex)를 사용한다. 즉 라인 9에서 500 ms 마다 digitalWrite(led, state) 메서드를 실행하는데 변수 led는 라인 4에서 P9_11로 할당되었으므로 결과적으로 GPIO 핀 P9_11을 이용해서 LED를 깜박이게 하는 것이다.

```
bbb@Desktop: ~
 1 //blink.js
 2
 3 var b = require('bonescript');
 4 var led = "P9_11";
 5 b.pinMode(led, b.OUTPUT);
 6 var state = 0;
 7 function toggleLED() {
 8     state = state ^ 1;
 9     b.digitalWrite(led, state);
10 }
11 setInterval(toggleLED, 500);
~
```

그림 3.12 blink.js

실습 3.1 | digitalWrite – LED blink

1. P9_43 (DGND)에 검은색 점퍼 선을 연결
2. P9_11(GPIO)에 빨간색 점퍼 선을 연결
3. 빵판에 LED 회로 구성(그림 3.9 회로도 및 그림 3.11 참조)
4. blink.js 코드를 작성하여 실행한다.
   `#node blink.js`
5. LED가 500 msec마다 깜박이는 것을 확인한다.

3.4.2 C언어를 사용한 디지털 출력

이제 C언어를 이용하여 LED를 제어하는 방법도 알아보자. IOBB라고 불리는 BBB를 위한 C library가 있는데 이것을 이용하면 좀 더 쉽게 C 프로그래밍을 할 수 있다. iobb의 사용법은 다음의 블로그를 참조하면 된다.

https://www.element14.com/community/community/designcenter/single-board-computers/next-genbeaglebone/blog/2019/08/15/beaglebone-black-bbb-io-gpio-spi-and-i2c-library-for-c-2019-edition

먼저 iobb 라이브러리를 다음과 같이 BBB에 설치한다.

```
git clone https://github.com/shabaz123/iobb.git
cd iobb
make
make install
```

데모 코드는 iobb/Demo 디렉터리 안에 있다. 그림 3.13(blinkc.c)은 iobb 라이브러리를 이용한 blink C 코드인데 그림 3.12의 blink.js nodejs 코드와 기능적으로 완전히 같다. 이것은 P9_11번 핀을 출력 모드로 사용하고 500msec 주기로 led가 10회 깜박이는 기능을 수행한다.

컴파일과 실행은 다음과 같이 한다. 맨 끝에 -liobb는 라이브러리를 지정하는 것이다.

```
gcc blinkc.c -o blinkc -liobb
sudo ./blinkc
```

```
bbb@DeskTop: ~
//blinkc.c using iobb

#include <iobb.h>

int main(void) {
    int i;
    iolib_init();
    iolib_setdir(9,11, DigitalOut);
    for(i=0; i<10; i++) {
        pin_high(9,11);
        iolib_delay_ms(500);
        pin_low(9,11);
        iolib_delay_ms(500);
    }
    iolib_free();
    return(0);
}


~
~
~
~
:set nu                                        1,1          All
```

그림 3.13 iobb 라이브러리를 이용한 blink C 코드(blinkc.c)

3.4.3 디지털 입력 – 스위치(switch)

이번 절에서는 digitalRead 함수를 사용하여 BBB의 AM335x 프로세서 외부에 있는 스위치 상태를 읽어오는 하드웨어 시스템을 만들어보자. 단순히 스위치 상태를 읽는 회로가 아니고 스위치 상태에 따라 LED에게 그 상태를 알려주는 회로를 구성한다. 즉, 접촉형 버튼스위치(tactile push switch)를 누르면 LED가 켜지고 스위치를 떼면 LED가 꺼지는 회로를 구성한다. 스위치 상태를 읽는 회로는 그림 3.14의 왼쪽 회로이며 오른쪽 회로는 그림 3.9와 같은 LED 회로이다. 왼쪽 회로와 오른쪽 회로는 P9_43(DGND)에 의해 서로 연결된다. 즉 두 회로가 서로 연결되어서 하나의 회로처럼 동작하는 것이다. 그림 3.14의 전자회로를 구현한 것이 그림 3.15이다. 스위치 상태를 읽는 메서드는 digitalRead이고 LED를 제어하는 메서드는 digitalWrite이다. 소스 코드는 그림 3.16(sw1led.js)에 있다.

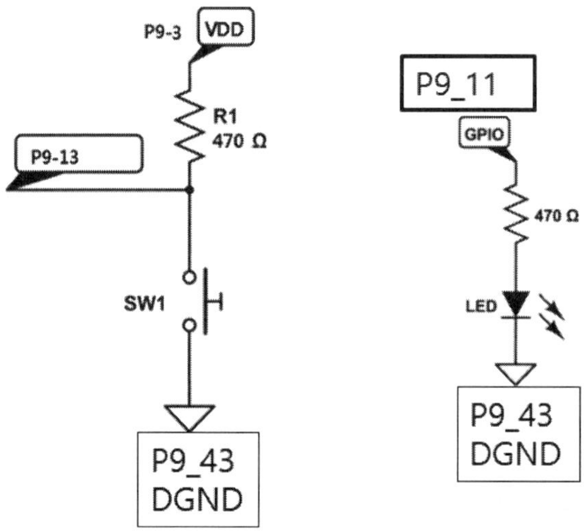

그림 3.14 스위치 상태 읽기 회로(왼쪽)와 LED 회로(오른쪽)

digitalRead 메서드도 digitalWrite 메서드와 마찬가지로 프로그램을 실행시키면 곧 바로 read 동작을 할 것이다. 그러나 read는 write와 다르게 얼마나 자주 전압값을 읽는가 즉, read 주기를 결정해야 한다. 쓰기 동작은 한 번만 실행하면 다음 실행하기까지 GPIO 핀에서 값이 계속 유지된다. 그러나 전압 읽기 동작은 짧은 시간 동안 유지되는

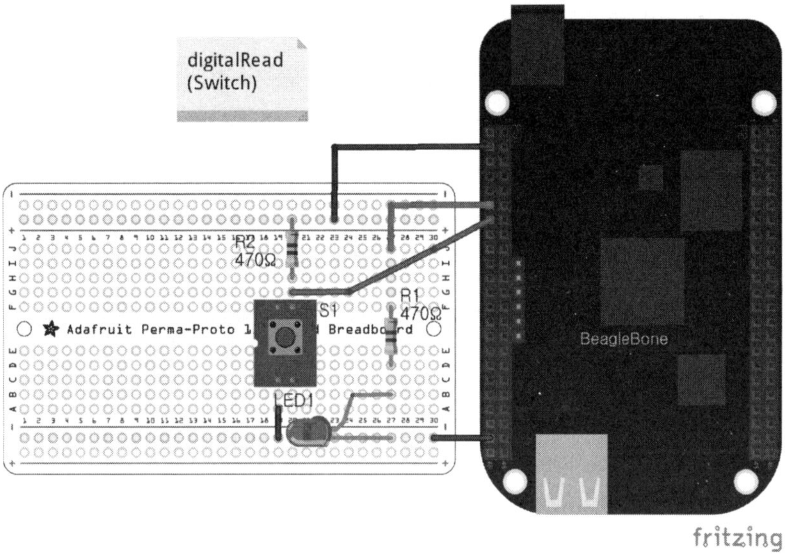

그림 3.15 sw1led 회로 구현

```
1 var b=require('bonescript');
2 var sw1="P9_13";
3 var led = "P9_11";
4 b.pinMode(sw1,b.INPUT);
5 b.pinMode(led, b.OUTPUT);
6
7 function loop() {
8         var inv_reading = b.digitalRead(sw1);
9         var reading = inv_reading ^ 1;
10        console.log(reading);
11        b.digitalWrite(led, reading);
12 }
13 setInterval(loop, 100);
```

그림 3.16 digitalRead 를 이용한 스위치 상태 읽기 (sw1led.js)

외부 전압을 BBB의 GPIO 핀에서 읽을 수 있어야 한다. 얼마나 짧은 시간 동안의 전압을 읽을 수 있는가는 하드웨어의 성능에 따라 다르다.

그림 3.16의 sw1led.js 코드에서 라인 13이 중요하다. setInterval(loop, 100) 함수는 100 msec 주기로 loop 함수를 수행하라는 뜻이다. loop 함수는 라인 7에서 정의되어 있다. 라인 8에서 digitalRead 메서드를 통해서 스위치에 걸리는 전압값을 읽고 그 결과를 변수 reading에 할당한다. 스위치를 누르면 P9_13 핀이 0V가 되므로 reading 변수

를 반전시켜야 LED를 킬 수 있게 된다. 나머지 라인들은 digitalWrite 동작과 같다. 단, 라인 4의 pinMode 메서드에서 두 번째 인수는 b.INPUT이어야 한다. 즉, BBB 프로세서가 핀 P9_13에 인가된 신호 전압을 read 즉, 읽는(측정하는) 것이다.

실습 3.2 ❙ digitalRead – 스위치 상태 읽기

1. 회로를 그림 3.14와 그림 3.15를 참고하여 구성한다.
2. sw1led.js 코드를 작성하여 실행한다.
   `#node sw1led.js`
3. SW1을 누르면 LED는 켜지고 SW1을 떼면 LED는 꺼진다.

3.5 아날로그 인터페이스(analog interface)

아날로그 동작은 디지털 동작보다 복잡하므로 디지털 액세스를 학습한 후에 접근하는 것이 좋다. 아날로그 액세스도 디지털 액세스와 마찬가지로 쓰기 동작이 읽기 동작보다 쉬우므로 쓰기 동작을 먼저 학습한다. 이번에도 동작의 주체는 AM335x 프로세서이다. 동작의 대상 목표물은 BBB에 연결된 외부 장치다. 즉, BBB 프로세서가 외부로 아날로그 전압을 내보내는 동작과 외부 장치의 아날로그 전압을 BBB 핀에서 측정하는 동작을 학습한다. 이때의 핀은 디지털 핀이 아니고 아날로그 핀을 사용한다.

3.5.1 아날로그 출력 – LED 밝기 제어

BBB에서 아날로그 전압을 출력하는 핀은 PWM(pulse width modulation) 핀이다. BBB는 모두 8개의 PWM 핀을 제공하지만, 디폴트로 4개만 사용할 수 있다. 나머지 핀들은 소프트웨어적으로 인에이블(enable) 작업을 해야 한다. PWM 핀들은 P8_13, P8_19, P9_14, P9_16인데 이것들은 모두 출력 핀들이다. 출력 전압은 0~3.3 V의 가변 전압(아날로그 전압)이다.

PWM은 원래 전자통신공학에서 변조의 한 방식으로 사용되지만, 임베디드 보드에서는 주로 아날로그 전압을 발생시키는 한 방법으로 사용된다. 이것은 프로세서 내부에서 발생시키는 펄스 폭을 이용해서 출력 전압의 크기를 변화시키는 방법이다. 그림 3.17과 같이 펄스의 한 주기(cycle)는 주로 T로 표시하며 단위는 시간인데 그림에서는 한 주기가 0.5 msec이다. BBB에서는 디폴트로 1초에 2,000개의 펄스를 PWM 핀에 내보내게 된다. 즉 2 KHz의 파형을 내보내게 되므로 주기는 0.5 msec가 되는 것이다. 그림 3.17에서 첫 번째 주기에서는 전압이 출력되지 않고, 두 번째 주기에서 전압 3.3 V가 한 주기에서 25% 동안만 출력되게 된다. 한 주기동안 전압이 출력되는 시간의 비율을 퍼센트로 나타낸 것을 듀티 싸이클(duty cycle)이라고 부른다. 그림 3.17에서 두 번째 주기의 듀티 싸이클은 25%가 된다. 이것을 듀티 비로는 1:4, 듀티 비율(duty factor)로는 1/4 = 0.25라고 표현한다. 이때의 평균 전압은 3.3 V×0.25 = 0.825 V가 된다. 네 번째 주기처럼 3.3 V가 75%인 PWM 신호의 평균 전압은 3.3 V×0.75 = 2.475 V가 된다.

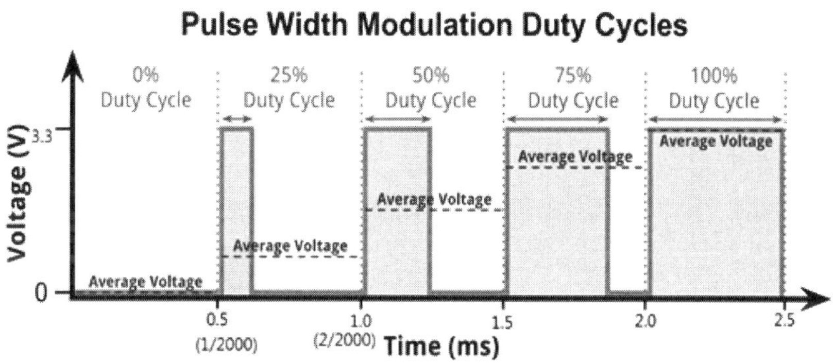

그림 3.17 PWM의 원리

이번 절 실습에서는 스위치를 사용하여 LED의 밝기를 제어하는 하드웨어 시스템을 만들어보자. 1번 스위치(SW1)를 누를 때마다 LED는 밝아지고 2번 스위치(SW2)를 누를 때마다 LED가 어두워지는 디머(dimmer) 회로를 구성한다. 회로는 그림 3.18에 있으며 빵판을 이용하여 전자회로를 구성한다.

그림 3.18의 전자회로는 3개의 분리된 회로처럼 보이지만 실제로는 하나의 연결된 회로이다. 왜냐하면 DGND(P9_43)가 서로 연결되기 때문이다. SW1이 눌러지면 P9_13 핀의 전압이 0 V가 되며 이를 프로그램이 감지하여 LED를 한 단계 밝게 한다. 즉, LED

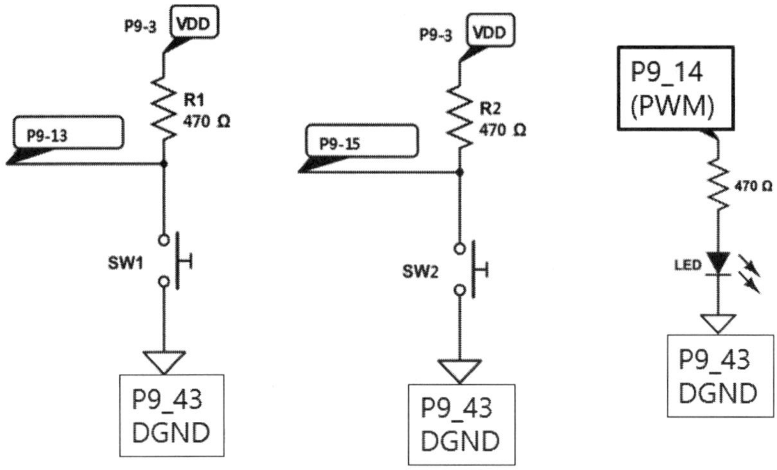

그림 3.18 LED 밝기를 제어하는 디머 (dimmer) 회로

밝기는 켜짐/꺼짐(ON/OFF)의 두 단계가 아니고 전압을 0~3.3 V까지 단계적으로 변화시킴으로써 밝기를 조절한다. 반대로 SW2를 누르면 P9_15 핀의 전압이 0 V가 되며 이때 LED를 한 단계 어둡게 만든다. 즉 PWM 기능을 이용하는 analogWrite 메서드를 이

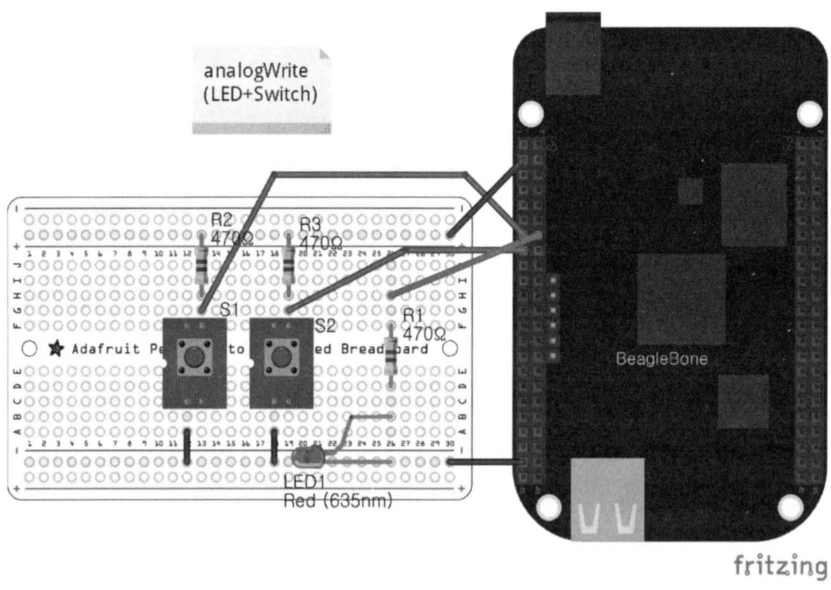

그림 3.19 LED 밝기를 제어하는 디머 회로의 구현

용해야 한다. 그림 3.18의 회로도를 구성한 결과 그림 3.19와 같은 그림을 볼 수 있다.

그림 3.19의 LED 밝기를 제어하는 회로의 동작을 하는 nodejs 프로그램 코드는 그림 3.20(dimmer.js)에 나타내었다. 아날로그 쓰기(analogWrite) 동작을 하는 라인 18과 라인 26이 핵심 코드인데 analogWrite(led, duty) 메서드는 PWM 핀인 led에게 듀티 비율(duty factor) duty로 출력 전압을 내보내라는 함수이다. 만약에 duty 값이 0.5라면 핀 P9_14에서 3.3 V×0.5 = 1.65 V가 출력된다. PWM 핀은 입력과 출력모드가 변동되는 GPIO 디지털 핀이 아니고 아날로그 핀으로 이미 출력모드이기 때문에 pinMode 함수를

```
bbb@Desktop: ~
 1 //dimmer.js
 2 
 3 var b = require('bonescript');
 4 var sw1 = "P9_13";
 5 var sw2 = "P9_15";
 6 var led = "P9_14";
 7 var step = 0.05;
 8 var duty = 0.5;
 9 
10 b.pinMode(sw1, b.INPUT);
11 b.pinMode(sw2, b.INPUT);
12 
13 function brighter() {
14     duty = duty + step;
15     if (duty > 1.0) {
16         duty = 1.0;
17     }
18     b.analogWrite(led, duty);
19 }
20 
21 function dimmer() {
22     duty = duty - step;
23     if (duty < 0.0) {
24         duty = 0.0;
25     }
26     b.analogWrite(led, duty);
27 }
28 
29 function sw_detect() {
30     if (b.digitalRead(sw1) == 0) {
31         brighter();
32     }
33     if (b.digitalRead(sw2) == 0) {
34         dimmer();
35     }
36 }
37 
38 setInterval(sw_detect, 50);
~
```

그림 3.20 dimmer.js

사용해서 입출력을 지정할 필요가 없다.

라인 38에서 50 ms마다 sw_detect 함수가 실행되며 sw_detect 함수는 라인 29에 정의되어 있다. 이 함수는 SW1 또는 SW2가 눌러졌는가를 즉, 스위치 상태를 체크한다. SW1이 눌러졌다면 라인 31의 brighter 함수가 호출되며, SW2가 눌러졌다면 라인 34에서 dimmer 함수가 호출된다. 이들 함수에서는 다시 duty를 계산하고 analogWrite(led, duty) 메서드를 통해서 led 핀(PWM 핀)에 계산된 전압을 주게 된다.

실습 3.3 ❙ analogWrite – LED 밝기 제어

1. 회로를 그림 3.22와 그림 3.23을 참고하여 구성한다.
2. dimmer.js 코드를 작성하여 실행한다.
3. SW1을 누를 때마다 LED는 점점 더 밝아지고 SW2를 누를 때마다 LED는 점점 더 어두워진다.

3.5.2 아날로그 입력 – 센서 읽기

analogRead의 핵심 원리는 BBB 프로세서가 아날로그 입력 핀에 들어오는 전압(아날로그 전압값)을 디지털 값으로 변환하는 것이다. 아날로그 전압값을 디지털 값으로 변환하는 과정을 ADC(analog-to-digital conversion)라고 부른다. 이 프로세스는 현대의 컴퓨터/전자공학에서 자주 사용되는 매우 중요한 기능이다. 2진수밖에 처리할 수 없는 컴퓨터가 온도/습도/조도 같은 아날로그 센서의 전압을 측정하는 원리가 바로 이 ADC 프로세스를 수행하기 때문이다. ADC의 성능에는 얼마나 정확하게 측정하는가를 나타내는 분해능(resolution)이 있다. BBB에서는 12 bit 분해능 즉, 아날로그 입력 전압을 2^{12} = 4,096개로 잘라서 디지털 값으로 변환한다. 또한 샘플링 시간(sampling time)이란 항목도 있는데 얼마나 빨리 측정하는가를 나타낸다. BBB에서는 샘플링 시간이 125 ns이다. 즉, 125 ns 동안만 측정해도 외부 아날로그 전압을 측정할 수 있다는 말이다. 측정 전압 범위는 0~1.8 V이다. 그 이상을 넘는 전압 측정은 안 되며 BBB 보드에 손상을 줄 수 있다. 아날로그 전압을 측정하려면 일반적인 디지털 GPIO 핀을 사용할 수 없다. P9_39 (AIN0) 핀 같이 아날로그 입력 전용 핀을 사용해야 한다. BBB에서 이러한 핀은 모두 7

개가 제공된다. P9_39(AIN0), P9_40(AIN1), P9_37 (AIN2), P9_38(AIN3), P9_33 (AIN4), P9_36(AIN5), P9_35(AIN6)를 아날로그 입력 전용 핀으로 사용한다. 보다 정밀한 아날로그 전압 측정을 위하여 노이즈(noise)가 감소된 ADC 그라운드(GND_ADC)인 P9_34번 핀을 그라운드로 사용한다. 아날로그 리드에서는 때때로 저항을 전압으로 변환하는 작업이 필요하다. 이때 1.8 V의 기준(reference) 전압이 필요한데 P9_32(VDD_ADC)를 통해 1.8V를 출력한다.

3.5.3 아날로그 입력 – 온도 센서

온도 센서는 그림 3.21과 같다. 이것은 Analog Device사에서 판매하는 것으로 모델은 TMP36이다. 핀 1(3.3 V)과 핀 3(GND)를 이용하여 전압을 인가하면 온도가 핀 2를 통해서 출력된다.

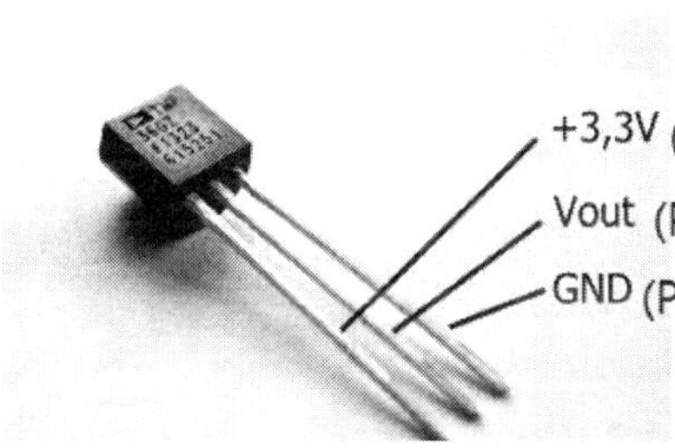

그림 3.21 온도센서(TMP36)

그림 3.22는 TMP 36 온도 센서의 데이터시트(부록 2 참조)에서 발취한 것으로서 온도가 130도를 넘지 않으면 출력 전압이 1.8 V를 넘지 않는다는 것을 보여준다. TMP36의 온도 측정 정확도(accuracy)는 −40℃~125℃ 대역에서 ±2℃이고 25℃에서는 ±1℃이다. 2번 핀 Vout에서 750 mV가 측정되면 이것은 25℃를 의미한다. 출력전압이 10 mV 변화하면 온도는 1℃씩 변하는데 우리는 이것을 출력 전압 크기조정(output voltage scaling)이 10 mV/℃라고 부른다. 즉, 최저 측정온도 −40℃라는 것은 750−65*10 = 100 mV 전압이 측정된다는 말과 같다. 또한 최고 측정온도 125℃에서는 750+100*10 = 1,750 mV가 측정된다는 것이다. 결과적으로 TMP36 온도 센서에서 출력되는 전압은

0.1~1.75 V 사이에 있으므로 BBB의 ADC 입력 전압으로 1.8 V보다 작으므로 안전하다.

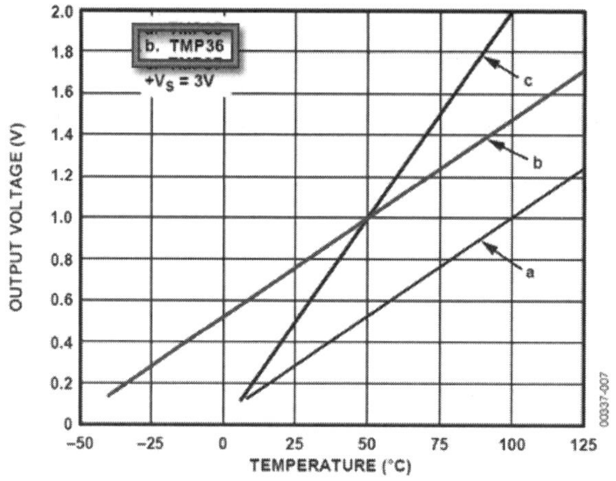

Figure 6. Output Voltage vs. Temperature

그림 3.22 TMP36의 출력 전압과 온도와의 관계

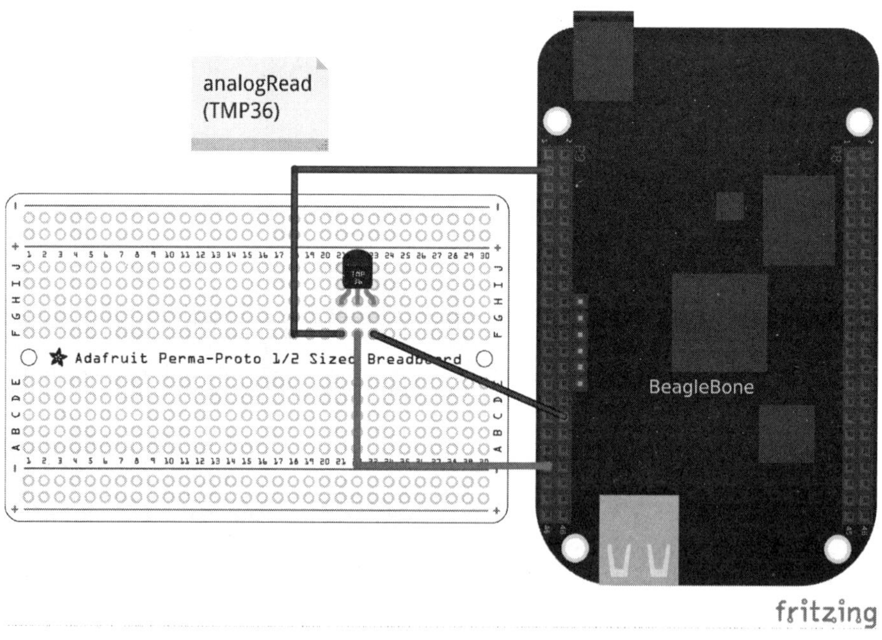

그림 3.23 analogRead – 온도센서(TMP36)

실습할 회로 구성은 그림 3.23과 같다. 우선 3.3 V 전압을 P9_3(VDD3.3V)에서 가져와서 TMP36 센서의 핀 1에 연결한다. 이때는 빨간색 점퍼와 빵판을 사용한다. 둘째로, P9_34(GND_ADC)를 TMP 36 센서의 핀 3에 검은색 점퍼를 사용하여 연결한다. 셋째, P9_39(AIN0) 핀과 TMP 36 센서의 핀 2를 연결한다. 이 핀에서 온도 데이터가 전압으로 출력된다.

온도 측정을 위한 nodejs 프로그램은 그림 3.24와 같다. analogRead는 analogWrite 동작보다 조금 더 복잡하다. 핵심적인 코드는 라인 5의 analogRead('P_39', displayTemp) 메서드인데 이 메서드는 P_39 핀에서 전압 측정을 지시하고 측정이 완료되면 displayTemp라는 콜백 함수(callback function)를 실행한다. ADC 측정이 완료된 후에 다시 호출(call back)한다는 뜻이며 콜백 함수를 사용하는 이유는 아날로그 전압을 측정하는 데 ADC 과정을 거쳐야 하기 때문에 시간이 걸리기 때문이다. displayTemp 함수의 첫 번째 매개변수(parameter)는 오류(error) 검출을 위해서 쓰인다. 이러한 함수를 오류 우선 콜백(error-first callback) 함수라고 한다. 디지털 입력(digitalRead) 동작과 마찬가지로 setInterval 함수를 이용해서 주기적으로 입력을 읽는데 라인 17에서 500 ms 마다 readTemp 함수를 실행하게 되며 readTemp 함수는 결과적으로 analogRead 메서드를 실행한다. 이 메서드는 콜백 함수 displayTemp를 실행하는데 이것은 라인 8에 정의되어 있다. displayTemp 콜백 함수에서 얻어진 전압값은 변수 value에 저장되며 이

```
1 //temp.js
2 var b = require('bonescript');
3
4 function readTemp() {
5     b.analogRead('P9_39', displayTemp);
6 }
7
8 function displayTemp(err, value) {      //error-first callback
9     if(err) {
10        console.log(err);
11        return; }
12    var mvolts = value * 1800;
13    var temp = (mvolts - 500)/10
14    console.log("Temp is " + temp);
15    console.log("Temp is " + temp.toPrecision(3));
16 }
17 setInterval(readTemp, 500);
```

그림 3.24 온도측정 프로그램(temp.js)

값은 0~1사이의 실수이다. 이 전압값을 최대 1,800 mV로 확장하기 위해서 라인 12에서 1,800을 곱한다. 데이터 시트의 표 4(table 4)에서 보면 TMP36 모델은 오프셋(offset) 전압이 0.5 V 즉, 500 mV이므로 라인 13에서 500을 차감한다. 같은 표에서 보면 출력 전압 크기조정(output voltage scaling)이 10 mV/℃이므로 전체를 10으로 나누어준다. 온도센서가 바뀌면 이러한 과정도 바뀌어야 한다. 라인 15에서 변수 temp.toPrecision(3)은 소수점 이하 3자리까지 보여준다는 의미이며 소수점 이하 4자리에서 반올림한다.

실습 3.4 ❙ analogRead - 온도 센서

1. 온도센서 TMP36의 datasheet를 읽어본다.
2. 그림 3.23을 참고하여 온도센서 회로를 구성한다.
3. temp.js 프로그램을 코딩하여 실행한다.
   ```
   #node temp.js
   ```
4. 코드에서 각각의 변수들의 값도 확인해 본다.

3.5.4 아날로그 입력 – 조도 센서

아날로그 조도 센서 또는 광센서는 주변 빛의 세기에 따라 저항값이 변하는 센서인데, 사용자는 조도 센서에 전류를 흘려서 결국 전압값을 측정한다. 조도 센서에는 여러 가지 종류가 있지만, 본서에서는 빛의 밝기에 따라 저항값이 변하는 photoresistor(모델 GL5528, 부록 3참조)를 사용한다. 그림 3.25에 나타나 있는 조도 센서는 표면에 CdS라

그림 3.25 조도 센서(GL5528)

는 물질이 있어서 Cds photocell이라고도 불린다. CdS가 밝은 빛을 받으면 저항이 작아지고 어두운 빛을 받으면 저항이 커지는 성질을 이용한다. 저항값의 범위는 수십 Ω~1.0 MΩ이다.

조도 센서를 사용하는 회로도는 그림 3.26과 같다. 기본적으로 CdS 포토 셀은 빛의 밝기에 따라 저항값이 변하는 수동 부품(passive element)이다. 따라서 포토 셀에 기준(reference) 전압을 인가하고 빛의 밝기에 따라 변화된 저항만큼 전압강하가 일어나면 이것을 측정하면 된다. 개념은 매우 단순하지만 수동 소자를 다루는 데 있어서 많은 시사점을 알려준다. 그림 3.26처럼 P9_32(VDD_ADC)에서 출력되는 1.8 V 전원을 포토 리지스터에 인가하고 1 kΩ 저항의 끝에 P9_34(GND_ADC) 핀을 연결한다. 아날로그 전압을 읽기 때문에 노이즈가 적은 GND_ADC를 사용한다. 포토 리지스터와 1 kΩ 저항 사이에서 측정할 핀, 즉 P9_39(AIN0)를 연결하여 아날로그 전압을 측정한다. 측정된 전압은 포토 리지스터에서 한 번 전압강하가 이루어지기 때문에 1.8 V보다 높을 수 없다. 항상 1.8 V보다 낮은 전압이 측정된다.

그림 3.27에 완성된 회로를 보여주는데 이것은 그림 3.26의 회로도를 보고 빵판에 회로를 구성한 결과이지 그림 3.27을 보면서 회로를 구성하는 것이 아님을 유의한다. 즉, 그림 3.27은 회로 구성을 다 한 후에 참고용으로 보는 용도일 뿐이다.

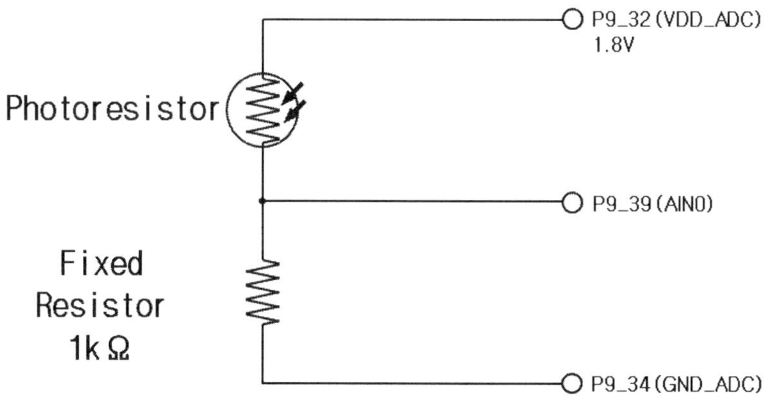

그림 3.26 조도 센서 회로

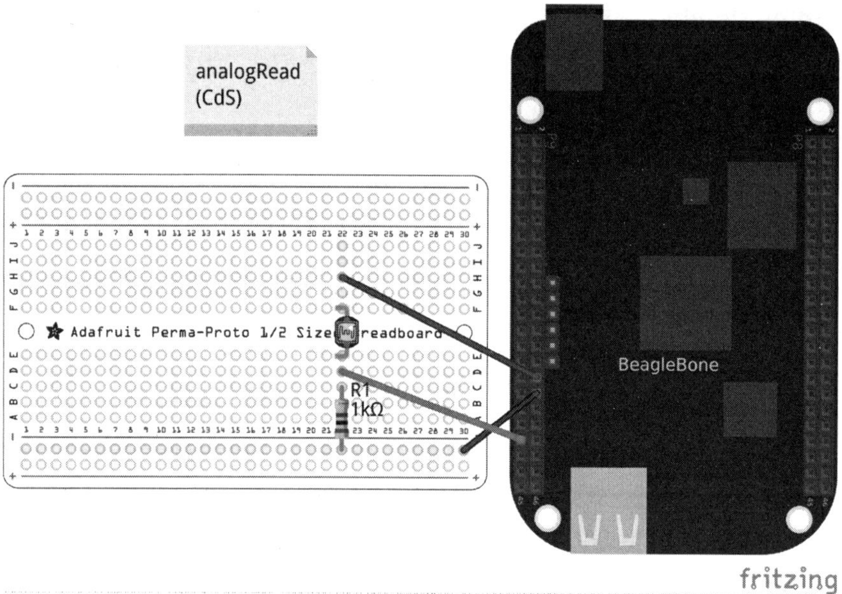

그림 3.27 조도 센서 회로 구현

이 조도센서 회로를 위해서 nodejs 프로그램을 작성한 것이 그림 3.28이다. 라인 12에서 value는 0~1 사이의 실수값이 정규화된(normalized) 전압값으로 출력되는데 이것을 최대값 1,800 mV로 환산하기 위해서 곱해주는 것이다.

```
 1 //light.js
 2 var b = require('bonescript');
 3 
 4 function readLight() {
 5     light = b.analogRead('P9_39', displayLight);
 6 }
 7 
 8 function displayLight(err, value) {
 9     if(err) {
10         console.error(err);
11         return; }
12     var lightvoltage = value * 1800;
13     console.log("Light voltage = " + lightvoltage.toPrecision(4));
14 }
15 
16 setInterval(readLight, 500);
~
```

그림 3.28 조도측정 프로그램 (light.js)

실습 3.5 | analogRead – 조도 센서

1. 그림 3.26과 그림 3.27을 참고하여 조도 센서 회로를 구성한다.
2. light.js 프로그램을 코딩하여 실행한다.
   ```
   #node light.js
   ```
3. 주위를 밝고 어둡게 함에 따라서 전압의 변화를 터미널에서 확인한다.

실습 3.6 | 응용문제

문제 1: 주위 빛이 밝으면 LED가 더 밝게, 어두우면 LED가 어둡게 자동 조절되는 시스템을 만드시오.
문제 2: 스위치를 누르고 있으면 LED가 켜지고 손을 떼면 LED가 꺼지는 시스템을 설계하시오.
문제 3: 스위치를 한 번 눌렀다 떼면 LED가 켜지고 다시 눌렀다 떼면 꺼지는 시스템을 만드시오.

3.6 특수 하드웨어 인터페이스

지금까지 다루었던 기본적인 디지털 입출력 장치와 아날로그 입출력 장치뿐만 아니라 시리얼 통신을 이용한 디지털 입력 센서(온습도 센서, 가속도 센서)와 출력 장치(7-세그먼트(segment) 디스플레이), GPIO 핀을 이용한 초음파 거리 센서, PWM을 이용한 서보(servo) 모터 제어 등 더 복잡한 입출력 하드웨어 인터페이스에 대하여 알아보자.

IC 칩(chip)과 칩 사이의 통신 즉, 프로세서 보드와 센서 모듈 사이의 통신은 전선을 한 개, 두 개 또는 그 이상 사용하는가에 따라서 통신선을 한 개 사용하는 1-wire 인터페이스, 두 개 사용하는 I^2C(inter-integrated circuit) 그리고 네 개의 신을 사용하는 SPI (serial peripheral interface)로 나뉜다. 일반적으로 선의 개수가 많아지면 제어 복잡도는 증가하지만, 데이터 전송속도는 빨라진다.

3.6.1 1-wire : 온습도 센서(dht11)

디지털 온습도 센서는 그림 3.29에 나타나 있는 dht11을 사용하는데 3~5 V 전원을 사용하고 2.5 mA의 전류를 소비한다. 온도는 0~50℃에서 ±2℃의 정확도를 갖고 습도는 20~80%에서 5%의 정확도를 갖는다. 온도와 습도는 2초마다 측정할 수 있다.

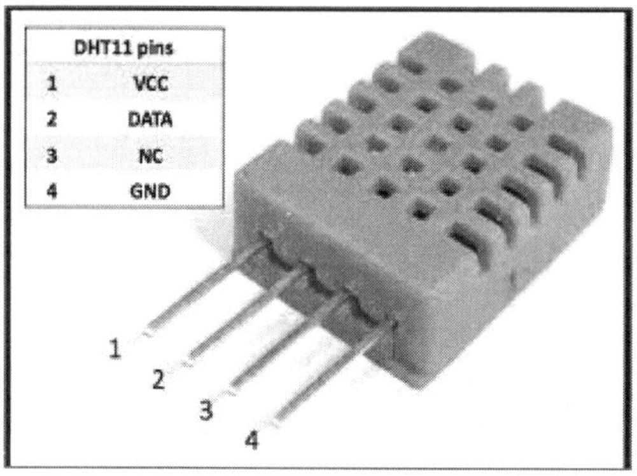

그림 3.29 dht11 디지털 온습도 센서

dht11 온습도 센서는 하나의 선을 사용하는 1-wire 인터페이스를 사용한다. 일반적으로 데이터 동기를 위한 클럭(clock)을 사용하지 않고 하나의 통신선이 데이터 송신과 수신을 번갈아 전송하므로 데이터 전송속도가 느리다.

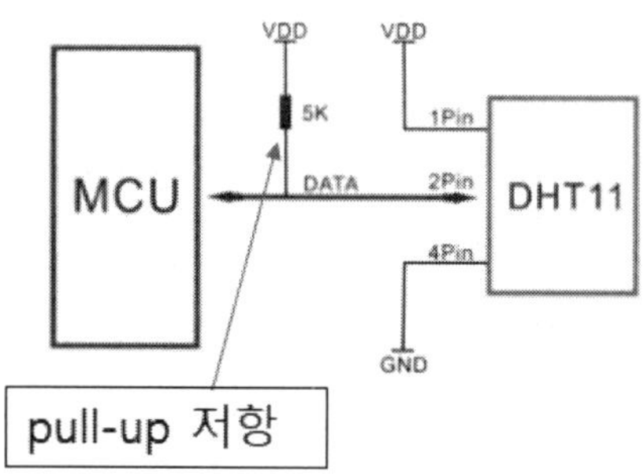

그림 3.30 dht11 온습도 센서 회로

그림 3.30은 MCU와 dht11 사이의 회로인데 MCU는 BBB 보드의 프로세서가 된다. 그림 3.31의 파형에서 보듯이 MCU에서 최소 18 msec 동안 로우(low) 신호를 출력하면 dht11 온습도 센서에게 데이터 시작(start)을 알린다. 그림 3.30에서 5 KΩ(옴) 저항을

dht11의 데이터 핀(2번)에 연결되어서 20~40 μsec 동안 하이(high) 상태로 둔다. 이때 저항을 풀업(pull-up) 저항이라고 부른다. 이때부터 dht11에서 MCU로 데이터를 전송하는데 160 μsec 동안 로우와 하이 신호를 번갈아 가면서 응답(response) 신호를 전송한다. 이후에 50 μsec 동안 로우 신호를 전송하면 MCU는 이 신호를 받은 다음 신호를 데이터로 간주한다. 26~28 μsec 동안 하이 상태이면 bit "0"을 의미하고 70 μsec 동안 하이 상태이면 bit "1"을 의미한다. 데이터는 총 5 bytes(40 bits)를 전송하는데 첫 2 bytes(정수부+실수부)는 습도, 다음 2 bytes(정수부+실수부)는 온도를 의미한다. 다섯 번째 바이트는 체크섬(checksum) 데이터를 의미한다.

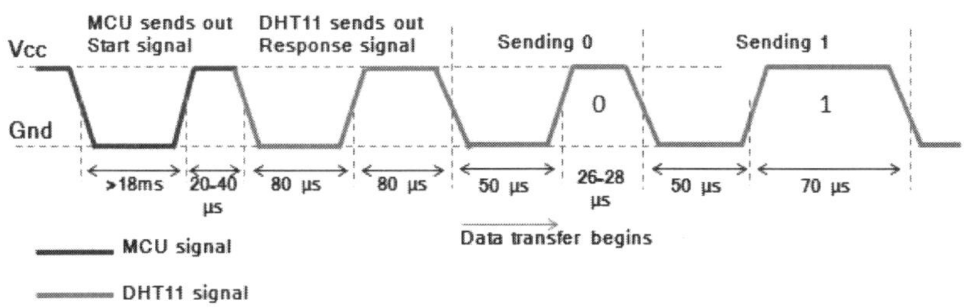

그림 3.31 MCU와 dht11의 데이터 파형

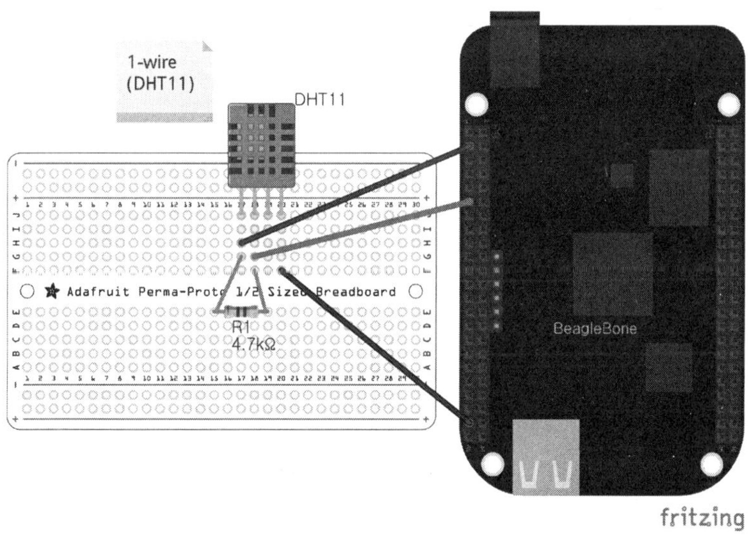

그림 3.32 디지털 온습도 센서(dht11) 회로 구성

그림 3.32와 같이 dht11 온습도 센서를 BBB에 연결한다. dht11의 1번 핀은 BBB의 Vdd_3.3V(P9_3)에 연결하고 2번 핀 데이터 선으로서 BBB의 GPIO 11번 핀에 연결하는데 이때 풀업 저항으로 4.7 KΩ 저항을 연결한다. dht11의 4번 핀은 BBB의 DGND (P9_43)에 연결하는데 꼭 43번 핀이 아니어도 DGND에 연결하면 된다. dht11의 3번 핀은 사용하지 않는다. 즉, 그림 3.30 회로를 보고 빵판과 BBB를 이용해서 회로를 구성하면 그림 3.32가 되는 것이다.

이 회로를 동작시키기 위해서 필요한 dht11 센서의 nodejs 모듈을 설치한다. 웹 사이트 주소는 https://www.npmjs.com/package/beaglebone-dht 이다. 모듈 설치 명령어는 npm을 이용한다. 여기에서 --save 옵션을 사용하는 이유는 이 모듈을 package.json 파일에 자동으로 저장시키기 위함이다. -g 옵션을 사용하지 않기 때문에 로컬 모드로 설치된다. 따라서 현재 작업 디렉터리 밑에 node_modules/beaglebone-dht 디렉터리에 패키지가 설치된다.

```
npm install beaglebone-dht --save
```

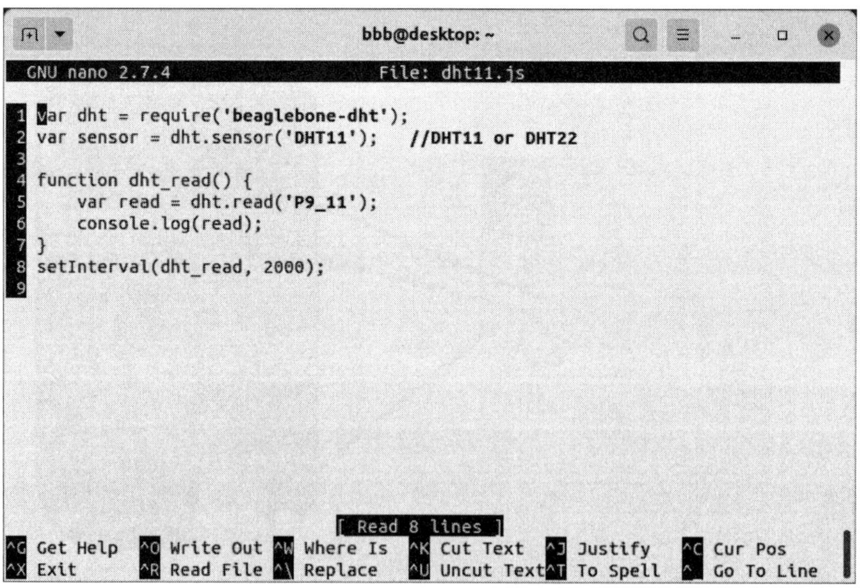

그림 3.33 디지털 온습도 센서 dht11.js

nodejs 코드는 그림 3.33과 같으며 라인 5에서 2초마다 센서값을 읽어드리는데 P9_11 핀을 이용한다. 이 핀은 dht11 센서의 2번 핀에 연결되어 있어서 온습도 값을 BBB에게 전송한다.

프로그램 실행은 다음과 같이 sudo를 사용해서 관리자 모드에서 진행하며 결과는 그림 3.34에 나타나 있다. Celcius는 섭씨 온도, fahrenheit는 화씨온도, 그리고 humidity는 습도를 나타낸다.

```
sudo node dht11
```

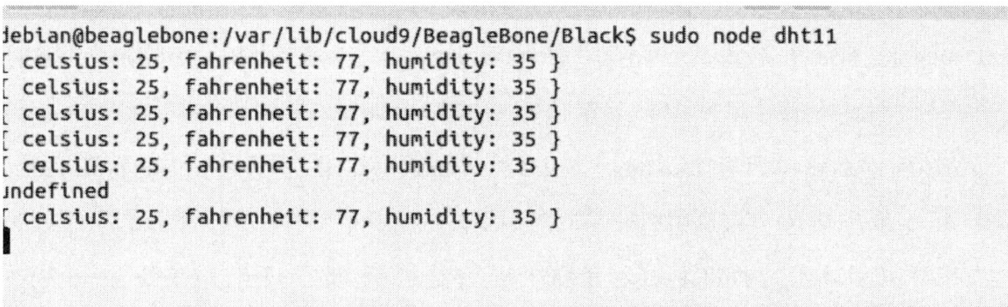

그림 3.34 디지털 온습도 센서 dht11 결과 화면

3.6.2 I^2C : 가속도 센서(adxl345)

I^2C(inter-integrated circuit)는 두 가닥의 전선을 이용해서 데이터를 전송하는데 신호의 동기를 위해서 클럭(clock) 신호를 사용한다. 그림 3.35에 전형적인 I^2C 버스의 회로 구성을 보여준다.

그림 3.35에서 보듯이 Master는 동기를 위해서 클럭 신호(SCL, seiral clock)를 Slave에게 전송한다. Slave는 Master와 데이터를 송수신한다. 이 전송방식은 무전기와 비슷하게 반이중(half duplex) 방식으로 통신하게 된다. 통신 방식은 그림 3.36에 나타나 있는데 진한 곳은 Slave가 전송하는 데이터이고 흐린 곳은 Master가 전송하는 데이터이다. Write/Read 동작의 주체는 Master이다. Write 동작을 볼 때 Master에서 1 bit의 START

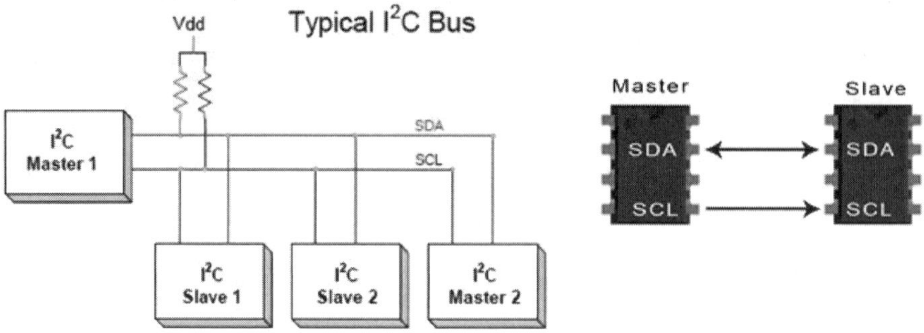

그림 3.35 I^2C 버스(bus) 시스템의 구조

신호와 7 bit의 Slave 주소, 그리고 Write 동작을 나타내는 1 bit(0)를 전송한다. 주소(address) 비트가 7이므로 이론적으로 최대 128개의 Slave를 Master 하나에 접속할 수 있으나 현실적으로는 이보다 훨씬 적은 수의 Slave만 사용할 수 있다. Slave로부터 ACK(0) 신호를 받으면 Master는 8비트의 DATA 신호를 전송한다. 다시 Slave로부터 ACK 신호를 받은 후에 1비트의 STOP 신호를 Slave에게 전송한다. Read 동작도 Write 동작과 비슷하지만, DATA 전송 주체가 Slave로 바뀐 점이 다르다. 또한 Read 명령 비트 값이 0이 아니고 1로 바뀐 점이 다르다.

I^2C 통신 방식을 사용하는 센서는 대표적으로 Analog Devices 사의 ADXL345 디지털 가속도 센서(digital accelerometer) 또는 가속도계가 있는데 그림 3.37에 보이는데 제조사에 따라서 모듈 모양이 약간 다를 수 있다. 여기서 그림 3.38처럼 3V3(2번 핀)은 BBB의 P9_3, GND(3번 핀)은 BBB의 P9_43, 그리고 SCL(serial clock, 9번 핀)을 BBB의 P9_19(I2C_SCL)에 연결하고 SDA(serial data, 8번 핀)을 BBB의 P9_20(I2C_SDA)에 연결한다. 이 가속도 센서는 움직이는 가속도 값을 x, y, z축으로 중력 단위(단위: g) 값

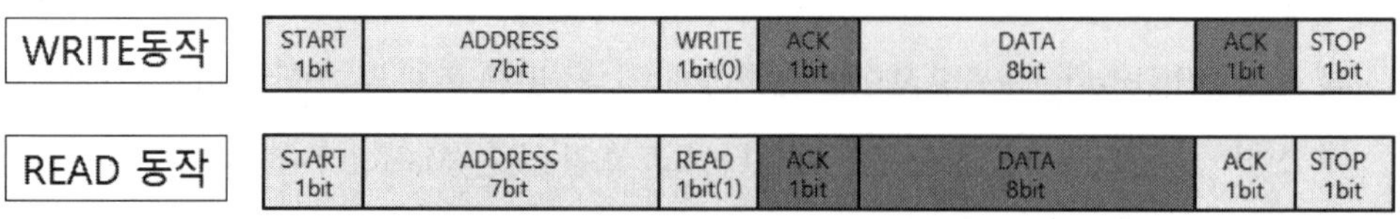

그림 3.36 I^2C 버스에서의 Read/Write

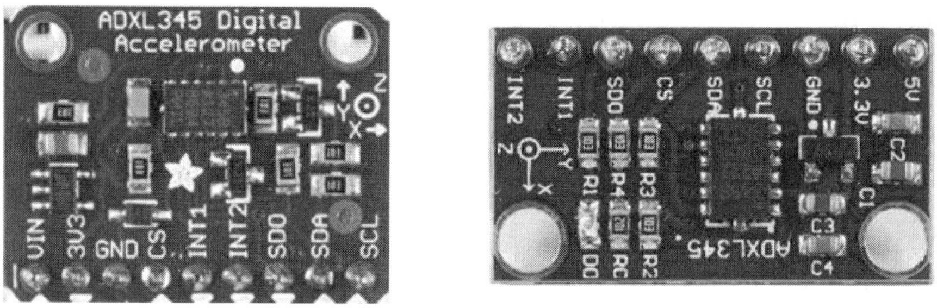

그림 3.37 ADXL345 가속도 센서

으로 읽는다. 이 가속도 센서를 이용해서 디지털 가속도계 adxl345의 회로 구성을 그림 3.38에 나타내었다.

프로그램 코드는 CircuitPython이라는 오픈 소스 라이브러리를 이용해서 작성한다. 우선 adxl345를 위한 라이브러리 패키지(adafruit-circuitpython-adxl34x)를 설치한다. 이것은 pip이라고 불리는 python package manager 프로그램을 이용해서 PyPI(python package index)라고 불리는 리포(repository)로부터 설치한다.

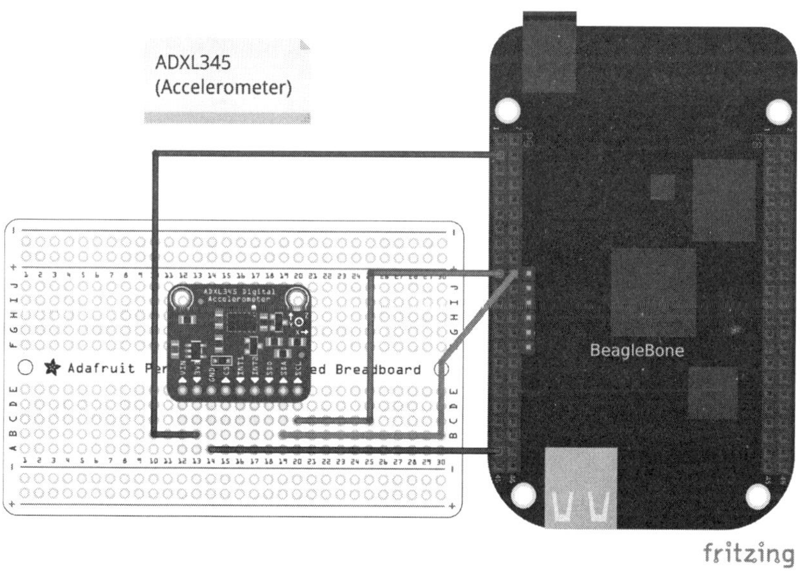

그림 3.38 가속도 센서(adxl345) 회로 구성

```
sudo pip3 install adafruit-circuitpython-adxl34x
```

이 라이브러리 패키지에 대한 자세한 안내 및 사용법 등은 다음 URL에 접속하면 얻을 수 있다. https://circuitpython.readthedocs.io/projects/adxl34x

또한 소스 코드는 다음 명령으로서 쉽게 설치할 수 있다.

```
git clone https://github.com/adafruit/adafruit_circuitpython_ adxl34x
```

```
GNU nano 2.7.4              File: adxl345.py              Modified

1  import time
2  import board
3  import busio
4  import adafruit_adxl34x
5  i2c = busio.I2C(board.SCL, board.SDA)
6  accelerometer = adafruit_adxl34x.ADXL345(i2c)
7  while True:
8      print("%1.1f   %1.1f   %2.1f" % accelerometer.acceleration)
9      time.sleep(1)
10
```

그림 3.39 디지털 가속도 센서 코드(adxl345.py)

그림 3.39의 소스 코드에서 라인 1부터 4까지는 각각의 모듈을 사용할 수 있게 한다. 라인 7번은 while True: 내부서 계속 실행하는데 라인 9에서 1초를 쉰 다음에 반복적으로 라인 8에서 가속도 값을 측정해서 프린트한다. 라인 8에서 2.1f는 실수에서 정수부 2자리와 소수부 1자리를 의미한다. 그림 3.40은 adxl345.py 코드를 실행한 결과 화면인데 첫 번째, 두 번째, 세 번째 숫자는 각각 x, y, z축의 가속도 값(단위: g)을 나타낸다. 소스 코드에서 print(adafruit_adxl34x.__file__)을 추가하면 패키지가 설치된 곳을 프린트한다. 대부분 패키지는 /usr/local/lib/python3.5/dist-packages/ 이곳에 설치된 것을 알 수 있다.

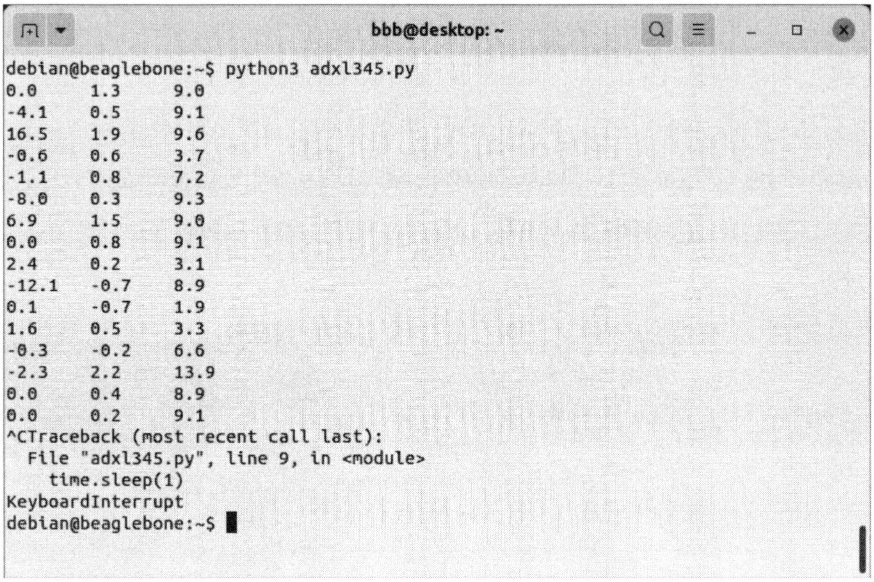

```
bbb@desktop: ~
debian@beaglebone:~$ python3 adxl345.py
0.0     1.3     9.0
-4.1    0.5     9.1
16.5    1.9     9.6
-0.6    0.6     3.7
-1.1    0.8     7.2
-8.0    0.3     9.3
6.9     1.5     9.0
0.0     0.8     9.1
2.4     0.2     3.1
-12.1   -0.7    8.9
0.1     -0.7    1.9
1.6     0.5     3.3
-0.3    -0.2    6.6
-2.3    2.2     13.9
0.0     0.4     8.9
0.0     0.2     9.1
^CTraceback (most recent call last):
  File "adxl345.py", line 9, in <module>
    time.sleep(1)
KeyboardInterrupt
debian@beaglebone:~$
```

그림 3.40 가속도 센서(adxl345)의 실행 화면

3.6.3 I²C : 7-세그먼드 디스플레이(ht16k33)

이번 절에서는 Adafruit사의 7-세그먼트 디스플레이를 동작시켜 본다. 이 부품은 출력 장치로서 I²C 통신 방식을 사용하며 Holtek사의 ht16k33 칩(chip)이 내장되어 있으며 외관은 그림 3.41과 같다. 디스플레이 LED의 높이가 0.56인치이고 LED가 한 글자당 7

그림 3.41 7-세그먼트 디스플레이 (ht16k33)

개로 이루어져 있고, 글자가 총 4개로 이루어져서 흔히 7-세그먼트 디스플레이 7x4로 불린다. 핀 이름은 왼쪽부터 Vcc, GND, SDA, SCL로 구성된다.

이 장치를 구동하기 위한 회로 구성은 그림 3.42와 같다. ht16k33의 Vcc를 BBB의 Vdd(P9_3)에 연결하고, GND를 BBB의 DGND(P9_43)에 연결하고, SCL을 BBB의 I2C_SCL(P9_19)에 연결하고 SDA를 BBB의 I2C_SDA(P9_20)에 연결한다.

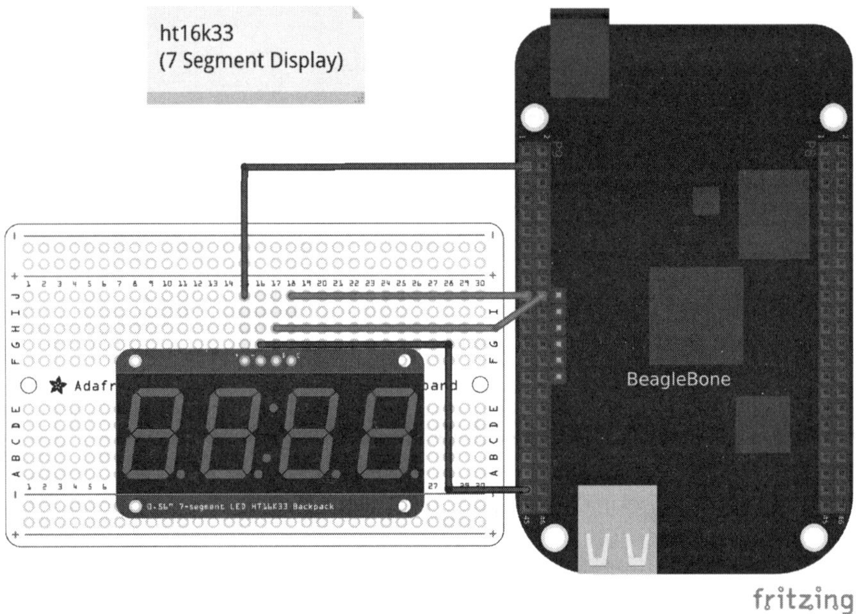

그림 3.42 7-세그먼트 디스플레이(ht16k33) 회로 구성

이 장치를 구동시키기 위해서 adafruit-circuitpython-ht16k33 Python 패키지를 설치한다.

```
sudo pip3 install adafruit-circuitpython-ht16k33
```

이 라이브러리 패키지에 대한 자세한 안내 및 사용법 등은 다음 URL에 접속하면 얻을 수 있다. https://circuitpython.readthedocs.io/projects/ht16k33

또한 소스 코드는 다음 명령으로서 쉽게 설치할 수 있다.

```
git clone https://github.com/adafruit/adafruit_circuitpython_ ht16k33
```

구동 프로그램 코드는 그림 3.43(a)와 그림 3.43(b)에 보인다. 라인 4에서 adafruit_ ht16k33 패키지에서 segments 모듈을 임포트(import)한다. 라인 7은 adafruit_ht16k33 패키지 디렉터리 안의 모듈 segments.py 파일에 정의된 클래스(class) Seg7x4를 실행하

```
GNU nano 2.7.4                    File: bbb_segment.py

1  import time
2  import board
3  import busio
4  from adafruit_ht16k33 import segments
5
6  i2c = busio.I2C(board.SCL, board.SDA)
7  display = segments.Seg7x4(i2c)  #create 7x4 display
8  display.brightness = 0.5     #0.0 - 1.0
9  display.set_digit_raw(0,0b11100100)
10 time.sleep(3)
11 display.fill(1)      #set to 1
12 time.sleep(3)
13 display.fill(0)      #set to 0
14 time.sleep(3)
15 display[0] = '1'     #set 1st char to 1
16 display[1] = '2'
17 display[2] = 'A'
18 display[3] = 'B'
19 time.sleep(2)
```

그림 3.43 7-세그먼트 디스플레이 동작 코드(a)

```
GNU nano 2.7.4                    File: bbb_segment.py

18 display[3] = 'B'
19 time.sleep(2)
20 display.print(2020)
21 time.sleep(2)
22 display.print_hex(0xEF09)
23 time.sleep(2)
24 display.print("12:30")
25 time.sleep(2)
26 for i in range(0x1f):
27     display.fill(0)      #clear the display
28     display.print(':')
29     display.print(hex(i))
30     time.sleep(0.5)
31
32 display.marquee("2020 05 25 BBB Ebedded... ", 0.7, False)
33
```

그림 3.43 7-세그먼트 디스플레이 동작 코드(b)

는 것으로서 7x4 디스플레이를 생성한다. 라인 8은 LED의 밝기를 제어하는데 중간 값 0.5를 취한다. 라인 11은 네 글자를 모두 1로 세팅하는 것이다. 한 글자씩 세팅할 때는 라인 14처럼 display 배열을 사용한다. 16진수를 프린트하는 것은 라인 22와 같다.

3.6.4 GPIO : 초음파 센서(hc-sr04)

초음파 센서를 이용한 거리 측정 원리는 그림 3.44와 같이 초음파를 물체에 송신하고 되돌아오는 시간을 측정해서 음파의 전파(propagation) 거리를 계산하는 것이다. 일반적으로 송신(TX) 안테나에서는 40KHz의 초음파가 송신되는데 거리는 시간×속도로 계산하는데 상온(25℃)에서의 음파 속도는 약 34,300 cm/sec로 계산한다.

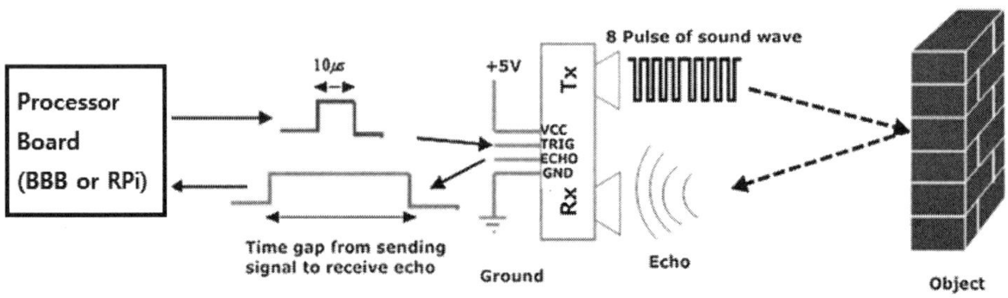

그림 3.44 초음파 센서의 동작 원리

본서에서 사용하는 초음파 센서 모듈은 그림 3.45에 보여지는 HC-SR04이다. 이 모듈의 핀 구성은 왼쪽부터 Vcc(5 V), Trig(Trigger), Echo, GND로 이루어지는데 각각 BBB

그림 3.45 초음파 센서(hc-sr04)

의 SYS5V(P9_7), GPIO(P9_17), GPIO(P9_18), DGND(P9_43)에 연결한다.

전자 회로는 그림 3.46과 같이 구성하는데 먼저 BBB의 P9_17에서 최소 10 μsec의 펄스를 hc-sr04 모듈의 Trig 핀에 입력하면 자동으로 TX 안테나에서 40 Khz 초음파 펄스 8개가 송신된다. 동시에 BBB는 시작 시각을 측정하게 된다. 센서 모듈의 Echo 핀에서 상승 전압(rising edge)이 측정되면 BBB는 끝난 시간을 측정한다. 이 시간 차이에다가 음속을 곱해서 왕복 거리를 계산한다. 이 왕복 거리를 2로 나누어주면 실제 물체의 거리가 계산된다. 그림 3.46의 회로에서 Echo 핀에 저항이 2개 연결된 것은 Echo 핀 전압(5 V)이 발생하는데 BBB에서는 이것의 2/3 즉, 3.3 V가 측정 가능한 최대 전압이다. 따라서 저항의 크기를 1:2로 만들어서 최대 전압을 3.3 V로 만들기 위함이다. 이러한 저항을 전압 분배기(voltage divider)라고 한다.

초음파 거리 측정을 위해서 프로그램 패키지 adafruit-circuitpython-hcsr04를 먼저 설치하고 소스 코드를 내려받아서 프로그램을 실행한다.

```
sudo pip3 install adafruit-circuitpython-hcsr04
```

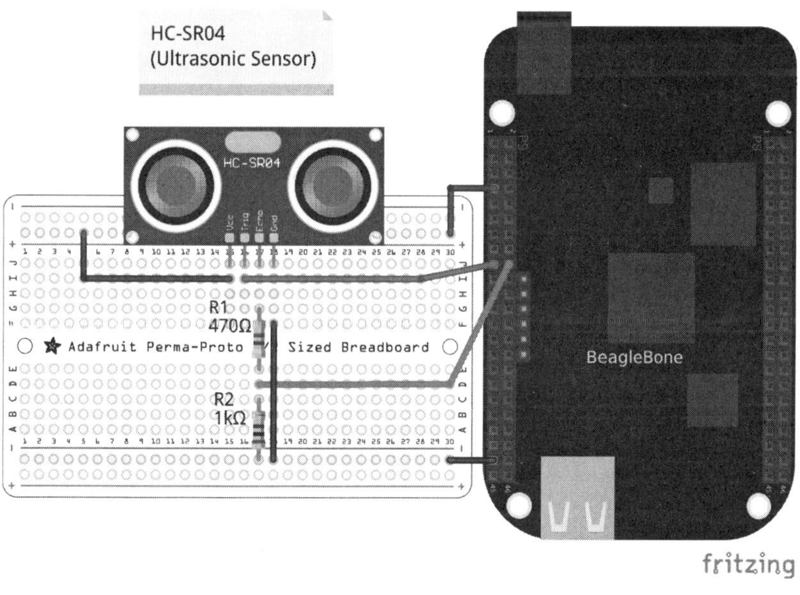

그림 3.46 초음파 센서(hc-sr04)의 회로 구성

이 라이브러리 패키지에 대한 자세한 안내 및 사용법 등은 다음 URL에 접속하면 얻을 수 있다. https://circuitpython.readthedocs.io/projects/hcsr04

또한 소스 코드는 다음 명령으로서 쉽게 설치할 수 있다.

```
git clone https://github.com/adafruit/adafruit_circuitpython_hcsr04
```

그림 3.47 코드에서 라인 5에서는 Trig 핀과 Echo 핀의 실제 BBB 핀 연결에 대해서 정의한다. 라인 7부터 13까지는 while 반복문으로서 측정된 거리를 프린트하거나 에러를 처리하는 문장이다. 일반적으로 Python에서는 try/except/finally 키워드를 사용하여 while 반복문을 구성한다.

```
GNU nano 2.7.4                    File: hcsr04.py

1  import time
2  import board
3  import adafruit_hcsr04
4
5  sonar = adafruit_hcsr04.HCSR04(trigger_pin=board.P9_17, echo_pin=board.P9_18)
6
7  while True:
8      try:
9          print("%3.1f cm" %sonar.distance)
10     except RuntimeError:
11         print("Retrying!")
12     finally:
13         time.sleep(1)
14
```

그림 3.47 초음파 거리 센서(hcsr04)의 프로그램 코드

3.6.5 PWM : 서보 모터(sg90)

모터는 일반적으로 힘이 세지만 회전 제어가 힘든 AC 모터와 힘은 약하지만, 회전 제어가 비교적 쉬운 DC 모터로 나뉜다. DC 모터는 다시 서보(servo) 모터와 스텝(step) 모터로 나뉜다. 둘 다 PWM 펄스로 제어하는데 서보 모터는 180도 회전하고 스텝 모터는 360도 회전하는 것이 다르다. AC 모터는 선풍기, 세탁기, 전기자동차 등에서 사용하고 서보 모터는 로봇이나 모형 자동차의 방향 조종, 스텝 모터는 HDD 모터 등에 사용

된다. 세탁기는 내구성이 좋은 BLDC(brushless DC) 모터를 쓰는 경우도 많다. 그림 3.48은 본서에서 실습할 서보 모터 sg90의 외관을 보여준다. 동작 원리는 그림 3.49에서 보여주듯이 주파수 50 Hz의 PWM 파형(주기 20 msec)을 서보 모터에 인가하면 그 펄스 폭에 따라 서보 모터의 회전 방향이 정해진다. 펄스폭이 0.5 msec인 경우 즉 듀티 사이클이 2.5%인 경우는 0도를 의미하며 펄스폭이 0.5 msec 증가할수록 회전 방향이 반시계 방향으로 45도씩 움직이게 된다. 펄스폭이 2.5 msec가 되면, 즉 듀티 사이클이 12.5%가 되면 180도 회전하는데 이것이 최대 회전각이 되며 이 각도보다 더 회전하지는 않는다.

그림 3.48 서보 모터(sg90)

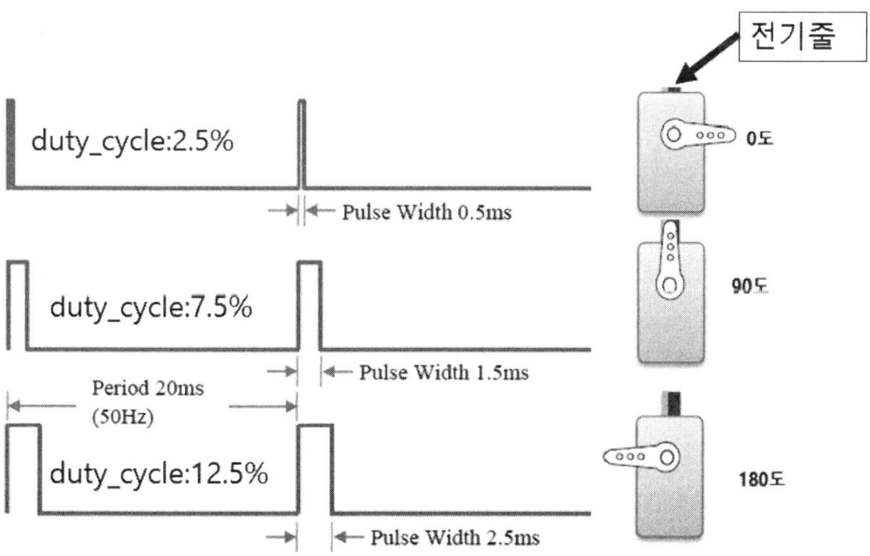

그림 3.49 PWM을 이용한 서보 모터의 동작 원리

그림 3.50에는 BBB와 서보 모터를 연결하는 회로 구성이다. 서보 모터의 갈색 핀(1번)은 BBB의 DGND(P9_43)에 연결하고 빨간색 핀(2번)은 BBB의 SYS_5V(P9_7)에 연결하고 오렌지색 핀(3번)은 BBB의 PWM1A(P9_14)에 연결한다.

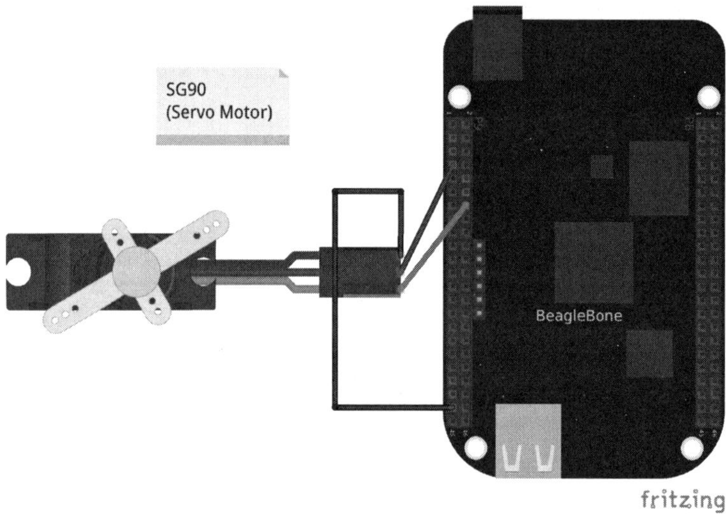

그림 3.50 서보 모터(sg90) 제어 회로 구성

```
GNU nano 2.7.4                File: servo.js                Modified

var b = require('bonescript');
var SERVO = 'P9_14';
var duty_cycle = 0.075;
var duty_max = 0.125;
var duty_min = 0.0251
var increment = 0.025;
var sign = 1;
var freq = 50;

setInterval(servoAct, 1000);
function servoAct(){
    if (duty_cycle >= duty_max)
        sign = -sign;
    if (duty_cycle <= duty_min)
        sign = -sign;
    b.analogWrite(SERVO, duty_cycle, freq);
    console.log("Duty Cycle: " + (duty_cycle*100).toFixed(1) + " %");
    duty_cycle = duty_cycle + sign*increment;
}
```

그림 3.51 서보 모터(sg90) 제어 코드(servo.js)

서보 모터는 기본 동작이 PWM 원리 즉 analogWrite 함수를 사용하므로 따로 라이브러리를 설치할 필요가 없다. 서보 모터 제어 코드는 그림 3.51이며 코드 실행 결과 화면은 그림 3.52에 나타내었다. Nodejs 코드를 사용하는데 핵심 라인은 라인 16이다. analogWrite 함수는 항상 출력이기 때문에 별도로 OUTPUT 모드를 설정할 필요가 없다. 라인 17에서는 소수점 한자리만 프린트하도록 toFixed 함수를 사용하였다.

```
debian@beaglebone:~$ node servo.js
Duty Cycle: 7.5 %
Duty Cycle: 10.0 %
Duty Cycle: 12.5 %
Duty Cycle: 10.0 %
Duty Cycle: 7.5 %
Duty Cycle: 5.0 %
Duty Cycle: 2.5 %
Duty Cycle: 5.0 %
Duty Cycle: 7.5 %
Duty Cycle: 10.0 %
^C
debian@beaglebone:~$ █
```

그림 3.52 서보 모터(sg90) 제어 결과 화면

CHAPTER 4

웹 인터페이스 (Web Interface)

BBB의 USR3 LED 또는 BBB의 외부에 연결된 LED를 스마트 폰에서 제어하려면 어떻게 하여야 하는가? 이 문제는 클라이언트/서버(Client/Server) 네트웍을 이용하면 간단하게 해결된다. 이를 위해서 클라이언트/서버 구조의 대표적인 웹 서비스를 이용하도록 하자. 즉, BBB에서 동작하는 웹 서버와 스마트 폰의 웹 브라우저(web browser)를 이용한다. 웹 서비스는 전제 조건이 서버와 클라이언트가 통신이 된다는 가정하에서 출발한다. 사설 ip 주소를 사용한다면 BBB와 스마트 폰이 동일 서브 네트웍에 있어야 한다. 즉, 동일 무선 wifi AP를 사용해야 한다. 아니면 BBB가 스마트폰의 hot spot을 사용해도 된다. 웹 인터페이스는 디지털 웹 인터페이스와 아날로그 웹 인터페이스로 나뉘고 다시 디지털 웹 인터페이스는 digitalWrite와 digitalRead 함수를 사용한다. 아날로그 웹 인터페이스는 analogWrite와 analogRead 함수를 사용한다. 아래 예제는 모두 Debian 7에서 실행된다.

4.1 간단한 BBB 웹 서버

본 절에서는 BBB에서 간단하게 웹 서버를 만들어보고 스마트 폰의 웹 브라우저를 이용해서 접속한다. 이때 BBB의 네트웍 주소는 192.168.0.8이라고 가정한다. 기본적으로 BBB에서는 웹 서버가 두 개 실행되고 있다. 하나는 apache2(port 8080)이고 다른 하나는 nodejs 웹 서버(port 80, port 3000)이다. port 3000은 cloud9 용 웹 서버이다. 웹 서버 프로그램은 nodejs의 JavaScript를 이용하며 그림 4.1에 서버 코드가 있다. BBB에서 서버 프로그램 실행은 다음과 같이 실행한다.

```
#node simpleWebServer.js
```

이 웹서버에 클라이언트로 접속하려면 스마트 폰의 주소 창에 192.168.0.8:8088이라고 적고 접속을 시도한다. 그림 4.1 웹서버 코드의 라인 3에서 require 함수는 http 모듈을 이용해서 객체를 만든다. 라인 4에서 createServer 메서드는 전달인수로서 handler 함수를 사용한다. 이 handler 함수는 라인 5에서 정의되고 있는데 (req, res)의 매개변수(parameter)를 사용한다. 그러면 스마트폰 화면에 “Hello from the Beaglebone Black!”이라는 메시지가 보일 것이다. 라인 5의 handler 함수는 스트링(string)을 클라이언트로 보낸다. 본 코드에서는 간단하게 하려고 라인 7의 res.end 메서드에 의해서 클라이언트로 스트링을 보낸다. 그리고 minicom이 실행된 터미널이 BBB와 연결되어 있고 이 minicom 화면에는 “Web Server running at BBB!”라고 보인다. 것은 console.log

```
ubuntu@arm: ~
 1 //simpleWebServer.js
 2
 3 var http = require('http');
 4 var server = http.createServer(handler);
 5 function handler(req, res) {
 6     res.writeHead(200, {'Content-Type': 'text/plain'});
 7     res.end('Hello from the Beaglebone Black!\n');
 8     }
 9 server.listen(8088);
10 console.log('Web Server running at BBB!');
11
~
:set nu                                               1,1          All
```

그림 4.1 Simple Web Server

메서드에 의해 BBB에 연결된 minicom 화면에 보여지는 것이다. 라인 9에서 nodejs 웹 서버(port 8088)를 추가한다.

4.2 디지털 웹 인터페이스(digital web interface)

4.2.1 디지털 출력 – LED 제어

그림 4.2는 BBB의 USR3 LED 또는 외부 LED를 스마트 폰에서 제어하는 것으로 디지털 제어 즉, ON/OFF 두 가지 명령만 실행하는 digitalWrite 함수를 실행하게 한다.

그림 4.2 digitalWrite – LED 제어

이를 위해서는 BBB의 웹 서버와 스마트 폰 간의 네트웍 서비스가 이루어져야 하는데 이에 대한 프로세스 흐름을 그림 4.3에 나타낸다. 그림 4.3에서 보면 ①번에서 스마트 폰의 웹 브라우저에서 BBB의 웹 서버에 접속을 요청(request)한다. 이때 웹 서버는 8088 포트(port)를 사용하는데 이것은 하나의 예일 뿐 다른 포트를 사용해도 무방하다. 웹 서버에서는 접속 요청(request)을 받아서 처리한 다음에 ②번 응답(response)을 보내

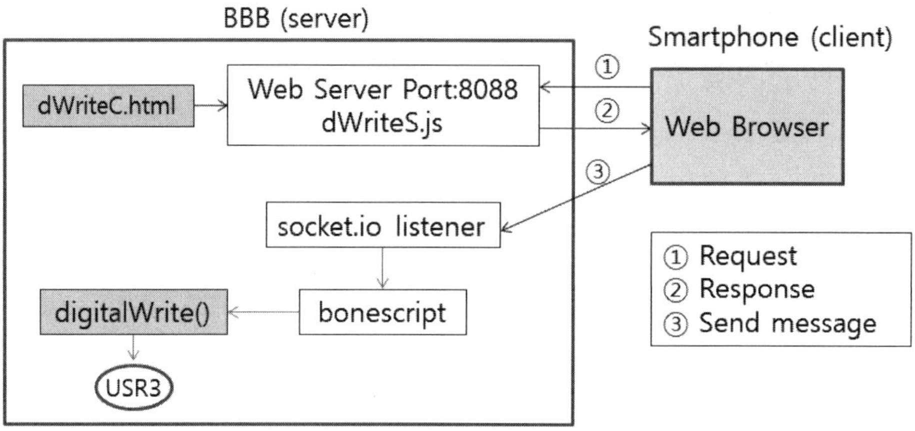

그림 4.3 digitalWrite – LED 제어의 웹 인터페이스 프로그램 구성도

야 하는데 이때 클라이언트 코드 dWriteC.html을 스마트 폰에 전송한다. 클라이언트는 이것을 웹 브라우저에서 실행하는데 이때 보이는 화면이 그림 4.2에 보이는 것이다. 클라이언트는 ③번에서 ON 또는 OFF 메시지를 서버에게 전송하는데 웹 서버에서는 이를 수신하여 BBB에서 digitalWrite 메서드를 실행하게 된다. 그러면 USR3 LED가 동작한다. 처음엔 약간 복잡하게 보일 수 있으나 일반적인 웹 서버의 동작과 유사하다. digitalWrite 메서드가 하드웨어 USR3 LED를 제어하는 것이 일반적인 웹 서버의 동작과 다른 점이라고 할 수 있다.

그림 4.4는 BBB에서 실행되는 서버 사이드 코드인 dWriteS.js 프로그램을 나타내고 그림 4.5에서는 클라이언트 사이드인 dWriteC.html 코드를 나타낸다. dWriteS.js 프로그램에서 라인 8의 createServer(handler) 메서드는 handler라는 함수를 전달인수로 갖는데 이 함수는 라인 11에 정의되어 있다. 라인 12에서 readFile 메서드를 사용하기 위해서 라인 4의 require 함수를 사용해 fs 모듈을 사용해서 객체 fs를 만들어야 한다. readFile 메서드에서 첫 번째 전달인수(argument)로서 htmlPage 즉, dWriteC.html 파일을 클라이언트로 보내게 된다. 라인 22에서 웹 서버가 port 8088로 생성된다. 라인 23은 클라이언트로부터의 접속을 기다렸다가 ③에서 접속이 요구되면 실행한다. 라인 23은 라인 9의 `socketio.listen()` 메서드를 선행해야 하고 라인 9는 다시 라인 6이 필요하다.

bbb@DMZ: ~/BBB

```
//dWriteS.js (digital Write Server)

var bb = require('bonescript'); //nodejs JavaScript library for BBB
var fs = require('fs');         //file system module for node.js
var http = require('http');     //web server module for node.js
var socketio = require('socket.io');    //nodejs lib for web client/server
var htmlPage = 'dWriteC.html';
var httpServer = http.createServer(handler);
var io = socketio.listen(httpServer);   //upgrade http server to socket io server

function handler (req, res) {
  fs.readFile(htmlPage, function (err, data) {
      if (err) {
        res.writeHead(500);     //http status code (5xx:server error)
        return res.end('Error loading file: ' + htmlPage);
      }
      res.writeHead(200);       //http status code (2xx:Success, 200:OK)
      res.end(data);
    });
}

httpServer.listen(8088);
io.sockets.on('connection', onConnect);

function onConnect(socket) {
    socket.on('digitalWrite', handleDigitalWrite);
}

function handleDigitalWrite(message) {
    var data = JSON.parse(message);
    console.log("pin:" + data.pin + " value:" + data.value);
    bb.pinMode(data.pin, bb.OUTPUT);
    bb.digitalWrite(data.pin, data.value);
}
```

그림 4.4 digitalWrite 서버 코드(dWriteS.js)

BBB의 공장 출하시에 Debian 7 리눅스가 설치되어 있는데 이때 nodejs, npm, bonescript, socket.io 등이 설치되어 있다. npm(http://www.npmjs.com)은 nodejs package manager이고 bonescript는 BBB를 위한 nodejs 모듈 library이며 socket.io는 nodejs에서 소켓 통신을 지원하는 모듈이다. bonescript와 socket.io 모듈은 /usr/local/lib/node_modules/ 디렉터리에 설치되어 있다. nodejs와 npm의 버전확인 명령은 아래와 같다.

```
#node -v (>=0.10.25, nodejs -v와 같다)
#npm -v (>=1.3.10)
```

mircoSD 카드에 Ubuntu 리눅스를 새로 설치할 때는 nodejs, npm, bonescript,

socket.io 등을 아래와 같은 명령어를 이용하여 모두 설치하여야 한다.

```
sudo apt-get update
sudo apt-get install nodejs
node -v (2019년 12월 현재 v8.10.0)
sudo apt-get install npm
npm -v (2019년 12월 현재 3.5.2)
sudo apt-get install bonescript
```

socket.io 모듈은 npm을 이용하여 local 또는 global로 설치할 수 있다. global 옵션으로 설치하려면 다음과 같이 한다.

```
sudo npm install -g socket.io (글로벌 설치)
sudo npm install -g npm-install-peers
```

global option으로 설치하면 package가 /usr/local/lib/node_modules/ 디렉터리에 설치된다. -g 옵션을 사용하지 않으면 local로 설치되는데 현재 디렉터리 밑의 node-modules/ 디렉터리에 설치된다.

```
sudo npm install socket.io (로컬 설치)
```

다시 라인 23으로 가서 클라이언트로부터 메시지를 수신하면 라인 23에 있는 onConnect라고 하는 콜백 함수가 실행되는데 이 함수의 정의는 라인 25에 있다. 라인 26의 socket.on 메서드는 클라이언트에서 메시지가 수신되면 실행하는 이벤트 받기 메서드이다. 이 메서드의 문법은 아래와 같다.

```
socket.on('event_name', callback_function);
```

socket.on 메서드의 두 번째 매개변수에 다시 콜백 함수가 있는데 라인 26에서 보면 handleDigitalWrite 함수이고 이것은 라인 29에 정의되어 있다. 라인 30에 있는 JSON (JavaScript Object Notation) 객체는 데이터 교환형식으로서 XML 같은 것인데 더 사용하기가 쉽다. 수신된 데이터를 파싱(parsing)해서 pin과 value 정보를 끄집어 낸 다음에 라인 33에서 digitalWrite(pin, value) 메서드를 실행해서 최종적으로 LED를 ON/OFF 시킨다.

이제 클라이언트 쪽을 살펴보자. 클라이언트 즉, 스마트 폰은 그림 4.5와 같은 dWriteC.html 파일을 웹 서버로부터 수신하여 웹 브라우저에서 실행한 후에 사용자로부터 ON 또는 OFF 메시지를 받는다. 이 동작은 라인 19 또는 라인 21에서처럼 ledOn 또는 ledOff 함수를 실행하게 된다. 이 함수들은 라인 8 또는 라인 11에 정의되어 있다. 이 함수들은 네트웍에서 메시지를 전송하기 위해서 라인 9에서 보듯이 socket 객체에서 emit 메서드를 사용하는데 이것은 라인 7에서 io.connect 메서드를 사용해서 socket 객체가 만들어져야 한다. 그런데 이 `io.connect()` 메서드를 사용하려면 클라이언트에서 /socket.io/socket.io.js 파일을 사용해야 하므로 라인 5가 꼭 필요하다. 이것은 dWriteS.js 파일의 서버 사이드에서 require('socket.io') 메서드가 필요한 것과 같다.

이로써 서버 사이드에서는 dWriteS.js 파일이 실행되고 클라리언트 사이드에서는 dWriteC.html 파일이 실행되어 client/server의 네트웍 구조가 된다. 서버에서 이벤트 받기는 socket.on 메서드인데 클라이언트에서 이벤트 보내기는 socket.emit 메서드이다. 이것의 문법은 아래와 같다.

```
bbb@DMZ: ~/BBB
1  //dWriteC.html
2
3  <html>
4  <head>
5      <script src = "/socket.io/socket.io.js" > </script>
6      <script>
7      var socket = io.connect();
8      function ledOn(){
9          socket.emit('digitalWrite', '{"pin":"USR3", "value":1}');
10     }
11     function ledOff(){
12         socket.emit('digitalWrite', '{"pin":"USR3", "value":0}');
13     }
14     </script>
15 </head>
16
17 <body>
18     <h1 style="font-size:60pt;">ON/OFF of USR3 LED</h1>
19     <a href="" onClick="ledOn();" style="font-size:32pt;">ON</a>
20        
21     <a href="" onClick="ledOff();" style="font-size:32pt;">OFF</a>
22 </body>
23 </html>
```

그림 4.5 digitalWrite 클라이언트 코드(dWriteC.html)

```
socket.emit('event_name', '{message}');
```

위 코드 즉, 그림 4.5의 라인9에서 보면 message에 해당하는 것은 {"pin": "USR3", "value" : 1} 이다. 1은 스트링이 아니기 때문에 이중 인용부호(double quote)가 없다.

실습 4.1 ▎ digitalWrite – LED 제어 웹 인터페이스

1. BBB를 wifi 접속시킨다.
2. 그림 4.4를 참고하여 서버 코드인 dWriteS.js 를 코딩한다.
3. 그림 4.5를 참고하여 클라이언트 코드인 dWriteC.html 파일을 만든다.
4. BBB에서 서버 프로그램을 실행한다.
   `#node dWriteS.js`
5. 스마트 폰에서 BBB 웹 서버를 접속한다
   웹 주소: BBB_wifi_주소:8088
6. 스마트 폰에서 ON 또는 OFF를 눌러서 메시지를 서버에 전송한다.
7. BBB의 USR3 LED가 원하는 대로 동작하는지 살펴본다.
8. PC 데스크탑의 minicom에서 그림 4.6과 같은 모니터링 화면을 확인한다. 이것은 그림 4.4의 프로그램에서 라인 31의 console.log 메서드에 의해 보여지는 것이다.

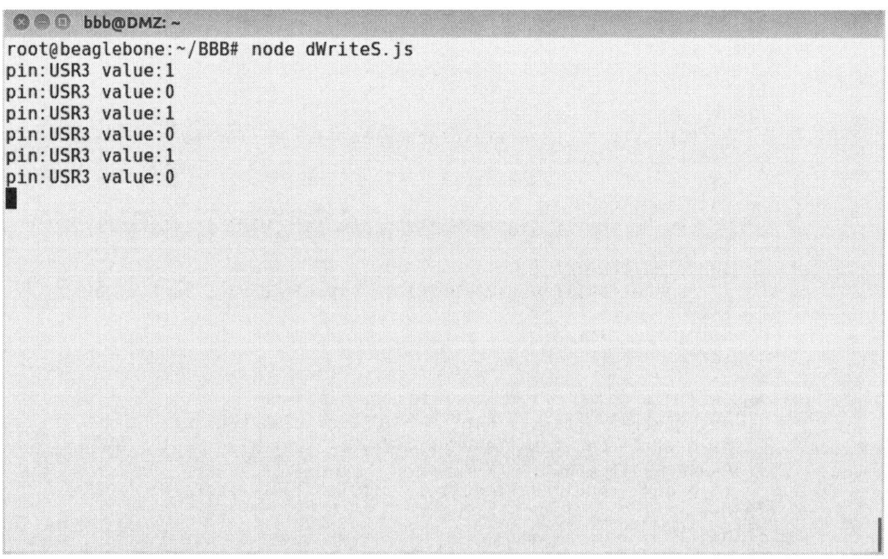

그림 4.6 LED 제어의 디지털 웹 인터페이스에 대한 모니터링 화면

4.2.2 디지털 입력 – 스위치 상태 확인

이번 절에서는 BBB에 연결된 스위치의 상태를 스마트 폰의 웹 브라우저에서 확인하는 것이다. 즉 스위치의 ON/OFF 상태를 digitalRead 함수를 사용해서 읽는 것이다. 그림 4.7은 스위치 상태 확인을 위한 회로도이다. 스위치가 눌러지면 P9_11 전압이 0V가 되어 LED가 켜진다. 그림 4.8은 회로를 빵판에 구현한 것과 스마트 폰에서의 웹 인터페이스를 나타낸 것이다.

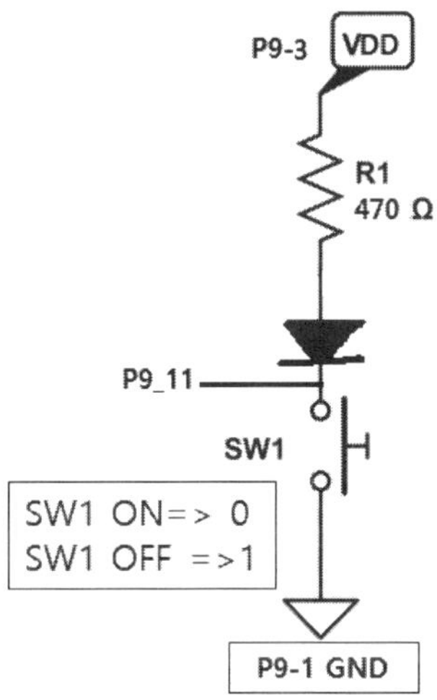

그림 4.7 digitalRead – 스위치 상태 확인 회로도

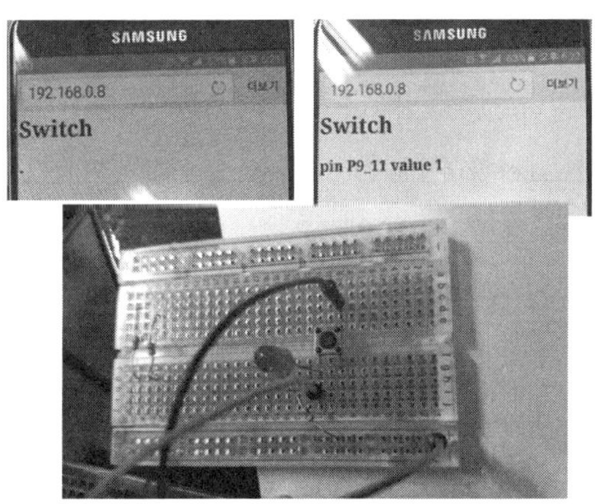

그림 4.8 digitalRead – 스위치 상태 확인 회로구현 및 웹 화면

스위치 상태를 스마트 폰에서 확인하는 프로그램 코드도 클라이언트 사이드 코드와 서버 사이드 코드로 구성된다. 이들 두 개 코드 사이의 연관 동작을 설명하기 위한 프로그램 구성도를 그림 4.9에 나타낸다.

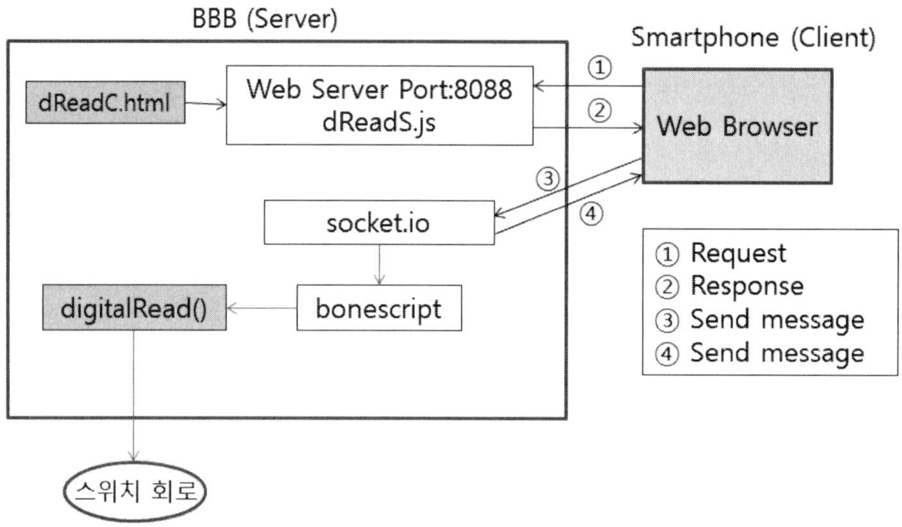

그림 4.9 digitalRead – 스위치 상태확인 프로그램 구성도

그림 4.10a와 그림 4.10b 코드는 서버 사이드 코드인 dReadS.js를 나타낸다. 그림 4.11은 클라이언트 코드인 dReadC.html을 나타낸다. 서버 코드인 dReadS.js 코드에서 보면 라인 3,4,5,6에서는 각각 모듈을 로딩하여 객체를 만드는 작업을 한다. 특히 라인 6은 웹 클라이언트/서버 모듈이다. 라인 7은 클라이언트 코드를 나타낸다. 라인 9는 라인 8에서 만든 httpServer를 socket.io 서버로 업그레이드시키는 것이다. 그림 4.9의 클라이언트에서 서버로 요청하는 ③ 작업은 그림 4.11의 라인 13 socket.emit('monitor', pin) 메서드를 실행하는 것이다. 또한 서버에서 ③ 요청을 처리한 후에 클라이언트로 응답하는 것이 ④ 프로세스인데 이것은 그림 4.10b 코드에서 라인 44의 soc.emit 메서드를 실행하는 것이다. digitalWrite 기능과 다른 점은 클라리언트 코드에서 jQuery 코드를 사용한다는 점이다. jQuery는 클라이언트 코드 즉, 그림 4.11의 라인 4에서 스크립트 코드를 온라인으로 접속하여 사용한다.

```
//dReadS.js

var bb = require('bonescript');
var fs = require('fs');
var http = require('http');
var socketio = require('socket.io');
var htmlPage = 'dReadC.html';
var httpServer = http.createServer(handler);
var io = socketio.listen(httpServer);
var pinStatus = {};
var soc;

httpServer.listen(8088);
io.sockets.on('connection', onConnect);
setInterval(checkInputs, 50);

function handler(req, res) {
    fs.readFile(htmlPage, function(err, data) {
        if (err) {
            res.writeHead(500);
            return res.end('Error loading file: ' + htmlPage);
        }
        res.writeHead(200);
        res.end(data);
    });
}
```

그림 4.10 (a) digitalRead 서버 코드(1/2) (dReadS.js)

```

function onConnect(socket) {
    socket.on('monitor', handleMonitorRequest);
    soc = socket;
}

function handleMonitorRequest(pin) {
    // console.log("got request to monitor pin:" + pin);
    bb.pinMode(pin, bb.INPUT);
    pinStatus[pin] = 0;
}

function checkInputs() {
    for (var pin in pinStatus) {
        var oldValue = pinStatus[pin];
        var newValue = bb.digitalRead(pin);
        if (oldValue != newValue) {
            soc.emit("pinUpdate", '{"pin":"' + pin + '", "value":' + newValue + '}');
            pinStatus[pin] = newValue;
        }
    }
}
```

그림 4.10 (b) digitalRead 서버 코드(2/2) (dReadS.js)

```
bbb@DMZ: ~/BBB
<html>
<head>
    <script src = "/socket.io/socket.io.js" > </script>
    <script type=text/javascript src="http://code.jquery.com/jquery-1.12
.3.min.js"></script>
    <script>
        var pin = 'P9_11';
        var socket = io.connect();
        socket.on("pinUpdate", handlePinUpdate);
        function handlePinUpdate(message) {
           var data = JSON.parse(message);
           $("#switchStatus").html("pin " + data.pin + " value " + data.
value);
        }
        socket.emit('monitor', pin);
    </script>
</head>

<body>
    <h1 style="font-size:60pt;">Switch</h1>
    <h2 style="font-size:40pt;"id="switchStatus">-</h2>
</body>
</html>
~
```

그림 4.11 digitalRead 클라이언트 코드(dReadC.html)

실습 4.2 ❙ digitalRead – 스위치 상태 확인 웹 인터페이스

1. 그림 4.7의 회로도를 보고 빵판을 사용하여 회로를 구현한다.
2. 그림 4.10a와 그림 4.10b를 참고하여 서버코드 dReadS.js 파일을 만든다.
3. 그림 4.11을 참고하여 클라이언트 코드 dReadC.html 파일을 만든다.
4. 서버 프로그램을 BBB에서 실행한다.
   `#node dReadS.js`
5. PC 리눅스의 firefox 웹 브라우저에서 BBB 웹 서버로 접속한다.
   `http://192.168.7.2:8088`
6. 스위치를 누르면서 모니터 화면이 어떻게 변하는지 살펴본다.
7. 스마트 폰의 웹 브라우저에서 BBB IP주소로 웹 접속한다. 이때 BBB는 wifi 접속이 되어 있어야 한다. port 번호는 8088이다.
8. 스위치를 누르면서 스마트 폰 화면이 어떻게 변하는지 살펴본다.

4.3 아날로그 웹 인터페이스(analog web interface)

4.3.1 아날로그 출력 – LED 밝기 제어

이제는 BBB의 외부에 연결된 LED의 밝기를 analogWrite 메서드를 이용하여 제어해 본다. 회로도는 그림 4.12의 왼쪽 그림이 회로도이고 오른 쪽 그림은 BBB와 빵판을 사용하여 구현한 것이다. 또한 오른쪽 그림 하단에는 스마트 폰으로 접속한 웹 인터페이스 화면을 보여준다.

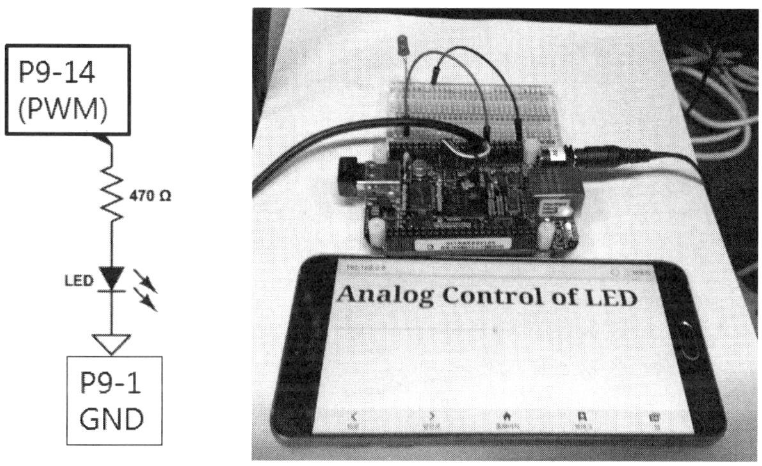

그림 4.12 analogWrite – LED 밝기 제어 회로 및 웹 인터페이스

그림 4.12에서 보듯이 스마트 폰의 슬라이드 바를 터치해서 빵판에 있는 LED의 밝기를 제어하는 것이다. LED 밝기는 BBB에서 출력되는 아날로그 전압의 크기를 변화시켜 제어한다. 이것도 디지털 제어와 마찬가지로 BBB의 웹 서비스를 이용하며 제어하며 프로그램 구성도를 그림 4.13에 나타낸다.

이것은 디지털 유저 인터페이스와 유사하다. 그림 4.13의 구성도는 디지털 회로 때와 모든 것이 동일하며 클라이언트 코드 aLed.html과 서버 코드 analog_server.js를 사용하는 것만이 다르다.

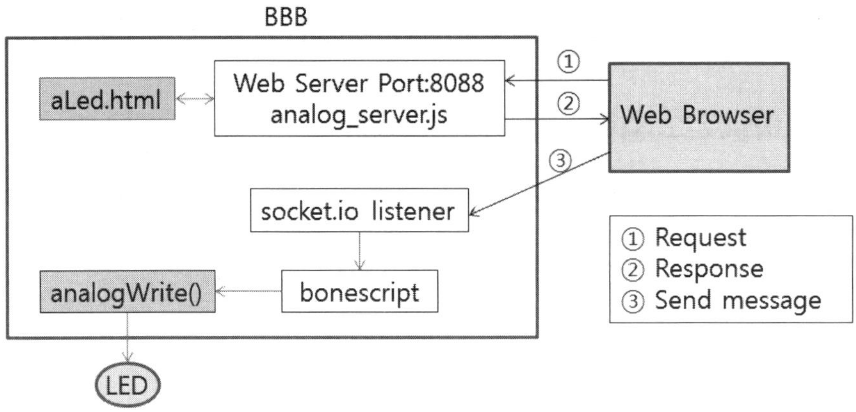

그림 4.13 analogWrite – LED 밝기 제어 회로 프로그램 구성도

```
//analog_server.js

var http = require('http');
var httpServer = http.createServer(handler);
var fs = require('fs');
var htmlPage = 'aLed.html';
var socketio = require('socket.io');
var io=socketio.listen(httpServer);
var bb = require('bonescript');

function handler (req, res) {
    fs.readFile(htmlPage, function (err, data){
        if (err) {
            res.writeHead(500);
            return res.end('Error loading file: ' + htmlPage);
        }
        res.writeHead(200);
        res.end(data);
    });
}

httpServer.listen(8088);
io.sockets.on('connection', onConnect);

function onConnect(socket) {
    socket.on('analogWrite', handleAnalogWrite);
}

function handleAnalogWrite(message) {
    var data = JSON.parse(message);
    console.log("Analog write pin : " + data.pin + "  value:" + data.value);
    bb.analogWrite(data.pin, data.value);
}
```

그림 4.14 analogWrite – LED 밝기 제어의 서버코드(analog_server.js)

그림 4.14의 서버 코드에서 처음 실행하는 것은 라인 22와 라인 23이다. 나머지는 모두 변수 선언과 함수 정의 부분이다. 라인 22에서 httpServer 라는 웹 서버에서 port 8088을 통해서 클라인트로 부터의 요청 ①을 수신한다(listen). 이것을 수행하기 위해서 라인 4에서 httpServer 웹 서버 객체가 http.createServer(handler) 메서드를 통해서 만들어진다. 라인 4의 http 객체는 라인 3의 http 모듈을 require해서 만들어진다. 일단 httpServer.listen(8088)이 실행하면 라인 4에서 지정된 handler 함수가 실행되게 되며 이때 지정된 htmlPage 즉, aLed.html 파일이 클라이언트(스마트 폰)로 전송된다. 그림 4.15에 클라이언트 코드 aLed.html 파일을 보여준다.

```
bbb@Desktop: ~
1 //aLed.html
2
3 <html>
4 <head>
5     <script src = "/socket.io/socket.io.js" > </script>
6     <script>
7     var socket = io.connect();
8     function updateSlider(value){
9         socket.emit('analogWrite', '{"pin":"P9_14", "value":'+ value / 100 +'}');
10    }
11    </script>
12 </head>
13
14 <body>
15     <h1 style="font-size:60pt;">Analog Control of LED</h1>
16     <input type="range" min="0" max="100" step="1" value="50" style="width: 520px;"
17  onchange="updateSlider(this.value)"/>
18 </body>
19 </html>
~
```

그림 4.15 analogWrite – LED 밝기제어의 클라이언트 코드(aLed.html)

클라이언트 코드를 실행하면 스마트 폰에서 슬라이드 바가 만들어지는데 이것을 터치하면 라인 17의 updateSlider 함수가 실행된다. 이 updateSlider 함수는 라인 8에 정의되어 있으며 주요 하는 일은 서버에게 analogWrite 동작을 하도록 요청하는 것이다. 그림 4.13에서 ③의 요청 부분이 라인 9에서는 socket.emit 메서드를 사용해서 이벤트 메시지를 서버로 전송한다. 여기서 socket 객체는 라인 7에서 io.connect 메서드에 의해 만들어지는데 이 메서드는 라인 5의 socket.io.js 라이브러리가 있어야 가능하다. 이것은 BBB 서버에 접속해서 가져오는 것인데 socket.io -서버에 대응되는 socket.io -클라이언트에 해당한다. 서버 코드를 BBB에서 실행하고 스마트 폰에서 슬라이드 바를 움직이면 PC 리눅스의 터미널에는 그림 4.16과 같은 화면이 보일 것이다.

```
~
"analog_server.js" 32L, 772C written
root@beaglebone:~/BBB# node analog_server.js
Analog write pin : P9_14  value:0.83
Analog write pin : P9_14  value:0.76
Analog write pin : P9_14  value:0.6
Analog write pin : P9_14  value:0.43
Analog write pin : P9_14  value:0.95
Analog write pin : P9_14  value:1
Analog write pin : P9_14  value:0.25
Analog write pin : P9_14  value:0
Analog write pin : P9_14  value:0.53
```

그림 4.16 analogWrite – LED 밝기 제어의 터미널 모니터링 화면

실습 4.3 | analogWrite – LED 밝기 제어 웹 인터페이스

1. BBB와 스마트 폰을 wifi에 연결하여 동일 서브 넷에 있도록 한다.
2. socket.io 모듈이 설치되어 있는지 확인한다.
   `#ls /usr/local/lib/node_modules`
   이미 설치되어 있으면 3번으로 이동하고 설치되어 있지 않으면 socket.io를 설치한다.
   (local 설치, #npm install socket.io)
3. 그림 4.12를 참고하여 회로를 구현한다.
4. BBB에서 서버 프로그램을 실행한다.
   `#node analog_server.js`
5. 스마트 폰에서 BBB 웹 접속한다. port 번호는 8088을 이용하여 접속한다.
6. 스마트 폰에서 슬라이드 바를 움직이면서 LED의 밝기가 변하는지 확인한다.
7. PC 데스크탑의 minicom에서 그림 4.16과 같은 모니터링 화면을 확인한다. 이것은 그림 4.14의 프로그램에서 라인 31의 console.log 메서드에 의해 보이는 것이다.

CHAPTER

5 리눅스 운영체제 설치

BBB에서의 임베디드 소프트웨어 개발은 크게 Linux 운영체제 설치(포팅)와 하드웨어 장치를 구동하기 위한 디바이스 드라이버(device driver) 개발, 그리고 GUI 응용 프로그램 개발 등으로 분류될 수 있다. 포팅이란 용어는 리눅스를 설치하지 않은 보드에 처음으로 설치하는 것을 말하지만 본서에서는 교육적 목적에서 리눅스 설치를 포팅이란 용어와 혼용한다. BBB 보드는 아두이노(arduino) 보드와는 다르게 운영체제를 가지고 있으며 데스크탑(desktop) 리눅스에서 사용하는 것과 같은 리눅스 커널을 사용한다. 리눅스 운영체제 소프트웨어는 크게 부트로더(bootloader), 커널(kernel, www.kernel.org)과 배포판(distribution 또는 축약해서 distro) 소프트웨어로 구성된다. GUI(graphical user interface)를 사용하는 배포판(distro) 소프트웨어는 x-server, x-client, 윈도우 매니저 및 데스크탑 환경 소프트웨어로 구성된다. 예를 들어 Ubuntu는 배포판 소프트웨어 중 하나이며 GNOME 데스크탑 환경(desktop environment) 소프트웨어를 사용한다.

리눅스 커널(kernel)의 버전은 대략 65-70일 만에 업그레이드된다. 버전 3.0은 2011/7/21에 발표되었으며 버전 4.3은 2015/11/1일 발표되었다. 2016년 1월 10일 안정화 버전(stable kernel) 4.4가 발표(release)되었으며 2020년 12월 현재 최신 LTS 버전은 5.4.81이다. BBB가 공장 출하시 eMMC 메모리에 기본적으로 커널 버전 3.8과 Debian 7 리눅스가 설치되어 있다. USB 케이블을 사용해서 BBB를 부팅시키고 root 사용자로 로그인 한 다음 그림 5.1과 같이 uname 명령어를 사용해서 커널 버전을 확인해보자. 옵션(option)에서 r은 release를 의미한다.

```
#uname -r
```

uname 명령어는 커널 버전뿐만 아니라 cpu 정보 등 다양한 정보를 보여준다. 옵션 a를 사용하는데 이것은 all을 의미한다. 안드로이드(android) 스마트 폰에서도 리눅스 커널을 사용하므로 스마트 폰의 소프트웨어 정보 화면에서 커널 버전을 확인할 수 있다.

```
#uname -a
```

```
Debian GNU/Linux 7 beaglebone ttyO0

default username:password is [debian:temppwd]

Support/FAQ: http://elinux.org/Beagleboard:BeagleBoneBlack_Debian

The IP Address for usb0 is: 192.168.7.2
beaglebone login: root
Last login: Wed Apr 23 20:55:33 UTC 2014 on ttyO0
Linux beaglebone 3.8.13-bone47 #1 SMP Fri Apr 11 01:36:09 UTC 2014 armv7l

The programs included with the Debian GNU/Linux system are free software;
the exact distribution terms for each program are described in the
individual files in /usr/share/doc/*/copyright.

Debian GNU/Linux comes with ABSOLUTELY NO WARRANTY, to the extent
permitted by applicable law.
root@beaglebone:~# uname -r
3.8.13-bone47
root@beaglebone:~# uname -a
Linux beaglebone 3.8.13-bone47 #1 SMP Fri Apr 11 01:36:09 UTC 2014 armv7l GNU/Linux
root@beaglebone:~#
```

그림 5.1 BBB에서 로그인 후 커널버전 확인

리눅스 배포판은 크게 Redhat(www.redhat.com) 리눅스 계열과 Debian(www.debian.org) 리눅스 계열로 나뉘는데 우분투 리눅스는 Debian 계열에서 파생된 것이다. BBB에서는 기본적으로 그림 5.1처럼 데비안(Debian) 리눅스를 배포판 버전으로 제공한다. 그러나 우리는 최근 널리 사용되는 우분투(Ubuntu) 리눅스를 설치하고자 한다. 물론 데비안 루트파일 시스템(root filesystem)으로 바꾸면 데비안 리눅스를 설치할 수도 있다. 우분투(www.ubutu.com) 리눅스는 매년 4월과 10월에 업데이트 버전을 발표한다. 2020년 12월 현재 LTS(long term support) 버전은 20.04LTS이다.

5.1 BBB 부팅(Debian 7)

BBB는 공장에서 eMMC 메모리(내장 플래쉬 메모리)에 Debian 7 리눅스가 설치된 상태로 출하된다. 이것을 부팅시킬 때 시리얼 케이블과 minicom 프로그램을 사용하여 BBB의 부팅 메시지를 관찰하여 보자.

BBB에는 J1으로 명명된 6핀의 시리얼 디버그 핀이 있다. 이 핀에 그림 5.2처럼 PL2303 시리얼 케이블을 연결한다. 6핀 중에서 3핀(TXD, RXD, GND)만 사용한다. BBB의 J1 커넥터의 핀 번호는 LAN 커넥터가 왼쪽으로 향하게 할 때 왼쪽부터 1번, 2번, 6번순으로 번호가 매겨져 있다. 1번 핀 옆에는 흰색의 조그마한 점이 보인다. 핀 1번이 그라운드(GND)가 되며 PL2303 케이블의 검은 색 핀을 연결한다. PL2303 케이블의 USB 측에 FT232R이라는 USB-to-UART interface 칩이 내장되어 있어서 3.3V RS232 프로토콜을 지원한다. 그림 5.3은 PC와 BBB 사이의 핀 구성을 보여준다.

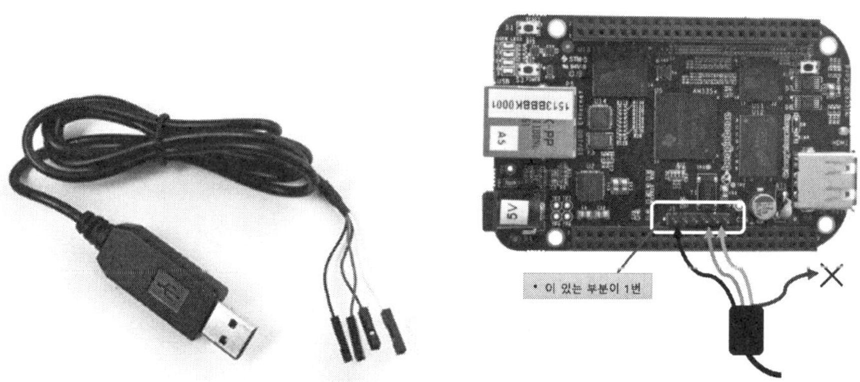

(a) (b)

그림 5.2 PL2303 케이블(a)과 BBB 연결(b)

```
PC(USB A)---------------- BBB(J1)
                      Black(PIN1 of J1): GND
                      Green (PIN4 of J1): RXD
                      White (PIN5 of J1): TXD
Red : 5V (사용하지 않음)
PC측 USB에 FT232R chip이 내장되어 있음
```

그림 5.3 PC와 BBB의 케이블 연결

PL2303 시리얼 케이블을 이용하여 PC와 BBB 사이를 연결한 다음에 할 일은 PC 리눅스가 이 시리얼 케이블을 인식하는가를 검사한다. 그림 5.4와 같이 ls 명령어로 /dev 디렉터리를 살펴보아서 ttyUSB0가 발견되면 정상적으로 시리얼 케이블이 설치된 것이다. 시리얼 케이블이 정상적으로 설치된 것을 확인한 후에 시리얼 통신 프로그램 minicom을 실행시킨다. 설치가 안 되어 있다면 apt-get install 명령어를 사용해서 미리 설치한 후에 실행한다. minicom 대신에 다른 시리얼 통신 프로그램을 사용하여도 된다. 예를 들어서, GUI 프로그램인 gtkterm을 사용하여도 좋다.

```
sudo apt-get install minicom
```

minicom은 사용하기 전에 그림 5.5와 같이 세팅을 해야 한다. 세팅 명령은 –s 옵션을 사용한다. minicom 프로그램이 실행하기 전에는 항상 리눅스가 시리얼 케이블의 FT232R 칩을 그림 5.4의 /dev/ttyUSB0 디바이스 처럼 인식하고 있어야 한다.

```
sudo minicom -s
```

메뉴 Serial port setup에서 /dev/ttyUSB0, 115,200bps, 8N1(8 data, No parity, 1 stop bit)으로 하고 hardware, software flow control은 모두 NO로 지정한 다음에 Save setup as dfl로 저장한다. 그다음에 메뉴 Exit from Minicom를 선택해서 세팅 화면을 빠져나온다. 세팅이 끝난 후에 minicom 프로그램을 –s 옵션 없이 다시 실행시킨다.

```
sudo minicom
```

```
bbb@Desktop: ~
bbb@Desktop:~$ ls /dev
autofs             mcelog               sdb2       tty21  tty55   ttyS30
block              mem                  sdb5       tty22  tty56   ttyS31
bsg                net                  sdb6       tty23  tty57   ttyS4
btrfs-control      network_latency      sdc        tty24  tty58   ttyS5
bus                network_throughput   sdd        tty25  tty59   ttyS6
cdrom              null                 sde        tty26  tty6    ttyS7
char               port                 sdf        tty27  tty60   ttyS8
console            ppp                  serial     tty28  tty61   ttyS9
core               psaux                sg0        tty29  tty62   ttyUSB0
cpu                ptmx                 sg1        tty3   tty63   ttyprintk
cpu_dma_latency    pts                  sg2        tty30  tty7    uhid
cuse               ram0                 sg3        tty31  tty8    uinput
disk               ram1                 sg4        tty32  tty9    urandom
dri                ram10                sg5        tty33  ttyS0   usb
ecryptfs           ram11                sg6        tty34  ttyS1   vcs
fb0                ram12                shm        tty35  ttyS10  vcs1
fd                 ram13                snapshot   tty36  ttyS11  vcs2
full               ram14                snd        tty37  ttyS12  vcs3
fuse               ram15                sr0        tty38  ttyS13  vcs4
hidraw0            ram2                 stderr     tty39  ttyS14  vcs5
hidraw1            ram3                 stdin      tty4   ttyS15  vcs6
hidraw2            ram4                 stdout     tty40  ttyS16  vcs7
hidraw3            ram5                 tty        tty41  ttyS17  vcsa
```

그림 5.4 시리얼 케이블이 /dev/ttyUSB0로 지정된 화면

```
bbb@Desktop: ~

+-----------------------------------------------------------------------+
| A -    Serial Device      : /dev/ttyUSB0                               |
| B - Lockfile Location     : /var/lock                                  |
| C -   Callin Program      :                                            |
| D -  Callout Program      :                                            |
| E -    Bps/Par/Bits       : 115200 8N1                                 |
| F - Hardware Flow Control : No                                         |
| G - Software Flow Control : No                                         |
|                                                                        |
|    Change which setting?                                               |
+-----------------------------------------------------------------------+
        | Screen and keyboard      |
        | Save setup as dfl        |
        | Save setup as..          |
        | Exit                     |
        | Exit from Minicom        |
        +--------------------------+
```

그림 5.5 minicom 세팅 화면

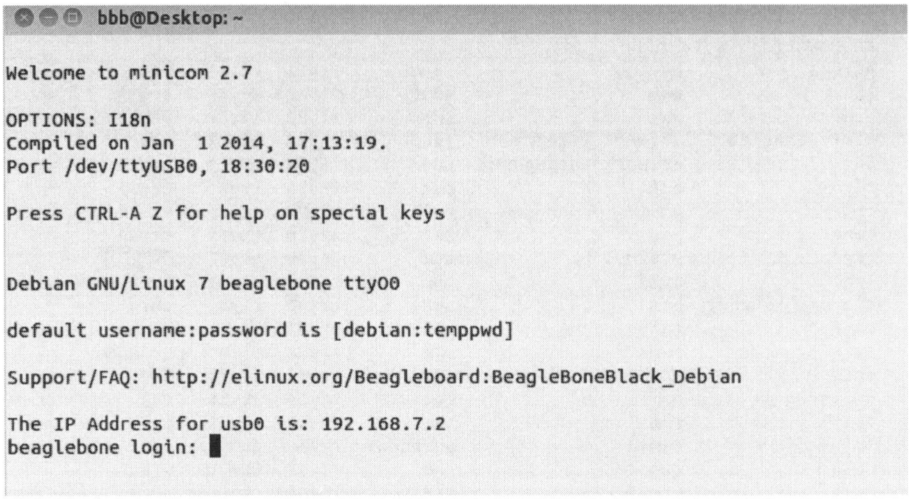

그림 5.6 시리얼 케이블을 이용한 BBB 로그인 화면

전원으로 USB 케이블을 BBB에 연결하면 BBB가 부팅하면서 부팅 메시지를 minicom 화면에 보여준다. 그림 5.6의 로그인 화면이 보이면 beaglebone login:에서 root를 타이핑하고 엔터키를 누르면 비밀번호를 물어보지 않는다. 또한, 로그인에서 그림 5.6에 보이듯이 사용자이름/비밀번호를 debian/temppwd를 사용할 수 있다. 때로는 시리얼 케이블이 /dev/ttyUSB0가 아니고 /dev/ ttyUSB1이나 기타 디바이스로 지정되기 주의해야 한다. 시리얼 케이블이 어느 디바이스로 지정되어 있는지를 알려면 /dev 디렉터리를 리스트해야 한다.

minicom 사용 중에 프로그램 자체를 빠져나오려면 control-a를 누르면 그림 5.7처럼 맨 아랫줄에 메뉴 바가 보이며 q를 누르면 minicom 프로그램 자체를 빠져나오는 것을 물어보게 된다. q 대신에 z를 누르면 minicom 프로그램의 help 메뉴가 그림 5.8과 같이 보이게 된다.

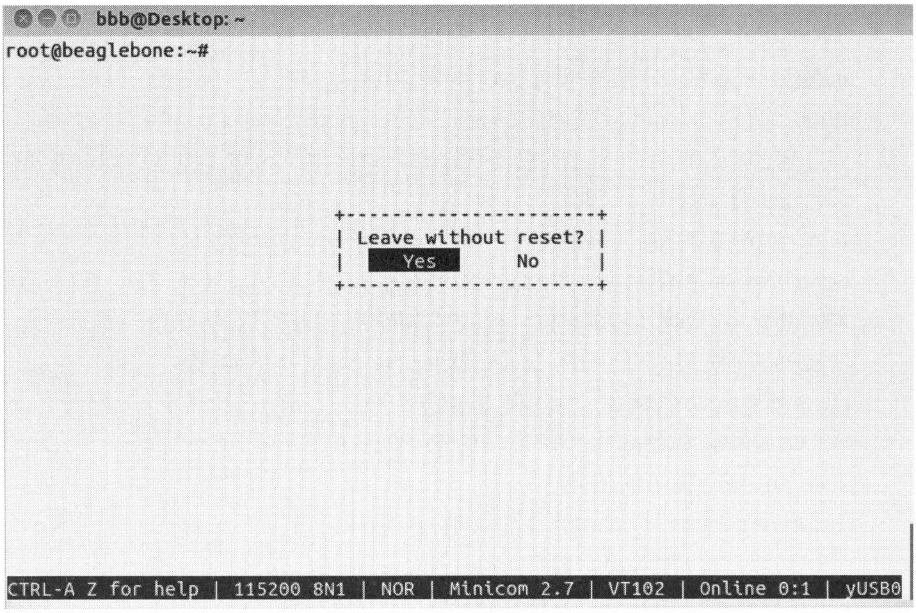

그림 5.7 minicom menu 화면(ctrl–a)

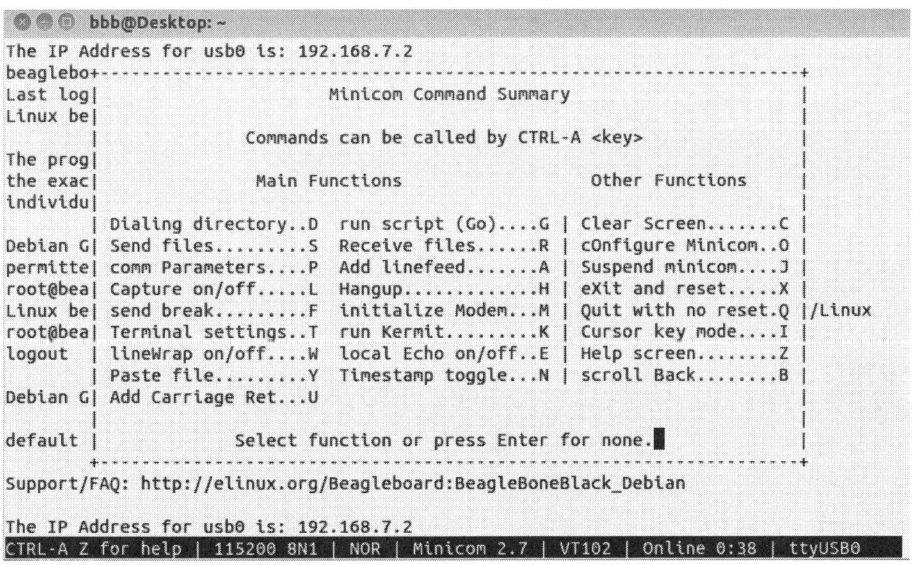

그림 5.8 minicom help 화면(ctrl–a, z)

실습 5.1 ❙ minicom 설치 및 설정

1. minicom이 설치되어 있지 않다면 다음 명령어로 설치한다.
   `sudo apt-get install minicom`
2. 다음 명령어로 minicom을 설정한다(처음 1회만 설정하고 설정 상태를 저장하면 계속 설정된 상태를 사용할 수 있다).
   `sudo minicom -s`
   Serial Device 이름을 /dev/ttyUSB0로 변경한다.(경우에 따라서 ttyUSB1 등과 같이 숫자는 변할 수 있다. ls /dev에서 정확한 디바이스 이름을 알 수 있다)
   Bps/Par/Bits는 115,200bps, 8N1(8 Data, No parity, 1 Stop bit)
   Hardware Flow Control : NO 로 변경한다.
   Software Flow Control : 처음 값 그대로 NO로 한다.
   save as dfl(default)로 저장한다.
   Exit from minicom 으로 설정 화면을 빠져나옴
   (minicom 프로그램 자체를 빠져나오는 키는 CTRL–a, 그리고 q 키를 누른다.)

실습 5.2 ❙ minicom 실행

1. minicom을 실행하고 부팅 메시지를 자세히 관찰한다.
   `sudo minicom`
   BBB에 USB 케이블로 power를 연결한다.
2. 로그인은 다음 두 가지 account로 가능하다.
   `Debian: debian/temppwd, root`
3. 다음 명령어로 커널 버전을 확인한다.
   `uname -r`

5.2 Ubuntu 리눅스(Nelson 이미지) 설치

Ubuntu 리눅스를 구성하는 소프트웨어 요소에는 부트 로더(bootloader), 커널(kernel), 쉘(shell), 그리고 데스크탑 환경(desktop environment)을 포함하는 배포판 소프트웨어로 구성되는데 임베디드 리눅스에서 GUI 환경을 사용하지 않는 경우에는 배포판 소프트웨어가 빠지게 된다. 먼저 기존에 이미 컴파일되어 있는 우분투 리눅스 이미지를

microSD 메모리 카드에 설치해 보자. Robert C. Nelson은 웹사이트(https://www.rcn-ee.com)를 운영하는데 BBB를 위한 우분투 리눅스의 이미지 파일이 있으므로 이 사이트에서 이미지 파일을 내려받아 설치한다. 2020년 9월 현재 Ubuntu 리눅스 버전 18.04.4가 Nelson 웹사이트에 업로드되어 있다. 파일 이름을 보면 2020년 4월 9일에 업데이트되었다는 의미로 다음과 같은 파일을 볼 수 있다.

```
https://rcn-ee.net/rootfs/2020-04-09/elinux/ubuntu-18.04.4-
console-armhf-2020-04-09.tar.xz (342MB)
```

PC 리눅스의 웹 브라우저에서 위 파일을 내려받은 다음에 마우스 더블 클릭으로 압축된 것을 풀어낸다. 새로 만들어진 디렉터리 전체를 홈 디렉터리로 이동한다. microSD 카드 메모리를 PC에 장착시킨 후에 터미널에서 lsblk 명령으로 /dev/sdX에서 X를 알아낸다. 보통의 경우에 /dev/sdb가 될 것이다. 다음에 다음과 같은 명령을 터미널에서 입력한다. 그림 5.9는 Nelson의 Ubuntu 리눅스 이미지를 microSD 카드 메모리에 설치하

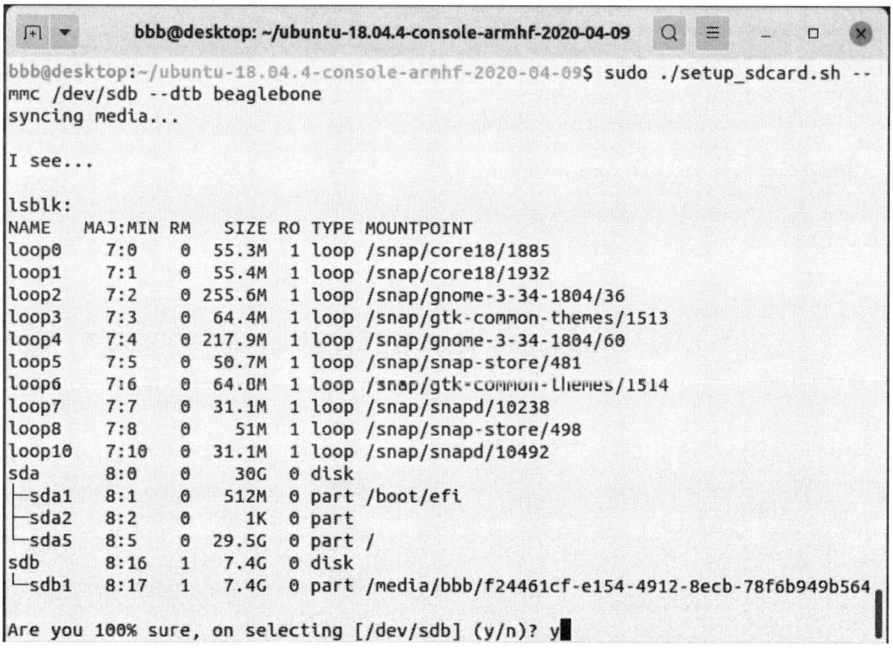

그림 5.9 Nelson Ubuntu 리눅스 이미지 설치

는 화면이다.

```
sudo ./setup_sdcard.sh --mmc /dev/sdX --dtb beaglebone (X는 각자의 환경에 맞게 수정)
```

그림 5.10은 Nelson의 Ubuntu 리눅스 이미지를 microSD 카드 메모리에 설치한 후의 터미널 화면이다.

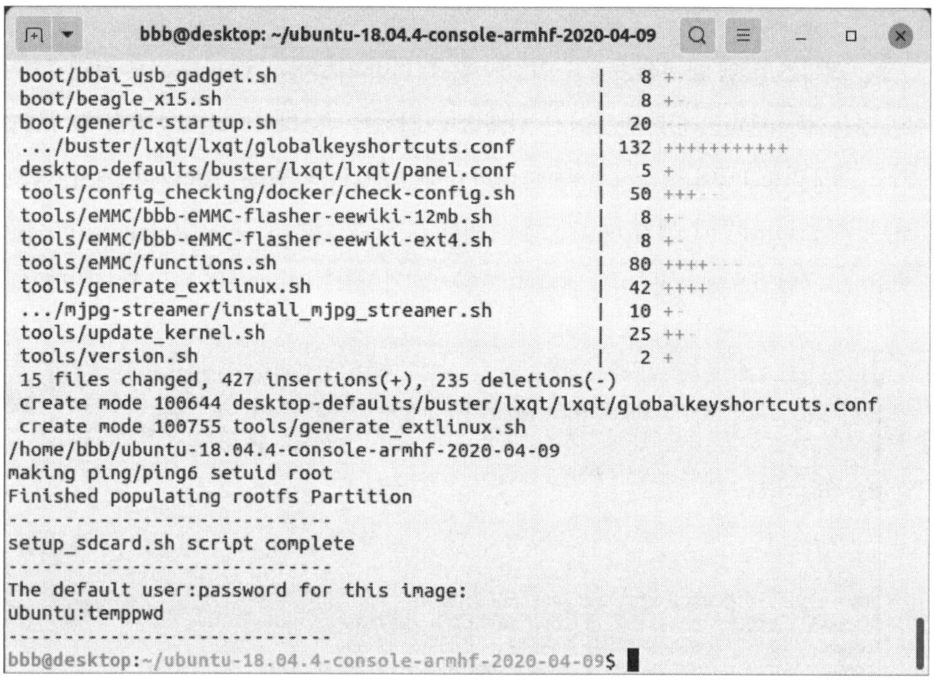

그림 5.10 Nelson Ubuntu 리눅스 이미지 설치 후 터미널 화면

BBB는 eMMC 메모리(내장 플래쉬 메모리 : 내장 HDD와 같은 역할)에 MLO(Mmc LOader) 파일이 없으면 부트 로더(bootloader)가 없는 것으로 간주한다. eMMC에 부트 로더가 없으면 외장 microSD 메모리 카드(외장 보조 기억장치 역할)에서 부트 로더를 읽는다. 그러나 부트(boot) 버튼을 누른 상태로 전원을 인가하면 항상 microSD에서 MLO를 읽어 들인다. MLO는 Xloader 또는 SPL(second program loader)이라고도 한

다. 첫 번째 로더(first loader)는 AM335x에 있다는 의미에서 MLO를 두 번째 프로그램 로더(second program loader)라고 한다.

Nelson 이미지가 설치된 microSD 메모리를 BBB에 장착하고 minicom을 실행시킨다. 부트(boot)를 누르고 전원을 연결한 후 부트 버튼을 뗀다, Ubuntu 리눅스가 BBB에서 부팅하는 절차는 아래와 같다.

1) BBB에 전원이 인가되면 AM335x 프로세서는 MLO 파일을 읽어서 실행한다.
2) MLO는 u-boot.img를 읽어 들이는데 이때 설정 파일 uEnv.txt를 읽어서 부팅 옵션을 정한다.
3) u-boot.img는 kernel을 읽어 들인다.
4) Kernel은 RFS(root file system)를 읽어 들인다.
   즉 BBB에 내장된 eMMC 메모리(내장 플래쉬)에서 Debian 리눅스가 부팅되든가 아니면 부트 버튼을 누르고 전원을 공급하여 microSD 메모리에서 Ubuntu 리눅스가 부팅되든지 두 가지 중 하나가 될 것이다.

실습 5.3 ‖ Ubuntu 리눅스 다운로드 및 설치

1. https://www.rcn-ee.com/rootfs/2020-04-09/elinux/ 에 접속하여 아래 파일을 내려받는다. ubuntu-18.04.4-console-armhf-2020-04-09.tar.xz (파일 크기: 342MB)
2. 다운로드 폴더에서 다운로드된 파일을 압축해제하고 만들어진 ubuntu-18.04.4* 디렉터리 전체를 홈 디렉터리로 이동시킨다.
3. cd 명령어를 이용하여 ubuntu-18.04.4* 디렉터리로 이동한다.
4. 4GB보다 큰 microSD 카드를 PC에 장착시키고 터미널에서 lsblk 명령을 실행시킨다. 이 명령은 /dev/sdX에서 X를 알아내기 위함이다.
5. sudo ./setup_sdcard.sh --mmc /dev/sdX --dtb beaglebone
   몇 분 정도 기다리면 설치가 완료된다.

실습 5.4 ❙ Ubuntu 리눅스 부팅(microSD)

1. microSD 메모리를 BBB에 장착한다.
2. BBB에 연결된 시리얼 케이블을 PC에 연결한다.
3. 터미널에서 minicom을 실행한다.
4. BBB의 부트 버튼을 누른 상태에서 USB 케이블(또는 power adapter)을 BBB에 연결하고 부트 버튼에서 손을 뗀다.
5. minicom 화면에서 부팅 메시지들이 보인다.
6. login/password에 ubuntu/temppwd를 입력하면 로그인된다.
7. uname –r 명령을 실행하여 kernel 버전을 확인한다.

그림 5.11은 Nelson 이미지를 부팅 했을 때 minicom 프로그램에 보여지는 부팅 메시지의 첫 화면이다. 첫 화면은 bootloader의 메시지를 보여주는데 U-Boot 2019.04 버전을 나타내고 있다. 그림 5.12는 Nelson 이미지 부팅의 끝 화면을 나타낸다. 커널 버전은 4.19.94-ti-r42임을 알 수 있다.

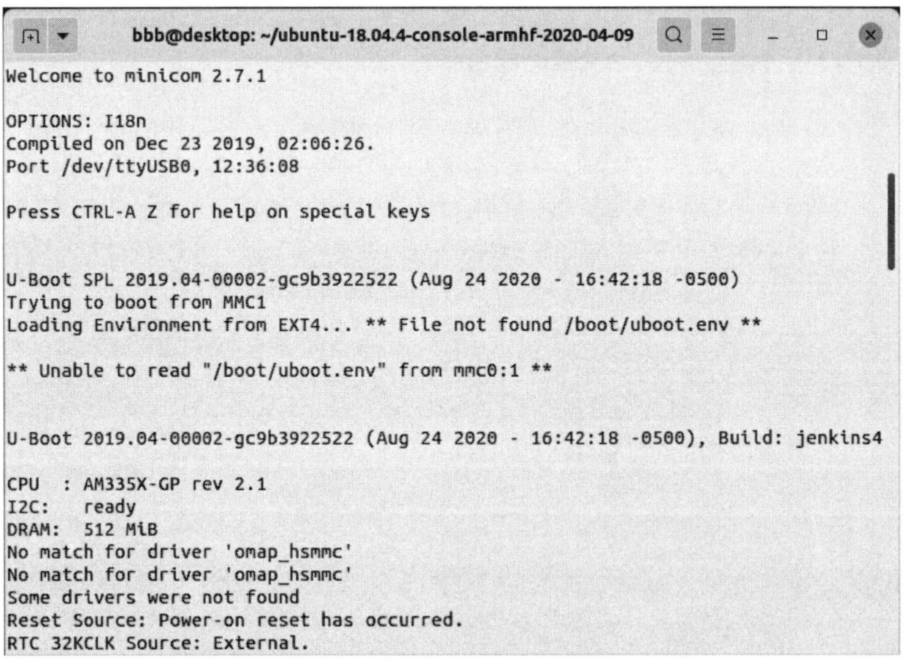

그림 5.11 Ubuntu 부팅 메시지 첫 화면(Nelson 이미지)

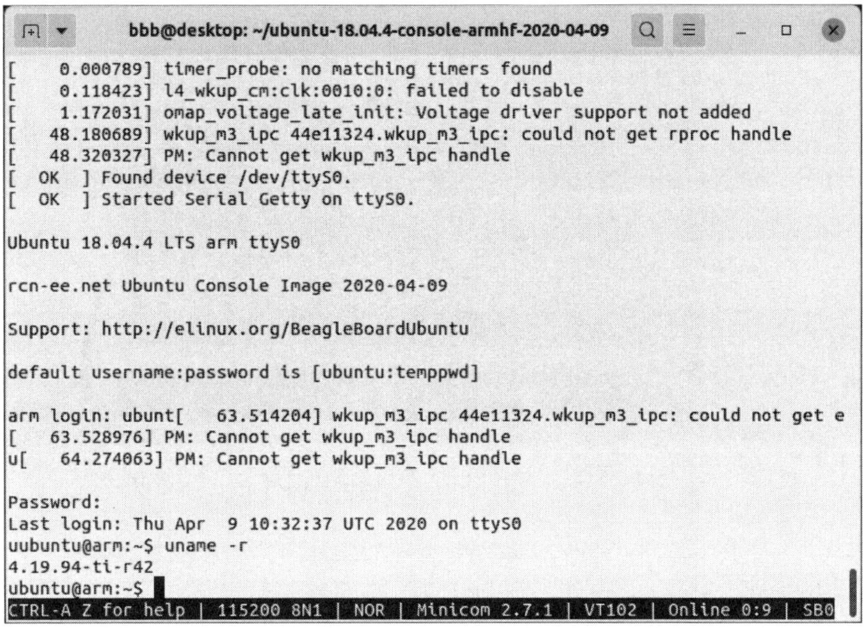

그림 5.12 Ubuntu 부팅 메시지 끝 화면(Nelson 이미지)

시리얼 케이블을 이용하지 않고 직접 microHDMI 케이블을 모니터에 연결하고 BBB를 부팅해도 된다. 이때에는 별도로 USB 키보드를 BBB에 연결해야 한다. 시리얼 케이블을 사용했을 때보다 부팅 메시지가 일부만 보인다는 단점이 있다. 그러나 시리얼 케이블을 사용하지 않기 때문에 BBB의 상태를 쉽게 확인할 수 있다는 장점이 있다. 그림 5.13은 microHDMI 케이블을 사용해서 외부 모니터에 나타난 부팅화면이다. 그림 5.14

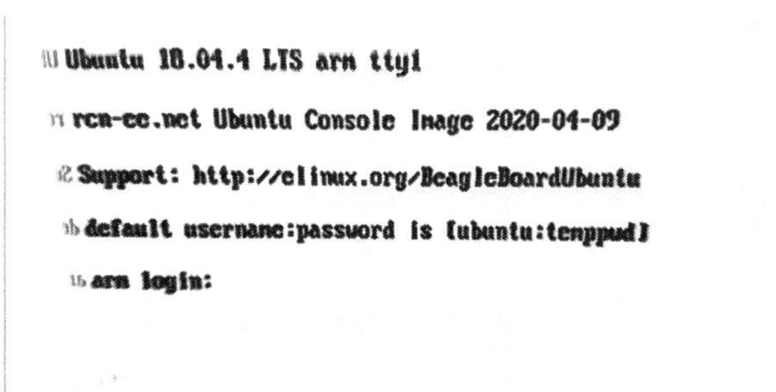

그림 5.13 microHDMI 케이블을 사용한 외부 모니터에서의 부팅 화면

그림 5.14 7인치 TFT 터치스크린에서 본 부팅화면

는 7인치 TFT 터치 스크린을 사용해서 부팅한 그림이다.

5.3 부트 로더(U-boot)

부트 로더(bootloader)는 여러 가지 종류가 있는데 BBB는 임베디드 보드에서 많이 사용되는 U-boot(https://www.denx.de/wiki/U-Boot)를 사용한다(웹 주소 U-Boot에서 대문자에 주의함). U-boot의 소스 코드는 gitlab 리포(repository)에 저장되어 있는데 그 주소는 https://gitlab.denx.de/u-boot/u-boot이다. U-boot는 MLO, u-boot.img, uEnv.txt 파일로 구성되는데 u-boot.img 파일의 크기가 제일 크며 제일 중요한 파일이다. 이제 Nelson의 Ubuntu 리눅스 이미지 같은 리눅스 시스템을 소스 코드를 이용해서 만들어보는데 구체적으로는 부트 로터와 커널을 빌드하고 루트 파일 시스템을 설치해 본다.

5.3.1 교차개발 환경

리눅스의 개발환경은 네이티브(native) 개발환경과 교차(cross) 개발환경이 있다. 네이티브 개발환경은 BBB에서 실행하는 프로그램을 BBB에서 개발하는 것이고, 교차개발

환경은 BBB에서 실행하는 프로그램을 다른 컴퓨터에서 개발한 다음에 BBB로 복사해서 실행하는 것이다. 예를 들어서, PC에서 실행되는 게임 소프트웨어를 PC에서 개발하면 네이티브 개발이고, 안드로이드(android) 스마트 폰에서 실행되는 앱(app)을 PC에서 개발하면 교차개발이 되는 것이다. BBB에는 실행하는 운영체제를 개발하기 위해서는 여러 가지 도구 소프트웨어가 필요하므로 교차 개발환경이 훨씬 효율적이다. 따라서 Ubuntu 리눅스 운영체제를 설치하는 본 장에서는 교차개발 환경을 중심으로 설명한다.

BBB에서 실행되는 프로그램을 개발하는 데에는 64 bit Ubuntu 리눅스(https://www.ubuntu.com)를 사용하는 교차개발 환경이 유리하다. 32 bit 리눅스는 향후에 안드로이드 운영체제를 포팅(porting)할 때 문제가 된다. 따라서 처음부터 64 bit 리눅스를 사용하는 것이 좋다. Ubuntu Linux 20.04LTS의 64bit desktop 버전을 PC에 설치한다.

이제 부트 로더와 리눅스 커널의 소스 코드를 내려받는데 필요한 버전 제어 시스템인 git 소프트웨어와 소스 코드를 빌드하는데 필요한 arm 프로세서 컴파일러 즉 linaro toolchain이 필요하다.

5.3.2 소스코드 다운로드(git)

프로그램 개발을 할 때 소스 코드의 버전 관리가 문제가 된다. 현대 프로그램은 대부분 여럿이서 협력하여 개발하는데 이때 분산된 시스템에서 소스 코드를 관리(source code management)하고 버전을 관리 또는 제어하는 시스템(version control system)이 필요하다. 이러한 기능을 하는 도구 소프트웨어들이 여럿 있지만 가장 많이 사용되는 git을 사용하기로 한다.

git은 클라이언트의 소프트웨어 이름이고 서버(또는 repository)를 운영하는 사이트 또는 플랫폼 서비스 제공업체로서 github, bitbucket, gitlab 등이 유명하다. git은 크게 나누어서 두 가지 용도로 사용된다. 첫째는 코드를 만들고 수정해서 원격 리포(remote repository)라고 불리는 저장소로 업로드 시키는 용도이고, 두 번째 용도는 원격 리포(repo)에서 기존의 개발된 코드를 내려받는 용도이다. 그림 5.15는 git과 github 사이의 관계를 나타낸다. git의 서브 명령어인 add 명령어는 작업 디렉터리(working directory)에서 수정된 파일을 준비 영역(staging area)으로 추가한다. commit 서브 명령어는 준비 영역(staging area)의 파일을 로컬 리포(local repository)에 기록한다. push 서브 명령어는 로컬 리포의 내용을 github 사이트의 원격 리포(remote repository)로 업로드한다. 즉 github 사이트의 원격 리포에 내 파일의 변경 이력이 기록된다. clone 서브 명령어는 서버인 원격 리포의 내용 전체를 클라이언트 PC(로컬 리포)에 그대로 복사하는 것이고, pull은 push의 반대 개념으로서 다른 사용자들에 의해 업데이트된 파일을 내려받는 것이다. 거칠게 표현하면 clone은 파일의 "다운로드"이고 pull은 데이터의 "새로 고침(refresh)"과 유사하다.

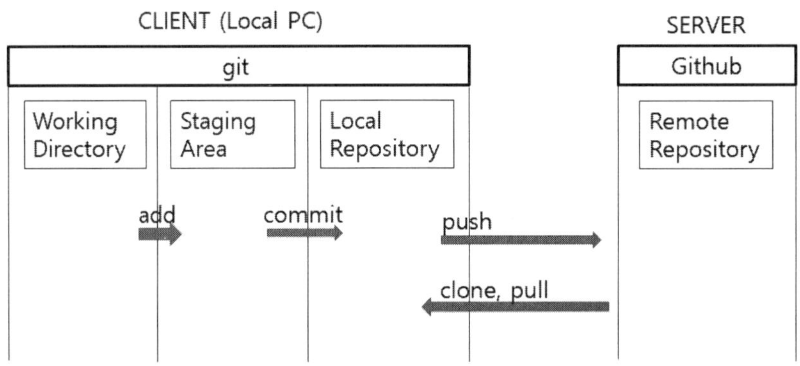

그림 5.15 git과 github의 관계

git을 사용해서 U-boot의 소스 코드를 내려받는데 처음에 도움말부터 보자.

```
git
```

이 명령어를 수행한 결과 화면이 그림 5.16에 나타나 있다. 업로드 또는 업데이트시키기 위해서는 init, add, commit, push 등의 서브 명령어를 사용하고 다운로드 기능을 사용하기 위해서는 clone, pull의 서브 명령어를 사용한다. 본서에서는 소스 코드 다운로드에 필요한 두 번째 용도만 설명하기로 한다.

U-boot 소스 코드에서 Nelson이 오류를 수정한 코드가 github 리포에 있으므로 우리는 github.com에서 소스 코드를 내려받는다. 그림 5.17은 clone 서브 명령어를 이용해서 u-boot 소스코드를 내려받는다. 소스 코드는 ~/u-boot 디렉터리에 저장되고 이후에

```
bbb@Desktop: ~/u-boot
bbb@Desktop:~/u-boot$ git
usage: git [--version] [--help] [-C <path>] [-c name=value]
           [--exec-path[=<path>]] [--html-path] [--man-path] [--info-path]
           [-p|--paginate|--no-pager] [--no-replace-objects] [--bare]
           [--git-dir=<path>] [--work-tree=<path>] [--namespace=<name>]
           <command> [<args>]

The most commonly used git commands are:
   add        Add file contents to the index
   bisect     Find by binary search the change that introduced a bug
   branch     List, create, or delete branches
   checkout   Checkout a branch or paths to the working tree
   clone      Clone a repository into a new directory
   commit     Record changes to the repository
   diff       Show changes between commits, commit and working tree, etc
   fetch      Download objects and refs from another repository
   grep       Print lines matching a pattern
   init       Create an empty Git repository or reinitialize an existing one
   log        Show commit logs
   merge      Join two or more development histories together
   mv         Move or rename a file, a directory, or a symlink
   pull       Fetch from and integrate with another repository or a local branch
   push       Update remote refs along with associated objects
   rebase     Forward-port local commits to the updated upstream head
   reset      Reset current HEAD to the specified state
   rm         Remove files from the working tree and from the index
   show       Show various types of objects
   status     Show the working tree status
   tag        Create, list, delete or verify a tag object signed with GPG

'git help -a' and 'git help -g' lists available subcommands and some
concept guides. See 'git help <command>' or 'git help <concept>'
to read about a specific subcommand or concept.
bbb@Desktop:~/u-boot$
```

그림 5.16 git의 help 메시지

이 디렉터리로 이동한다.

```
~/ (이것은 현재 위치가 홈 디렉터리라는 것을 의미한다.)
git clone -b v2019.04 https://github.com/u-boot/u-boot
cd u-boot
git show
```

그림 5.17의 clone 서브 명령어 뒤에는 -b 옵션이 오는데 -b 뒤에 tag 이름을 적는다. 각각의 개발 코드 버전은 branch라는 것을 만들어서 작업하는데, branch는 소스 코드가 변경될 수 있으며 tag는 소스 코드가 확정되어서 변경되지 않는 브랜치의 한 종류라고

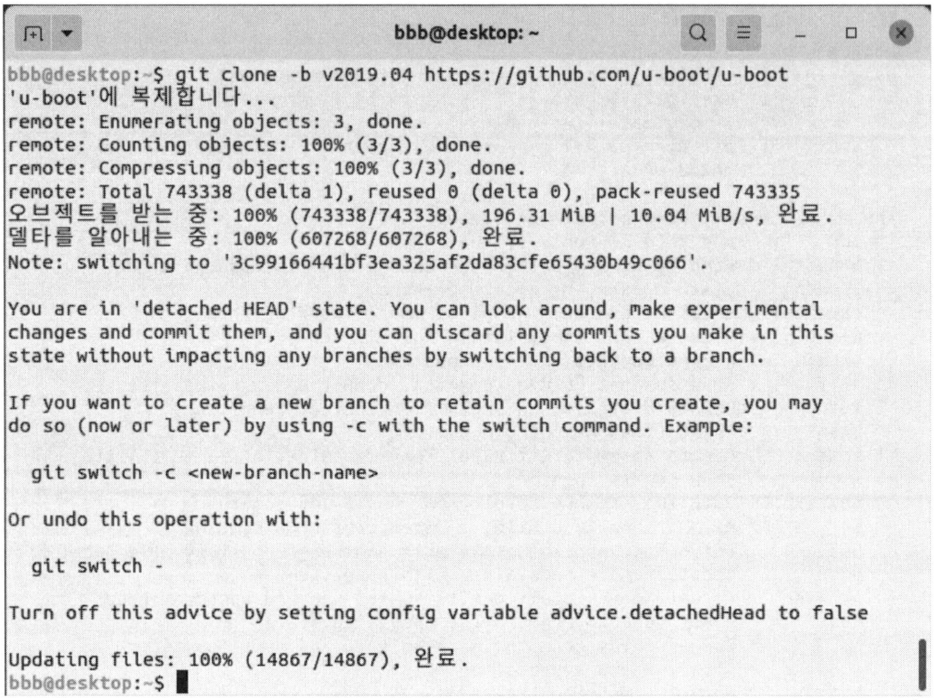

그림 5.17 git clone(u–boot)

생각하면 된다. U-boot의 리포 주소는 https://github.com/u-boot/u-boot 이다. 만약 -b v2019.04 옵션을 사용하지 않으면 tag 즉 버전 정보를 알 수가 없으므로 다음에 버전을 따로 지정해야 한다. 즉 git branch v2019.04 한 다음에 git checkout v2019.04를 수행해야 하는데 -b 옵션을 사용하면 한 번에 수행한 결과가 된다. 그림 5.16의 프롬프트를 보면 ~/u-boot 디렉터리임을 알 수 있다. ~는 홈 디렉터리를 의미하며 show 서브 명령어는 이 디렉터리에서 실행한다. show 명령은 현재 branch 또는 tag의 버전 정보를 알려준다. log 서브 명령어를 사용하여도 버전 정보를 알 수 있다.

그림 5.17에서는 tag 서브 명령을 보여주는데 이것은 선택할 수 있는 모든 tag 즉, 버전 정보를 알려준다. branch 서브 명령어만 사용하면 로컬 브랜치를 리스트한다. branch -a 옵션을 사용하면 로컬 브랜치 뿐만 아니라 리모트 브랜치도 함께 보여준다.

```
git tag
```

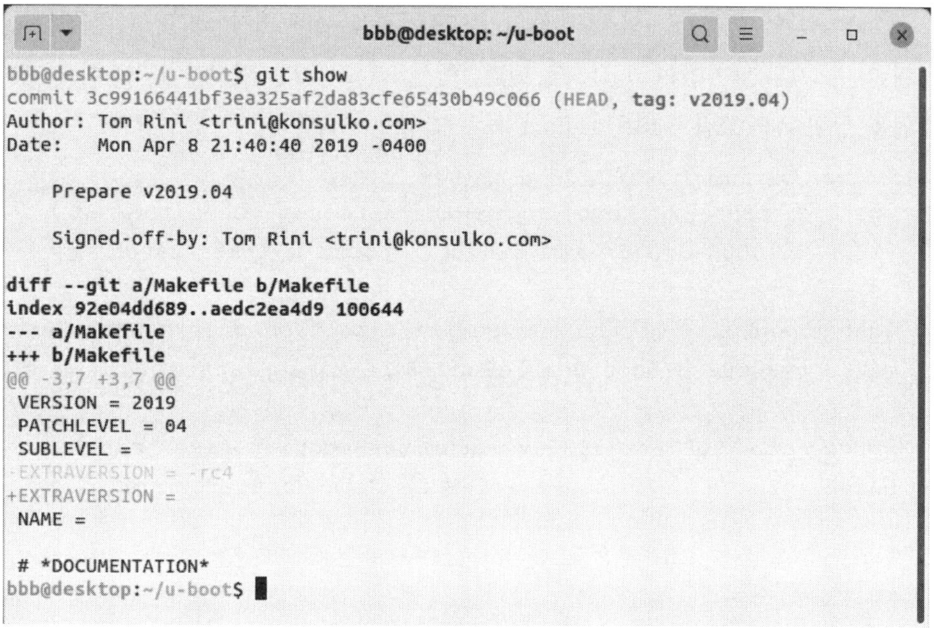

그림 5.18 git show

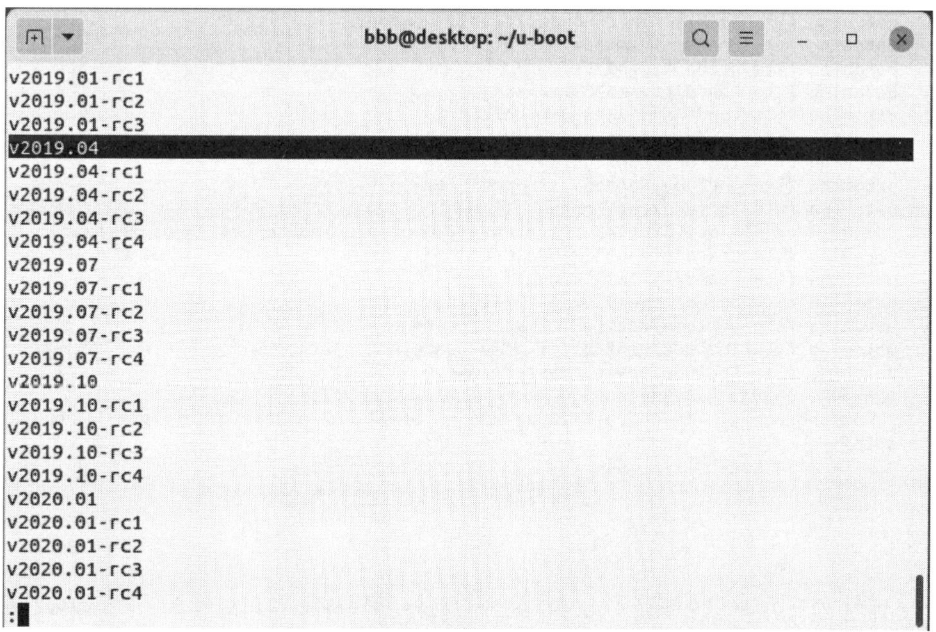

그림 5.19 git tag

소스 코드에 오류가 있어서 Nelson이 수정작업을 하여 패치(patch) 파일을 만들었는데 이 두 개의 패치(patch) 코드를 내려받아서 ~/u-boot/ 디렉터리에 저장하고 패치 작업을 실행한다. 그림 5.18은 U-boot 패치 작업을 나타낸다.

```
wget -c https://github.com/eewiki/u-boot-patches/raw/master/
v2019.04/0001-am335x_evm-uEnv.txt-bootz-n-fixes.patch

wget -c https://github.com/eewiki/u-boot-patches/raw/master/
v2019.04/0002-U-Boot-BeagleBone-Cape-Manager.patch

patch -p1 < 0001-am335x_evm-uEnv.txt-bootz-n-fixes.patch
patch -p1 < 0002-U-Boot-BeagleBone-Cape-Manager.patch
```

```
bbb@desktop: ~/u-boot
bbb@desktop:~/u-boot$ patch -p1 < 0001-am335x_evm-uEnv.txt-bootz-n-fixes.patch
patching file arch/arm/include/asm/arch-am33xx/hardware_am33xx.h
patching file arch/arm/include/asm/arch-am33xx/sys_proto.h
patching file arch/arm/mach-omap2/am33xx/board.c
patching file arch/arm/mach-omap2/am33xx/clock_am33xx.c
patching file arch/arm/mach-omap2/hwinit-common.c
patching file board/ti/am335x/board.c
patching file board/ti/am335x/board.h
patching file board/ti/am335x/mux.c
patching file configs/am335x_evm_defconfig
patching file env/common.c
patching file include/configs/am335x_evm.h
patching file include/configs/ti_armv7_common.h
patching file include/environment/ti/mmc.h
bbb@desktop:~/u-boot$ patch -p1 < 0002-U-Boot-BeagleBone-Cape-Manager.patch
patching file board/ti/am335x/board.c
patching file board/ti/am335x/board.h
patching file board/ti/am335x/hash-string.h
patching file include/configs/ti_armv7_common.h
patching file include/configs/ti_armv7_omap.h
patching file include/environment/ti/mmc.h
bbb@desktop:~/u-boot$ echo $CC
/home/bbb/gcc-linaro-6.5.0-2018.12-x86_64_arm-linux-gnueabihf/bin/arm-linux-gnue
abihf-
```

그림 5.20 U–boot 패치 작업

패치 작업이 끝났으므로 U-boot 소스 코드는 완벽하게 준비되었다. 이 상태에서 디렉터리 내용을 보면 그림 5.19와 같다.

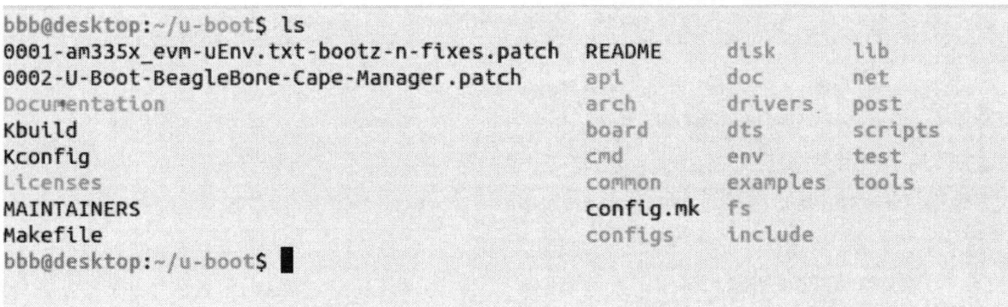

그림 5.21 u–boot 소스 코드 디렉터리 내용

실습 5.5 ∥ U–boot 소스코드 다운로드

~/ (현재 디렉터리는 홈 디렉터리라는 것을 알려주는 표현)

1. u–boot 소스코드 다운로드

   $git clone -b v2019.04 https://github.com/u-boot/u-boot
2. cd u–boot
3. git show
4. 아래 두 개의 패치 파일을 다운로드해서 ~/u–boot 디렉터리로 복사

   wget -c
   https://github.com/eewiki/u-boot-patches/raw/master/v2019.04/
   0001-am335x_evm-uEnv.txt-bootz-n-fixes.patch
   wget -c
   https://github.com/eewiki/u-boot-patches/raw/master/v2019.04/
   0002-U-Boot-BeagleBone-Cape-Manager.patch
5. 에러코드 수정작업(patch)

   patch -p1 < 0001-am335x_evm-uEnv.txt-bootz-n-fixes.patch
   patch -p1 < 0002-U-Boot-BeagleBone-Cape-Manager.patch

gitk는 git의 GUI 버전으로서 실행 화면은 그림 5.20과 같으며 다음 명령으로 설치와 실행을 할 수 있다.

```
sudo apt-get install gitk
gitk
```

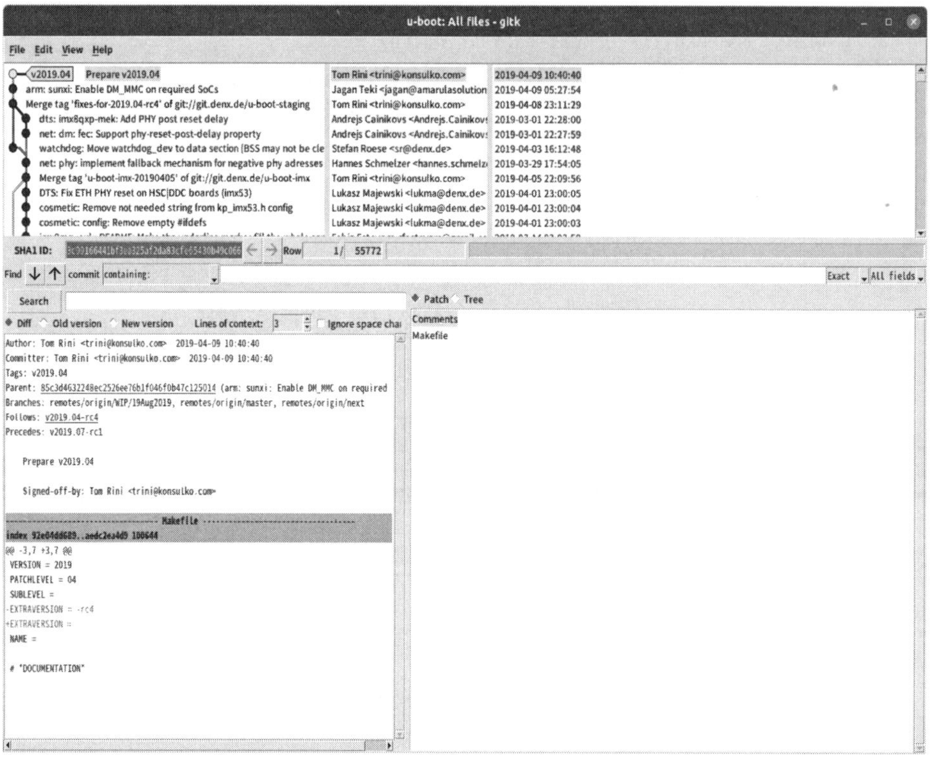

그림 5.22 gitk 실행 화면

5.3.3 ARM Linaro toolchain

U-boot 소스 코드를 빌드하려면 툴 체인(tool chain) 소프트웨어가 필요하다. 아래 웹 사이트에 접속하여 최신 버전의 ARM Linaro toolchain을 내려받아 설치한다. 툴 체인(toolchain)은 컴파일러(compiler), 어셈블러(assembler), 링커(linker) 및 디버거(debugger)의 한 세트를 말한다. 이것은 BBB의 cpu인 arm 프로세서를 위한 것이다.

```
wget -c https://releases.linaro.org/components/toolchain/
binaries/6.5-2018.12/arm-linux-gnueabihf/gcc-linaro-6.5.0-
2018.12-x86_64_arm-linux-gnueabihf.tar.xz
```

wget 명령은 터미널에서 https 프로토콜을 사용하여 웹사이트에 접속 후 파일을 내려받는다. -c (continue) 옵션은 이전에 받은 일부 파일이 있으면 그 이후부터 계속 진행할 수 있도록 한다. 이 파일을 더블 클릭하여 압축 해제한 다음에 디렉터리 전체를 홈 디렉터리로 이동시킨다. 그림 5.21은 linaro 툴 체인을 설치하는 그림이다.

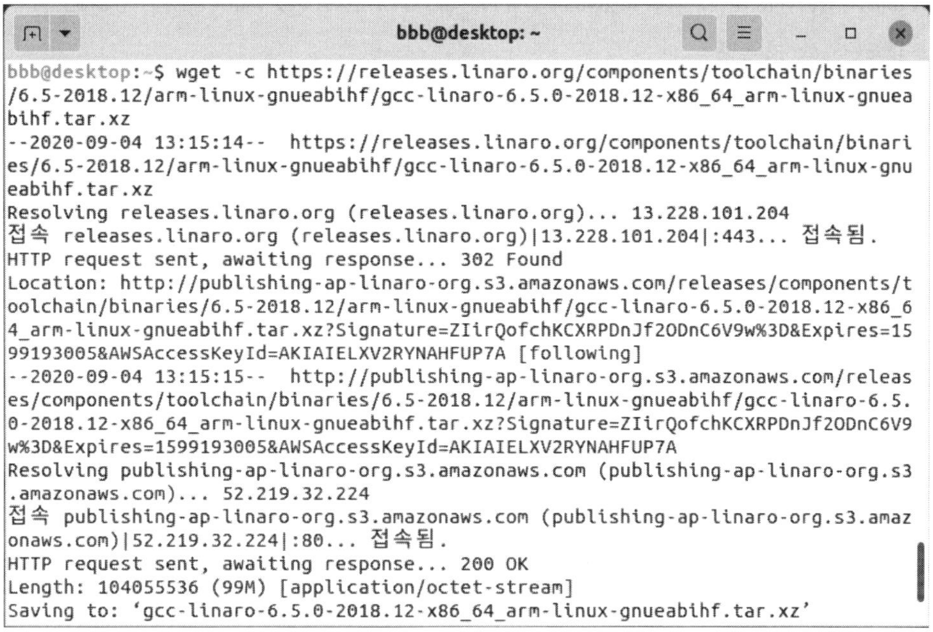

```
bbb@desktop: ~
bbb@desktop:~$ wget -c https://releases.linaro.org/components/toolchain/binaries
/6.5-2018.12/arm-linux-gnueabihf/gcc-linaro-6.5.0-2018.12-x86_64_arm-linux-gnuea
bihf.tar.xz
--2020-09-04 13:15:14--  https://releases.linaro.org/components/toolchain/binari
es/6.5-2018.12/arm-linux-gnueabihf/gcc-linaro-6.5.0-2018.12-x86_64_arm-linux-gnu
eabihf.tar.xz
Resolving releases.linaro.org (releases.linaro.org)... 13.228.101.204
접속 releases.linaro.org (releases.linaro.org)|13.228.101.204|:443... 접속됨.
HTTP request sent, awaiting response... 302 Found
Location: http://publishing-ap-linaro-org.s3.amazonaws.com/releases/components/t
oolchain/binaries/6.5-2018.12/arm-linux-gnueabihf/gcc-linaro-6.5.0-2018.12-x86_6
4_arm-linux-gnueabihf.tar.xz?Signature=ZIirQofchKCXRPDnJf2ODnC6V9w%3D&Expires=15
99193005&AWSAccessKeyId=AKIAIELXV2RYNAHFUP7A [following]
--2020-09-04 13:15:15--  http://publishing-ap-linaro-org.s3.amazonaws.com/releas
es/components/toolchain/binaries/6.5-2018.12/arm-linux-gnueabihf/gcc-linaro-6.5.
0-2018.12-x86_64_arm-linux-gnueabihf.tar.xz?Signature=ZIirQofchKCXRPDnJf2ODnC6V9
w%3D&Expires=1599193005&AWSAccessKeyId=AKIAIELXV2RYNAHFUP7A
Resolving publishing-ap-linaro-org.s3.amazonaws.com (publishing-ap-linaro-org.s3
.amazonaws.com)... 52.219.32.224
접속 publishing-ap-linaro-org.s3.amazonaws.com (publishing-ap-linaro-org.s3.amaz
onaws.com)|52.219.32.224|:80... 접속됨.
HTTP request sent, awaiting response... 200 OK
Length: 104055536 (99M) [application/octet-stream]
Saving to: 'gcc-linaro-6.5.0-2018.12-x86_64_arm-linux-gnueabihf.tar.xz'
```

그림 5.23 linaro 툴 체인 설치

터미널에서 다음 명령을 실행함으로써 환경변수 CC를 설정한다.

```
export CC=~/gcc-linaro-6.5.0-2018.12-x86_64_arm-linux-
gnueabihf/bin/arm-linux-gnueabihf-
```

~는 홈 디렉터리를 뜻한다. Linaro cross c compiler가 잘 설치되었는지 다음 명령어를 사용하여 테스트해 본다. 그림 5.22는 CC 환경변수에 arm linaro toolchain의 디렉터리를 할당하는 그림이다.

```
${CC}gcc --version    ($를 타이핑할 것)
```

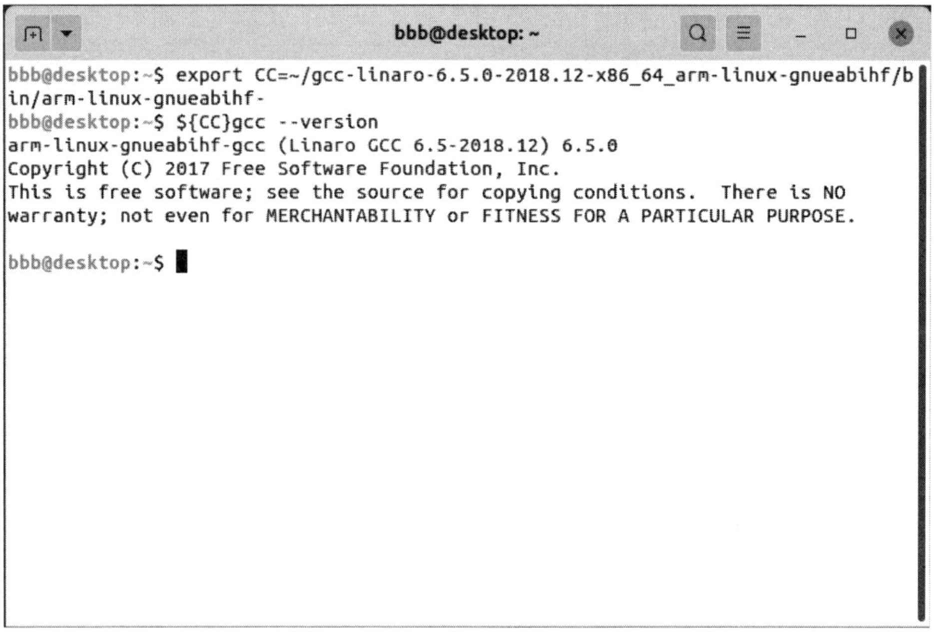

그림 5.24 환경변수 CC 설정

그림 5.22에서 CC 환경 변수를 읽으려면 변수 앞에 $를 넣어야 한다. 터미널에서 환경변수 CC를 설정했는데 터미널을 닫고 새로 터미널을 열면 환경변수가 사라진다. 이러한 점을 보완하려면 그림 5.23처럼 .bashrc 파일의 마지막 라인에 위 명령 라인을 추가한다. 그리고 다음 명령을 실행한다.

```
source .bashrc
```

이렇게 하면 우분투 리눅스에 로그인할 때마다 .bashrc가 실행되어 항상 CC 환경변수가 설정되므로 편리하다. source 명령은 .으로 대치하여 사용해도 된다. 즉, 다음 명령어와 완전히 같은 것이다.

```
. .bashrc
```

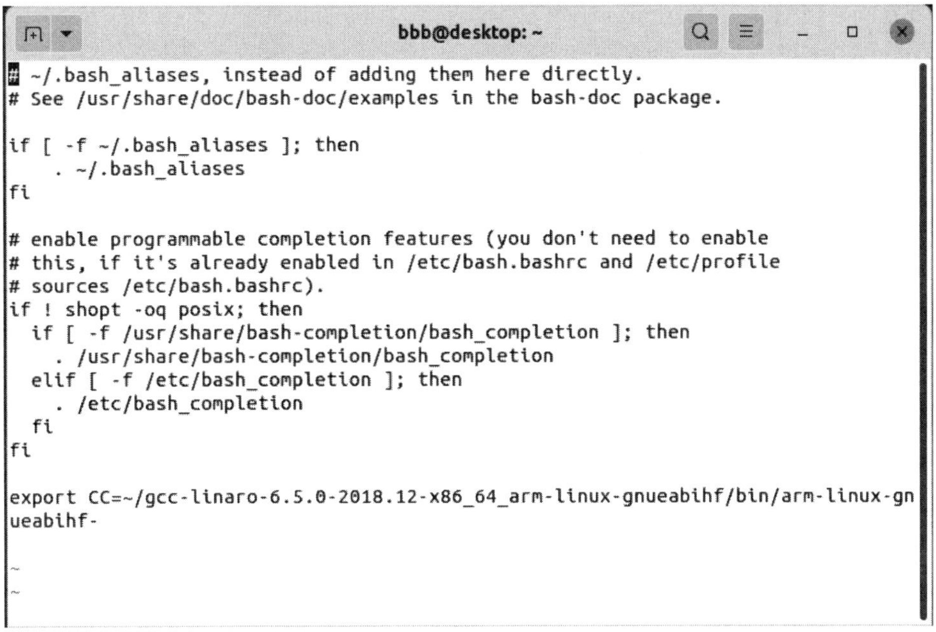

그림 5.25 .bashrc 파일에 환경변수 CC 설정

실습 5.6 | Linaro toolchain 설치

1. 아래 파일을 내려받는다.
   `wget -c https://releases.linaro.org/components/toolchain/binaries/6.5-2018.12/arm-linux-gnueabihf/gcc-linaro-6.5.0-2018.12-x86_64_arm-linux-gnueabihf.tar.xz`
2. 압축 해제한다.
3. 압축 해제한 디렉터리를 홈 디렉터리로 이동한다.
4. 다음과 같이 환경변수 CC를 설정한다.
   `export CC = ~/gcc-linaro-6.5.0-2018.12-x86_64_arm-linux-gnueabihf/bin/arm-linux-gnueabihf-`
5. Arm cross compiler가 잘 설치되었는지 확인한다.
   `${CC}gcc --version`
6. 환경변수를 설정하는 4번 명령어를 .bashrc 파일의 맨 밑에 추가하고 저장하고 source .bashrc를 실행한다. 다음에 로그인할 때는 이 작업은 다시 안 해도 된다.

5.3.4 U-boot 빌드

U-boot 소스 코드도 준비되었고 ARM Linaro 툴 체인도 준비되었으므로 U-boot 빌드 작업을 실행한다. 빌드 작업은 청소하기(distclean), 설정 파일(.config) 만들기, 컴파일의 3단계 작업으로 수행한다.

1) 기존에 설정파일 만들기나 컴파일하면서 만들어졌던 파일들을 지운다(distclean).

   ```
   make ARCH=arm CROSS_COMPILE=$CC distclean
   ```

2) 컴파일할 때 필요한 설정 파일 .config 를 생성한다(그림 5.24).

   ```
   make ARCH=arm CROSS_COMPILE=$CC am335x_evm_defconfig
   ```

이때 사용되는 하드웨어 설정파일 am335x_evm_defconfig은 ~/u-boot/configs 디렉터리에 있는데 여기에는 BBB 뿐만 아니라 다양한 보드들의 하드웨어 설정 파일이 있다. 이것을 이용해서 .config 설정 파일을 만든다.

```
bbb@Desktop:~/u-boot$ !2053
make ARCH=arm CROSS_COMPILE=$CC distclean
bbb@Desktop:~/u-boot$ !2054
make ARCH=arm CROSS_COMPILE=$CC am335x_evm_defconfig
  HOSTCC  scripts/basic/fixdep
  HOSTCC  scripts/kconfig/conf.o
  SHIPPED scripts/kconfig/zconf.tab.c
  SHIPPED scripts/kconfig/zconf.lex.c
  SHIPPED scripts/kconfig/zconf.hash.c
  HOSTCC  scripts/kconfig/zconf.tab.o
  HOSTLD  scripts/kconfig/conf
#
# configuration written to .config
#
bbb@Desktop:~/u-boot$ 
```

그림 5.26 u-boot 컴파일의 설정파일(.config) 만들기

그림 5.25에 .config 파일(숨겨진 파일)의 첫 부분의 내용이 표시되어 있는데 u-boot 버전이 2016.01이라는 것을 알 수 있다.

```
bbb@Desktop: ~/u-boot
#
# Automatically generated file; DO NOT EDIT.
# U-Boot 2016.01 Configuration
#
CONFIG_CREATE_ARCH_SYMLINK=y
CONFIG_HAVE_GENERIC_BOARD=y
CONFIG_SYS_GENERIC_BOARD=y
# CONFIG_ARC is not set
CONFIG_ARM=y
# CONFIG_AVR32 is not set
# CONFIG_BLACKFIN is not set
# CONFIG_M68K is not set
# CONFIG_MICROBLAZE is not set
# CONFIG_MIPS is not set
# CONFIG_NDS32 is not set
# CONFIG_NIOS2 is not set
# CONFIG_OPENRISC is not set
# CONFIG_PPC is not set
# CONFIG_SANDBOX is not set
# CONFIG_SH is not set
# CONFIG_SPARC is not set
# CONFIG_X86 is not set
CONFIG_SYS_ARCH="arm"
--More--(4%)
```

그림 5.27 ~/u-boot/.config

3) 컴파일 단계

```
make ARCH=arm CROSS_COMPILE=$CC
```

$CC와 ${CC}의 차이점을 알아보자. ${CC}를 사용할 경우엔 CC 환경 변수 뒤에 다른 글자가 오는 경우에 사용한다. 예를 들어서 ${CC}gcc 같은 경우에 사용한다. 위의 컴파일 결과로 MLO(92KB)와 u-boot.img(474 KB) 파일이 생성된다. 위 작업을 하다가 아래와 같은 에러 메시지가 발생하면 build-essential을 설치한다.

```
HOSTCC  scripts/basic/fixdep
/bin/sh: 1: cc: not found
```

설치하기 전에 패키지 정보를 업데이트한다. 이것은 인터넷에서 최신 소프트웨어 패키지 정보를 내려받아서 업데이트하는 것이다. build-essential 뿐만 아니라 bison, flex 같은 패키지도 필요하면 설치한다.

```
~/u-boot
sudo apt-get update
sudo apt-get install build-essential
sudo apt-get install bison flex
```

실습 5.7 ❙ U-boot 빌드(build)

~/u-boot

실습 5.6을 완료한 상태에서 실행한다.

1. `make ARCH=arm CROSS_COMPILE=$CC distclean`
2. `make ARCH=arm CROSS_COMPILE=$CC am335x_evm_defconfig`
3. `make ARCH=arm CROSS_COMPILE=$CC`

주의) 컴파일할 때 make, gcc, bison, flex 등의 프로그램들이 미리 설치되어 있어야 한다(호스트 리눅스 버전에 따라서 필요한 파일들이 다를 수 있으니 컴파일할 때 에러 메시지를 잘 보도록 한다).

이제 microSD 메모리에 u-boot를 설치한다. 기존의 Nelson 이미지가 설치된 microSD 메모리에서 부트 로더만 교체하는데 이때 우리가 만든 u-boot로 바꾼다. 커널은 그대로 두고 우리가 만든 u-boot만 교체하는 것이다. 교체 후에 이상 없이 부트하면 우리가 빌드해서 설치했던 부트 로더가 잘 동작한다는 뜻이다.

dd 명령을 수행하기 전에 microSD 카드가 어느 디바이스로 표시되는지 lsblk 명령어로 확인하여야 한다. 즉, /dev/sdX에서 X를 확인한다. 이것은 아래 dd 명령어를 수행하는데 /dev/sdX로 표시된 것이다. dd 명령어는 디스크 블락(block)을 파일 시스템(file system)없이 복사할 수 있다. 즉 dd는 메모리 덤프(memory dump) 또는 이미지 덤프라고 하며 메모리 내용을 이미지처럼 그대로 복사하는 것이다. 주로 숨겨진 파티션에 부트 섹터(boot sector) 등을 복사하는 데 사용된다. 잘 못 사용하면 호스트 PC의 부트 섹터를 건드릴 수 있으므로 사용하는데 *주의*를 하여야 한다.

```
~/u-boot
sudo dd if=MLO of=/dev/sdX seek=1 bs=128k count=1
sudo dd if=u-boot.img of=/dev/sdX seek=1 bs=384k count=2
```

명령에서 if는 입력 파일(input file) 즉, source file을 의미하고 of는 출력 파일(output file) 즉, 목적 또는 목표(target) 파일을 말한다. bs는 블락 크기(block size)이고 count는 블락 크기가 몇 개인지를 나타낸다. seek는 건너뛰는(skip) 블락이 몇 개인지를 말하는데 이때의 블락은 bs와는 다르며 디폴트 크기가 512 bytes이다. 즉, MLO 파일이 microSD 카드 메모리의 첫 부분 중 512 bytes 스킵하고 128 Kbytes 자리에 써진다는 것을 의미한다. 즉 MLO 파일 사이즈는 128 KB보다 작다는 말이다. 두 번째 명령어에서 count = 2는 bs가 2개만큼 복사된다는 뜻이다. 즉, u-boot.img 크기는 384 KB × 2(count) = 768 KB 보다는 작지만 384 KB보다는 크다는 말이다. 그림 5.26을 보면 복사된 파일 크기를 볼 수 있다.

```
bbb@Desktop: ~/u-boot
bbb@Desktop:~$ cd u-boot
bbb@Desktop:~/u-boot$ sudo dd if=MLO of=/dev/sdj count=1 seek=1 bs=128k
0+1 레코드 들어옴
0+1 레코드 나감
69292 바이트 (69 kB) 복사됨, 0.00122104 초, 56.7 MB/초
bbb@Desktop:~/u-boot$ sudo dd if=u-boot.img of=/dev/sdj count=2 seek=1 bs=384k
0+1 레코드 들어옴
0+1 레코드 나감
387848 바이트 (388 kB) 복사됨, 0.00200319 초, 194 MB/초
bbb@Desktop:~/u-boot$
```

그림 5.28 dd로 MLO와 u-boot.img 파일 복사하기

이제 u-boot 설치가 끝났다. microSD를 PC에서 꺼내어 BBB에 장착하고 부팅한다. 이때 boot 버튼을 누른 상태로 파워를 연결하고 버튼을 떼어서 microSD로 부팅시킨다. 그림 5.27은 부팅된 첫 화면을 보여준다.

```
bbb@desktop: ~/u-boot

Welcome to minicom 2.7.1

OPTIONS: I18n
Compiled on Dec 23 2019, 02:06:26.
Port /dev/ttyUSB0, 14:20:34

Press CTRL-A Z for help on special keys


U-Boot SPL 2019.04-dirty (Sep 04 2020 - 14:13:14 +0900)
Trying to boot from MMC1
Loading Environment from EXT4... ** File not found /boot/uboot.env **

** Unable to read "/boot/uboot.env" from mmc0:1 **


U-Boot 2019.04-dirty (Sep 04 2020 - 14:13:14 +0900)

CPU  : AM335X-GP rev 2.1
I2C:   ready
DRAM:  512 MiB
No match for driver 'omap_hsmmc'
No match for driver 'omap_hsmmc'
```

그림 5.29 새로 설치된 u-boot(v2019.04)를 이용한 BBB 부팅 첫 화면

그림 5.27의 여섯 번째 줄(실질적으로 U-Boot 메시지의 첫째 줄)을 보면 U-Boot SPL 2019.04-dirty가 보이는데 여기서 dirty 글자는 Patch 작업을 하였을 때 보인다. 그림 5.11의 Nelson 이미지를 이용한 U-Boot 메시지와는 약간 다르다.

```
bbb@Desktop: ~
ubuntu@arm:/boot$ lsblk
NAME         MAJ:MIN RM   SIZE RO TYPE MOUNTPOINT
mmcblk1boot0 179:16   0     2M  1 disk
mmcblk1boot1 179:24   0     2M  1 disk
mmcblk0      179:0    0   7.4G  0 disk
◆◆└◆◆─mmcblk0p1  179:1    0   7.4G  0 part /
mmcblk1      179:8    0   3.6G  0 disk
◆◆├◆◆─mmcblk1p1  179:9    0    96M  0 part
◆◆└◆◆─mmcblk1p2  179:10   0   3.5G  0 part
ubuntu@arm:/boot$ █
```

그림 5.30 microSD 부팅 후 BBB의 메모리 구성 화면

microSD 메모리를 이용하여 부팅 후 BBB에 로그인한 후에 lsblk 명령어를 수행한 후의 화면을 그림 5.28에 보인다. 이것을 보면 mmcblk0는 7.4 GB로서 8 GB microSD 메모리인 것을 알 수 있다. 즉, BBB Ubuntu 리눅스에서는 microSD 메모리가 /dev/sdX로 보이는 것이 아니고 mmcblk0로 보인다. mmcblk1은 3.6 GB로서 BBB에 내장된 eMMC 메모리인 것을 알 수 있다. U-Boot의 소스 코드 중에서 가장 처음에 실행되는 것은 ~/u-boot/arch/arm/cpu/armv7/start.S 라는 파일인데 이것은 어셈블리 언어 코드이다.

실습 5.8 ‖ U-boot을 microSD에 설치

~/u-boot/

1. microSD를 PC에 설치한다.
2. lsblk 명령을 실행하여 /dev/sdX에서 X를 알아낸다.
3. sudo dd if=MLO of=/dev/sdX seek=1 bs=128k count=1
4. sudo dd if=u-boot.img of=/dev/sdX seek=1 bs=384k count=2

실습 5.9 ‖ U-boot 부팅

1. microSD를 BBB에 설치
2. boot 버튼 누르고 power 연결
3. Boot 메시지 확인하여 U-boot 버전 확인 (2019.04)
4. U-Boot SPL 글자로 시작하는 첫 부팅 메시지에서 컴파일 시간 확인(Sep 04 2020)
5. 로그인 후 BBB 부팅 후 커널 버전 확인(uname -r)

실습 5.10 ‖ U-Boot 소스 코드 수정/재설치/부팅

~/u-boot/common/spl/spl.c에서 라인 553을 수정하여 개발자 영문 이름을 문장에 추가한 후에 부트 로더를 재컴파일 및 설치 후 부팅해서 부팅메시지 영문이름을 확인한다.

5.4 리눅스 커널(kernel)

리눅스 커널은 오픈소스 소프트웨어로서 The Linux Kernel Archives(www.kernel.org)에서 소스 코드를 내려받을 수 있다. 리누스 토발즈(Linus Torvalds)가 발표하는(release) 커널 버전을 메인라인(mainline) 또는 바닐라(vanilla)라고 한다. 소스 코드를 내려받을 수 있는 웹 사이트 주소는 다음과 같다.

```
https://git.kernel.org/pub/scm/linux/kernel/git/torvalds/
linux.git
```

위 사이트에 있는 커널 소스 코드는 github.com 사이트의 토발즈 개인 주소에서도 내려받을 수 있다.

```
https://github.com/torvalds/linux
```

표 5.1에 나타나 있듯이 각각의 커널의 LTS(long term support) 버전이 발표된(Released) 날자와 지원이 종료되는 날자(EOL, end-of-life)가 기록되어 있다.

표 5.1 Longterm release kernels

Version	Maintainer	Released	Projected EOL
5.4	Greg Kroah-Hartman &Sasha Levin	2019-11-24	Dec, 2021
4.19	Greg Kroah-Hartman &Sasha Levin	2018-10-22	Dec, 2020
4.14	Greg Kroah-Hartman &Sasha Levin	2017-11-12	Jan, 2024
4.9	Greg Kroah-Hartman &Sasha Levin	2016-12-11	Jan, 2023
4.4	Greg Kroah-Hartman &Sasha Levin	2016-01-10	Feb, 2022
3.16	Ben Hutchings	2014-08-03	Jun, 2020

BBB에서 리눅스 커널의 빌드 및 설치는 두 가지 방법이 있는데 첫째, Nelson script를 이용해서 비교적 쉽게 하는 방법이 있고 둘째, mainline을 이용해서 빌드 및 설치하는 일반적 방법이 있다. 아래에 두 가지 방법 모두를 기술한다.

5.4.1 리눅스 커널 설치(Nelson 스크립트 이용)

그림 5.29와 같이 Robert C. Nelson 사이트에서 우분투 리눅스 커널 빌드 및 설치를 위한 Nelson script 코드를 내려받는다. Nelson 스크립트는 기본적으로 ARM 툴체인(toolchain) 설치, 커널 소스 코드 다운로드 및 컴파일, 루트 파일 시스템(root file system) 설치 및 SD 카드에서 커널 설치 등을 스크립트로 쉽게 자동화할 수 있도록 만들어 놓았다. 다음과 같이 git을 이용해서 am33x-v4.19 브랜치의 Nelson script를 내려 받는다. 다른 tag 버전을 내려받아도 된다. 커널 버전은 git clone -b 옵션에서 tag 버전을 사용하지 않고 branch 버전을 사용하면 시간이 감에 따라서 마이너(minor) 버전이 약간씩 변경될 수도 있다. 예를 들어서 커널 버전이 4.19.135-bone55이라면 4.19는 메이저(major) 버전, 그리고 135는 마이너(minor) 버전이다. bone55는 에러를 수정한(patch) 버전이 된다.

```
~/
git clone -b am33x-v4.19 https://github.com/robertcnelson/
bb-kernel
```

그림 5.31 Nelson 스크립트 다운로드

```
~/bb-kernel
git show
```

디렉터리를 bb-kernel로 이동한 뒤에 git의 show 서브 명령어를 이용해서 버전 정보를 확인한다. 다음에 build_kernel.sh 스크립트 파일을 실행하면 linaro toolchain 설치, 커널 소스 다운로드 및 컴파일이 진행되게 된다. build_kernel.sh 스크립트를 실행할 때 필요한 패키지 파일들이 아직 설치되지 않았다는 에러 메시지를 받으면 그때마다 필요한 파일들을 설치하면 된다. 아래는 필요 패키지 설치의 예를 보여주는데 이것은 Ubuntu 리눅스의 버전마다 조금씩 다르므로 에러 메시지를 보면서 설치하여야 한다. 일반적으로 Ubuntu 리눅스 버전이 증가할수록 필요 패키지들이 줄어드는 경향이 있다. 최근에는 lzop build-essential fakeroot 등은 별도로 설치하지 않아도 된다.

```
~/bb-kernel (필요 패키지 설치)
sudo apt-get update
sudo apt-get install lzop build-essential fakeroot lzma gettext
libmpc-dev u-boot-tools libncurses5-dev:amd64 libssl-dev:amd64
./build_kernel.sh
```

Nelson 스크립트를 실행하면 그림 5.30과 같이 arm linaro cross compiler v8.3과 커널 소스코드를 내려받고 컴파일한다. 커널 소스 코드는 아래 메인라인(mainline) 사이트에서 내려받아서 ~/bb-kernel/ignore/linux-src 디렉터리에 저장하게 된다.

```
Mainline => https://git.kernel.org/pub/scm/linux/kernel/git/
torvalds/linux.git
```

실습 5.11 | 리눅스 커널 소스코드 다운로드

```
~/
1. git clone -b am33x-v4.19 https://github.com/robertcnelson/bb-kernel
2. cd bb-kernel
3. git show
```

이때 이미 U-boot를 컴파일할 때 arm compiler가 설치되었다면 다시 설치하지 않아도 된다. 그만큼 시간 절약을 할 수 있다. arm cross compiler를 설치하는 작업을 건너뛰게 하려면 build_kernel.sh 파일에서 unset CC를 주석 처리(#를 줄 앞에 써넣는다.)하고 다시 스크립트를 실행하면 된다.

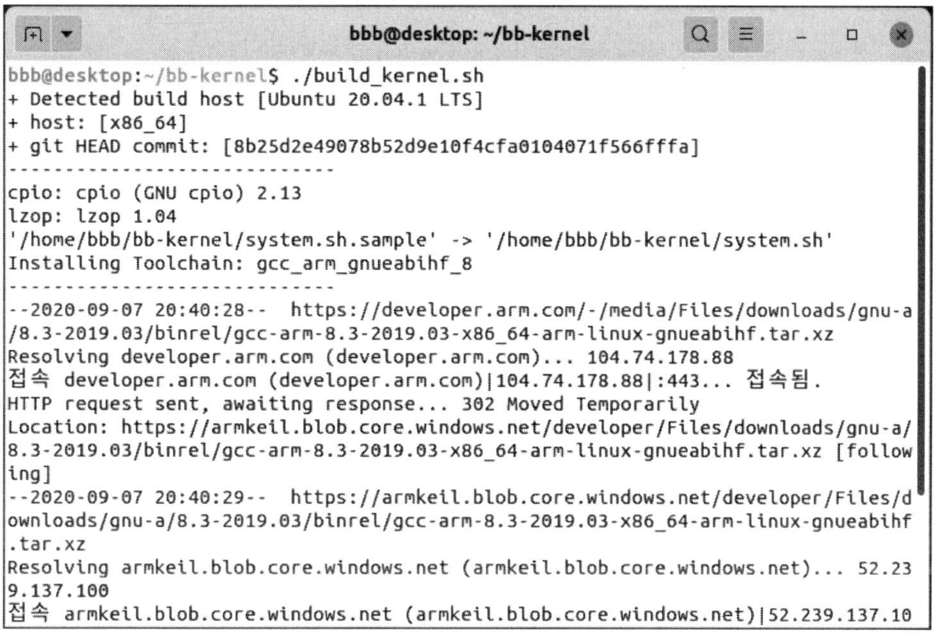

그림 5.32 Nelson 스크립트 실행화면

이러한 일련의 작업을 끝마치게 되면 커널을 크게 나누어서 이미지(image), 모듈(module), 그리고 디바이스 트리 블롭(device tree blob) 등으로 나누어서 deploy 디렉터리에 복사한다.

커널 빌드 작업은 커널 소스 코드를 내려받아서 컴파일하므로 네트워크 속도가 느리면 전체적인 시간이 오래 걸린다. VMware 또는 VirtualBox 같은 가상머신을 사용하면 소스 코드 다운로드가 약 25분 소요되며 컴파일 작업은 약 50분 걸린다. 빌드 작업을 하다가 중간에 커널을 설정(configuration)하는 화면이 나온다. 그림 5.31과 같이 커널 설정 화면이 나오면 하드웨어 장치 추가 등에 대해 설정을 하면 되는데 특별히 설정하지 않는다면 맨 밑줄의 Exit을 선택해서 엔터키를 누르면 커널 설정 화면을 빠져나오고 빌드 작업을 계속하게 된다(ESC 키를 두 번 눌러도 된다). 그 결과 ~/bb-kernel/KERNEL/.config 파일이 만들어진다. 그림 5.32는 빌드 작업을 마친 상태의 화면이다. 마지막 줄에서 보면 커널 버전이 4.19.135-bone55 임을 알 수 있다. 커널 빌드한 결과 아래와 같이 세 개의 중요한 파일이 만들어진다.

- 이미지 파일 : ~/bb-kernel/deploy/4.19.135-bone55.zImage
- 모듈 파일 : ~/bb-kernel/deploy/4.19.135-bone55-modules.tar.gz
- 디바이스 트리 블롭(blob) 파일 (dtbs) :
  ~/bb-kernel/deploy/4.19.135-bone55-dtbs.tar.gz

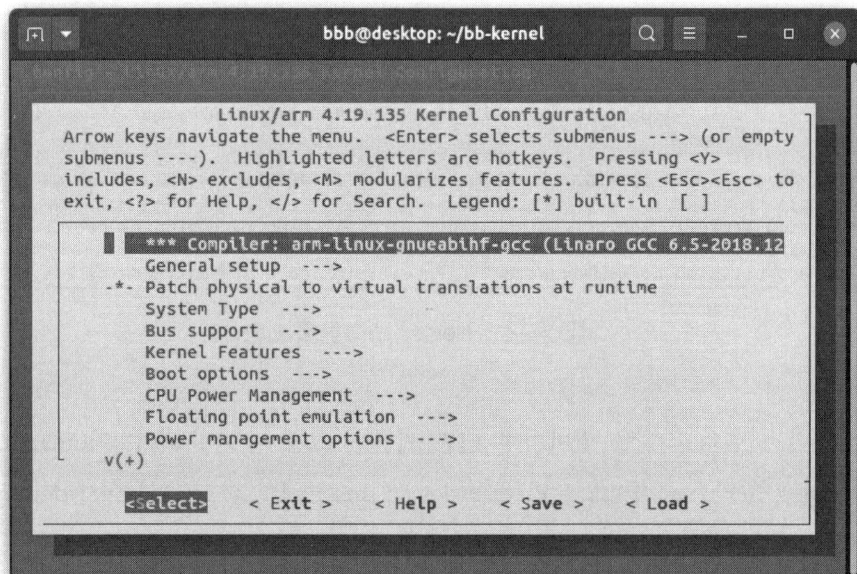

그림 5.33 커널 설정(kernel configuration)

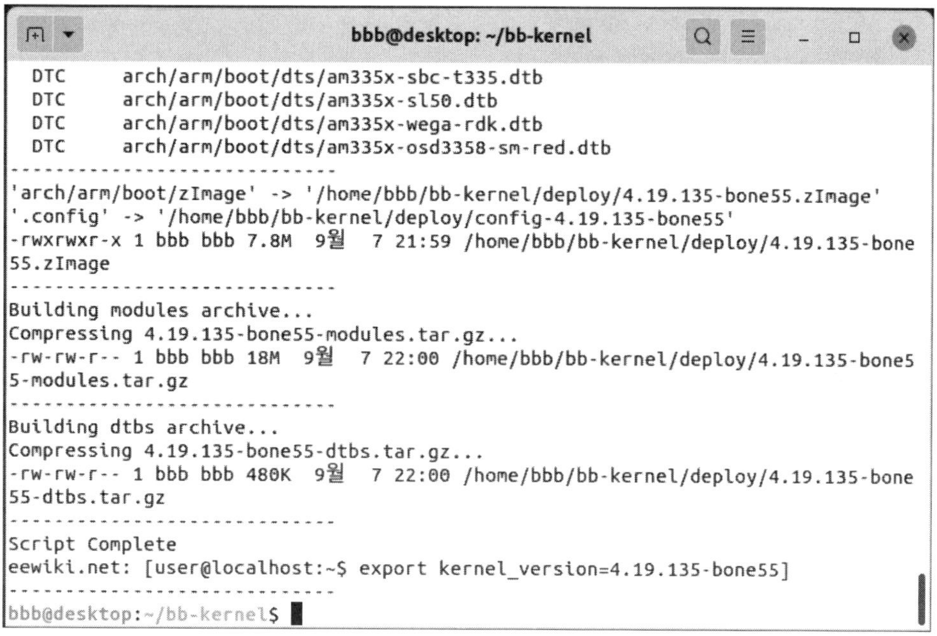

```
bbb@desktop: ~/bb-kernel
  DTC     arch/arm/boot/dts/am335x-sbc-t335.dtb
  DTC     arch/arm/boot/dts/am335x-sl50.dtb
  DTC     arch/arm/boot/dts/am335x-wega-rdk.dtb
  DTC     arch/arm/boot/dts/am335x-osd3358-sm-red.dtb
-----------------------------
'arch/arm/boot/zImage' -> '/home/bbb/bb-kernel/deploy/4.19.135-bone55.zImage'
'.config' -> '/home/bbb/bb-kernel/deploy/config-4.19.135-bone55'
-rwxrwxr-x 1 bbb bbb 7.8M  9월  7 21:59 /home/bbb/bb-kernel/deploy/4.19.135-bone
55.zImage
-----------------------------
Building modules archive...
Compressing 4.19.135-bone55-modules.tar.gz...
-rw-rw-r-- 1 bbb bbb 18M  9월  7 22:00 /home/bbb/bb-kernel/deploy/4.19.135-bone5
5-modules.tar.gz
-----------------------------
Building dtbs archive...
Compressing 4.19.135-bone55-dtbs.tar.gz...
-rw-rw-r-- 1 bbb bbb 480K  9월  7 22:00 /home/bbb/bb-kernel/deploy/4.19.135-bone
55-dtbs.tar.gz
-----------------------------
Script Complete
eewiki.net: [user@localhost:~$ export kernel_version=4.19.135-bone55]
-----------------------------
bbb@desktop:~/bb-kernel$
```

그림 5.34 커널 빌드 작업을 마친 후의 화면

실습 5.12 ▎ 커널 빌드

~/bb-kernel

1. linaro compiler가 설치되어 있는지 확인한다.
2. build_kernel.sh 파일을 수정한다.
3. unset CC 라인을 찾아서 주석 처리한다. (줄 맨 앞에 # 추가함으로써 arm cross compiler 설치 부분을 건너뛴다.)
4. ./build_kernel.sh

커널 빌드를 마쳤으니 이제 커널을 설치해 보자. 커널 설치를 하기 전에 먼저 lsblk 명령을 사용하여 microSD 카드 메모리가 PC의 어느 곳에 마운트 되었는가를 확인한다. 즉 그림 5.33처럼 /dev/sdX 파티션을 확인하는 것이다.

```
bbb@Desktop: ~/bb-kernel
bbb@Desktop:~/bb-kernel$ lsblk
NAME    MAJ:MIN RM   SIZE RO TYPE MOUNTPOINT
sda       8:0    0 465.8G  0 disk
├─sda1    8:1    0    10G  0 part
├─sda2    8:2    0    82G  0 part
└─sda3    8:3    0 373.8G  0 part
sdb       8:16   0 465.8G  0 disk
├─sdb1    8:17   0 232.9G  0 part
├─sdb2    8:18   0     1K  0 part
├─sdb5    8:21   0     3G  0 part [SWAP]
└─sdb6    8:22   0 229.9G  0 part /
sdj       8:144  1   7.4G  1 disk
└─sdj1    8:145  1   7.4G  1 part /media/bbb/rootfs
sr0      11:0    1  1024M  0 rom
bbb@Desktop:~/bb-kernel$
```

그림 5.35 microSD 카드 메모리의 파티션 확인

이제 system.sh 파일을 그림 5.34처럼 에디터를 사용하여 microSD 카드의 위치를 올바르게 수정한다.

```
~/bb-kernel/
nano system.sh
```

```
bbb@desktop: ~/bb-kernel
GNU nano 4.8                    system.sh                    수정함

###OPTIONAL: MMC: (REQUIRED FOR RUNNING: tools/install_kernel.sh)
#Note: This operates on raw disks, NOT PARTITIONS..
#
#WRONG: MMC=/dev/mmcblk0p1
#CORRECT: MMC=/dev/mmcblk0
#
#WRONG: MMC=/dev/sde1
#CORRECT: MMC=/dev/sde
#
#MMC=/dev/sde

###ADVANCED: RUN_BISECT: used with ./scripts/bisect.sh
#
#RUN_BISECT=1

###ADVANCED: AUTO_BUILD: Easier integration with Jenkins/Buildbot/etc..
#
#AUTO_BUILD=1

^G 도움말 보기 ^O 기록 내보내 ^W 현재 위치 ^K 잘라내기 ^J 정렬 ^C 커서 위치
^X 나가기 ^R 파일 읽기 ^\ 바꾸기 ^U 붙여넣기 ^T 해당 철자로 ^_ 지정 행으로
```

그림 5.36 system.sh 파일 수정

그림 5.34의 라인 38에서 MMC=/dev/sde에서 sde 대신에 각자의 microSD 메모리(그림 5.33에서 sdj)로 대치하고 그리고 주석을 해제하고(uncomment) 저장한다. 이제 커널을 /dev/sdj에 설치할 명령어를 실행한다.

```
./tools/install_kernel.sh
```

tools라는 서브 디렉터리의 install_kernel.sh 스크립트를 실행하여 빌드된 여러 가지 파일들을 /dev/sdj에 설치한다. 이 명령을 실행하면 처음에 sdj 파티션이 /media/bbb/rootfs 디렉터리에 마운팅 것을 확인한다(그림 5.35). microSD 카드 메모리 파티션이 디렉터리에 마운팅 되지 않았다면 뺐다가 다시 껴서 마운팅되도록 한다.

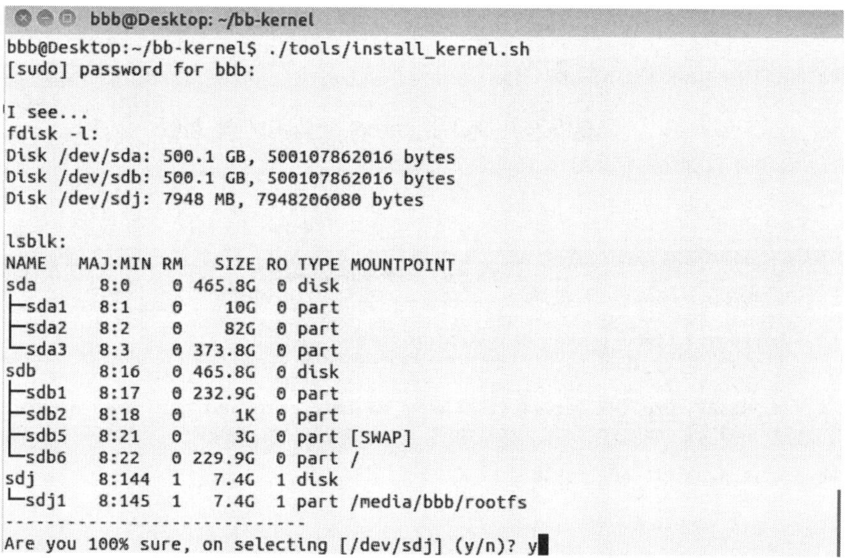

그림 5.37 install_kernel.sh를 실행한 첫 화면

그림 5.36은 커널 설치가 끝난 후의 화면이다. 지금까지 커널을 microSD 카드 메모리에 설치하였다. 이것을 BBB에 장착 후에 다시 부팅하고 부팅된 마지막 화면(그림 5.37)을 자세히 살펴본다. 그림 5.37에서 보듯이 로그인 화면에서 uname -r 명령을 이용하여 커널 버전을 확인하면 4.19.135-bone55임을 확인할 수 있다. 따라서 우리가 빌드하고 설치한 커널이라는 것이 확인되었다.

bbb@desktop: ~/bb-kernel

```
-----------------------------
Starting Partition Search
-----------------------------
Trying: [/dev/sdb1]
Partition: [/dev/sdb1] trying: [vfat], [ext4], [btrfs]
Partition: [extX]
found: /boot/uEnv.txt
info: 4.19.94-ti-r42 was installed
Installing 4.19.135-bone55 to /dev/sdb1
'/home/bbb/bb-kernel/deploy/4.19.135-bone55.zImage' -> '/home/bbb/bb-kernel/depl
oy/disk/boot/vmlinuz-4.19.135-bone55'
Installing 4.19.135-bone55-dtbs.tar.gz to /dev/sdb1
info: /boot/uEnv.txt: uname_r=4.19.135-bone55
found: /etc/fstab
Installing 4.19.135-bone55-modules.tar.gz to /dev/sdb1
'/home/bbb/bb-kernel/deploy/config-4.19.135-bone55' -> '/home/bbb/bb-kernel/depl
oy/disk/boot/config-4.19.135-bone55'
info: [4.19.135-bone55] now installed...
/home/bbb/bb-kernel
-----------------------------
This script has finished...
For verification, always test this media with your end device...

bbb@desktop:~/bb-kernel$
```

그림 5.38 install_kernel.sh의 마지막 화면

bbb@desktop: ~/bb-kernel

```
[    0.000431] timer_probe: no matching timers found
[    0.054064] l4_wkup_cm:clk:0010:0: failed to disable
[    0.102698] l4_per_cm:clk:00d4:0: failed to enable
[    0.286598] wkup_m3_ipc 44e11324.wkup_m3_ipc: could not get rproc handle
[    0.465355] omap_voltage_late_init: Voltage driver support not added

Ubuntu 18.04.4 LTS arm ttyS0

rcn-ee.net Ubuntu Console Image 2020-04-09

Support: http://elinux.org/BeagleBoardUbuntu

default username:password is [ubuntu:temppwd]

arm login: ubuntu
Password:
Last login: Thu Apr  9 10:25:16 UTC 2020 on ttyS0
To run a command as administrator (user "root"), use "sudo <command>".
See "man sudo_root" for details.

ubuntu@arm:~$ uname -r
4.19.135-bone55
ubuntu@arm:~$
```

그림 5.39 커널 설치한 후 로그인 화면과 커널 버전 확인

실습 5.13 | 커널 설치

```
~/bb-kernel
1. microSD를 PC에 장착한다.
2. lsblk 명령 실행 후 /dev/sdX에서 X 확인한다.
3. system.sh 파일을 수정한다.
   MMC=/dev/sdX 찾아서 X 수정 및 주석을 제거한다. (#제거)
4. ./tools/install_kernel.sh(주의: /dev/sda는 절대 아니어야 함)
5. microSD 카드를 BBB에 설치하고 부팅
6. uname -r 명령어 실행하여 버전 확인
```

5.4.2 리눅스 커널 설치(일반적인 방법)

이 절에서는 리눅스 커널을 설치를 손쉽게 해주는 Nelson script를 사용하지 않고 일반적인 방법을 사용해서 커널을 설치한다. microSD 메모리 카드가 새로 포맷된 상태에서 커널을 설치하게 되면 루트 파일 시스템(RFS, root file system)이 없으므로 루트 파일 시스템을 먼저 설치하여야 한다. 만약 설치하지 않으면 root(/) 이하 필수 파일 및 디렉터리가 없으므로 cp 명령어를 사용해서 파일을 복사할 수 없게 된다. Nelson script를 이용하면 커널 설치 이전에 루트 파일 시스템을 자동으로 설치하기 때문에 파일 복사 문제가 발생하지 않지만, Nelson 스크립트를 이용하지 않는다면 사용자가 루트 파일 시스템을 수동으로 설치하여야 한다. 일반적인 임베디드 보드는 Nelson 스크립트가 없으므로 일반적인 방법을 이용해야 한다. 따라서 루트 파일 시스템을 우선적으로 설치하여야 한다. Ubuntu 리눅스의 루트 파일 시스템은 다음 주소에서 내려받을 수 있다.

```
~/
wget -c
https://rcn-ee.com/rootfs/eewiki/minfs/ubuntu-20.04-minimal-armhf-2020-05-1
0.tar.xz
```

이것을 내려받고 더블클릭해서 압축 해제한다. 새로 생성된 디렉터리로 이동한 다음 루트 파일 시스템(RFS)을 microSD 카드 메모리에 언타르(untar)하면서 복사한다. 언타르한다는 것은 타르(tar)의 반대 뜻으로 타르(tar)는 여러 개의 파일을 하나의 파일로 묶는다는 뜻이다. 이때 단순히 하나의 파일로 만든다는 뜻이지 파일 크기를 작게 하는 압축하는 기능은 없다. tar 명령의 옵션 중에서 x(추출 eXtract), v(파일 리스트 보이게 Verbose), f(파일 이름 File), p(허락 권한유지, Permission)를 사용한다. tar 명령에서 -C 옵션 뒤에 언타르될 목적 디렉터리 이름이 오게 된다. microSD 메모리에 많은 파일을 복사한 후에 항상 쓰기 작업이 완료되었는지 sync 명령어를 실행하여 확인하는 습관을 들인다.

```
~/ubuntu-20.04-minimal-armhf-2020-05-10
sudo tar xvfp armhf-rootfs-*.tar -C /media/$USER/rootfs
sync
sudo chown root:root /media/$USER/rootfs
sudo chmod 755 /media/$USER/rootfs
```

루트 파일 시스템을 언타르하면서 복사한 뒤에는 파일 및 디렉터리의 소유자와 그룹을 chown 명령을 사용해서 root로 변경한다. 또한 chmod 명령을 사용해서 파일 모드도 755 모드로 변경한다.

실습 5.14 ∥ 루트 파일 시스템 (RFS, root file system) 설치

1. microSD 메모리를 PC에 장착한다.
2. RFS 다운로드
   `https://rcn-ee.net/rootfs/eewiki/minfs/ubuntu-20.04-minimal-armhf-2020-05-10.tar.xz`
3. 압축해제 및 압축 해제된 디렉터리를 홈으로 복사
4. 디렉터리 변경
   `cd ~/ubuntu-20.04-minimal-armhf-2020-05-10`
5. untar 하면서 복사 :
   `~/ubuntu-20.04-minimal-armhf-2020-05-10`
   `sudo tar xfvp armhf-rootfs-*.tar -C /media/$USER/rootfs sync`
6. 파일 소유권과 파일 허가권한(모드)을 변경한다.
   `sudo chown root:root /media/$USER/rootfs`
   `sudo chmod 755 /media/$USER/rootfs`

루트 파일 시스템을 설치한 후에 커널의 소스 코드를 내려받는데 소스 코드는 메인라인(mainline) 코드로서 VMware 가상 머신에서 약 10분이 소요되었다. 커널 버전은 v5.4를 선택하는데 이것은 tag 버전이며 다른 버전을 선택해도 된다.

```
~/
git clone -b v.5.4 https://git.kernel.org/pub/scm/linux/
kernel/git/torvalds/linux.git
cd linux
git show      //버전 확인
```

실습 5.15 ▌ 커널 소스코드 다운로드

```
~/
1. git clone –b v5.4 https://git.kernel.org/pub/scm/linux/kernel/git/torvalds/linux.git
2. cd linux
3. git show
```

커널 소스 코드를 내려받았으면 이제 커널 빌드를 하는데 아래와 같이 3단계로 진행한다.

1) 기존에 설정 파일 만들기나 컴파일하면서 만들어졌던 파일들을 지운다. (distclean)

```
~/linux
make ARCH=arm CROSS_COMPILE=$CC distclean
```

2) 컴파일할 때 필요한 설정 파일 .config를 생성한다. (~/linux/.config)
omap2plus_defconfig 파일 같은 하드웨어 보드의 기존 설정 파일은 arch/arm/configs 디렉터리에 존재한다.

```
make ARCH=arm CROSS_COMPILE=$CC omap2plus_defconfig
```

3) 컴파일한다.

```
make ARCH=arm CROSS_COMPILE=$CC -j4
```

-j4 옵션에서 4는 보통 cpu core의 두 배가 되게 하는데 이 값이 클수록 동시에 작업하는 양이 많아지므로 그만큼 컴파일 속도가 빨라진다. cpu core 수는 nproc 명령을 실행하면 쉽게 알 수 있다. lscpu 명령도 사용할 수 있는데 이것은 매우 자세하게 cpu에 관한 정보를 보여준다. $CC 뒤에 zImage dtbs modules 옵션을 넣어도 되는데 이때에는 선택적으로 컴파일할 수 있다. 즉, zImage 만 컴파일할 수도 있고 modules만 컴파일할 수도 있다. 이러한 옵션을 사용하지 않으면 모두를 컴파일한다. 예를 들어서, make ARCH=arm CROSS_COMPILE=$CC modules -j4 명령은 modules 만을 컴파일하게 되어 결과적으로 컴파일 속도를 빠르게 한다. 그러나 처음 실행할 때는 모두 컴파일해야 하므로 이러한 옵션이 없어야 한다. 가상 머신에서 -j4를 사용하였을 때 컴파일 시간은 약 20분 소요되었다.

실습 5.16 ❙ 커널 빌드

~/linux

1. distclean을 실행
   ```
   make ARCH=arm CROSS_COMPILE=$CC distclean
   ```
2. .config 생성
   ```
   make ARCH=arm CROSS_COMPILE=$CC omap2plus_defconfig
   ```
3. zImage, dtbs, modules 생성
   ```
   make ARCH=arm CROSS_COMPILE=$CC -j4
   ```

이제 컴파일이 완료되었으면 커널 설치에 대하여 알아보는데 커널 설치는 microSD 메모리에 설치하는 것을 의미하며 아래와 같은 순서로 진행한다. 우선 환경변수 kv를 만들어서 많이 사용될 커널의 버전 정보를 할당하자.

```
~/linux
export kv=v5.4
```

1) 커널 이미지를 설치한다.

```
sudo cp -v arch/arm/boot/zImage /media/$USER/rootfs/
boot/vmlinuz-$kv
```

cp 명령에서 -v 옵션은 verbose의 첫 글자로서 복사되는 파일 이름이 화면에 보이게 하는 기능을 한다.

2) 커널 디바이스 트리 블롭(device tree blob)을 설치한다.

```
sudo cp -v arch/arm/boot/dts/am335x-boneblack.dtb /media/
$USER/rootfs/boot/
```

3) 커널 모듈을 설치한다.

```
sudo make ARCH=arm CROSS_COMPILE=$CC (아랫줄은 연결됨)
INSTALL_MOD_PATH=/media/$USER/rootfs modules_install

sync
```

sync 명령어는 microSD 메모리에 write 작업이 끝나는 것을 알려주는데 write작업이 끝나면 프롬프트가 명령을 받을 준비가 되어있다고 표시한다.

위와 같이 커널의 설치가 완료된 후에 아래와 같은 필수 파일에 대한 생성 및 수정작업을 한다. 1) 및 2)의 작업에서 shell 명령어를 사용하지 않고 nano 또는 vi같은 에디터를 사용해서 만들어도 된다.

1) uEnv.txt 파일에 로드할 커널 버전 정보를 써넣는다. 루트 파일 시스템을 새로 설치했기 때문에 u-boot에서 필요한 uEnv.txt 파일이 없다. 따라서 새로 만든다.

```
sudo sh -c "echo 'uname_r=$kv' >> /media/$USER/rootfs/
boot/uEnv.txt"
```

여기서 sh 명령의 -c 옵션은 명령이 키보드(표준입력장치)로부터 오는 게 아니고 그다음의 문자열(string)로부터 온다는 뜻이다. echo 명령어는 전달인수(passing argument)로 문자열을 사용하는데 문자열에 스페이스가 포함되어 있으면 이중 인용부호를 사용하여 문자열을 묶어준다. 이중 인용부호(double quotes) 안에서 특수 문자들($, `, \)은 그 고유기능을 한다. 즉 $는 변수값을 읽게 만드는 특수효과가 있다. 그러나 단일 인용부호(single quotes) 안에서는 특수 문자들이 그 기능을 못 한다. 위의 예에서는 이중 인용부호 안에 단일 인용부호가 쓰였는데 이때 단일 인용부호는 스페이스가 들어간 문장을 하나의 스트링으로 만드는 기능 외에는 아무런 의미가 없다. 따라서 단일 인용부호가 없다고 생각하고 $kv에서 kv 변숫값을 읽는 것으로 동작한다. 따라서 실제로는 'uname r=$kv'에서 단일 인용부호는 없어도 동작하는 데에는 이상이 없다.

2) fstab 파일 수정(/media/$USER/rootfs/etc/fstab)

```
sudo sh -c "echo '/dev/mmcblk0p1 / auto  errors=remount-
ro  0  1' >> /media/$USER/rootfs/etc/fstab"
```

BBB에서 디스크 파티션을 정의하기 위해서 fstab 파일이 쓰이는데 /dev/mmcblk0p1 디스크가 root(/)에 마운팅된다는 것을 의미한다. 여기서 mmcblk0는 microSD 메모리를 나타내고 mmcblk1은 내장 플래쉬 메모리(eMMC)를 의미한다.

필수 작업은 아니지만, BBB가 네트워크를 사용하기 위해서 아래와 같이 네트워크에 관한 정보를 파일 /media/$USER/rootfs/etc/network/interfaces에 추가한다.

```
auto lo
Iface lo inet loopback

iface usb0 inet static
address 192.168.7.2
netmask 255.255.255.252
network 192.168.7.0
gateway 192.168.7.1
```

또한, 부팅 시에 메시지가 너무 많아서 메시지 수를 줄이는 방법은 uEnv.txt 파일을 아래와 같이 라인을 추가/수정하면 된다.

```
cmdline=coherent_pool=1M net.ifname=0 quiet
```

실습 5.17 ‖ 커널 설치

~linux

1. 커널 버전의 환경변수를 선언한다.
   ```
   export kv=v5.4
   ```
2. 커널 이미지를 복사한다.
   ```
   sudo cp -v arch/arm/boot/zImage /media/$USER/rootfs/boot/
   vmlinuz-$kv
   ```
3. 커널 디바이스 트리 블롭을 설치한다.
   ```
   sudo cp -v arch/arm/boot/dts/am335x-boneblack.dtb /media/$USER/
   rootfs/boot
   ```
4. 커널 모듈을 설치한다.
   ```
   sudo make ARCH=arm CROSS_COMPILE=$CC INSTALL_MOD_PATH=/media/
   $USER/rootfs modules_install
   ```
5. 메인 메모리에 있는 writing 작업이 microSD 카드 메모리에서 끝나기를 기다린다.
   ```
   sync
   ```

실습 5.18 ‖ uEnv.txt 파일 생성

```
sudo sh -c "echo 'uname_r=$kv' >> /media/$USER/rootfs/boot/uEnv.txt"
```

(위 명령은 에디터로 /media/$USER/rootfs/boot/uEnv.txt 파일을 다음 내용과 같이 직접 수정해도 됨. uname_r=v5.4)

실습 5.19 ‖ fstab (file system table) 수정

```
sudo sh -c "echo '/dev/mmcblk0p1 / auto errors=remount-ro 0 1'
>>/media/$USER/rootfs/etc/fstab"
```

(위 명령은 에디터로 /media/$USER/rootfs/etc/fstab 파일을 다음 내용과 같이 직접 수정해도 됨. /dev/mmcblk0p1 / auto errors=remount-ro 0 1)

실습 5.20 ❙ 네트워크(network) 옵션 작업

1. /media/$USER/rootfs/etc/network/interfaces 파일에 아래내용을 추가한다.

```
auto lo
iface lo inet loopback

iface usb0 inet static
address 192.168.7.2
netmask 255.255.255.252
network 192.168.7.0
gateway 192.168.7.1
```

실습 5.21 ❙ Umount 및 부팅

PC에서 microSD 작업을 마친 후에는 항상 unmount 동작을 해서 microSD 메모리를 제거하도록 한다.

1. sudo umount /dev/sdX1
2. microSD를 PC에서 제거하고 BBB에 설치 후 부팅
3. 버전 확인

5.4.3 microSD 메모리

만약에 microSD 카드 메모리가 Windows에서 사용하던 것 또는 포맷이 안 된 것 등을 사용해서 리눅스 운영체제를 설치하려면 메모리 카드의 파티션(partition), 포맷(format) 및 마운트(mount) 작업을 수행해야 한다. microSD 메모리 관리에서 우선해서 수행해야 하는 작업은 파티션인데 이것은 MS Windows에서 물리적 하드 디스크를 C:와 D: 드라이브로 나누는 것과 같다. 포맷(format)은 ext4 등의 리눅스 파일 시스템을 사용할 수 있도록 파일 시스템을 만드는 작업이고, 마운트(mount) 작업은 물리적 디바이스를 논리적 디렉터리로 대응시키는 작업을 말한다. 일반적으로 microSD 메모리 작업의 순서는 파티션, 포맷, 마운트 순서(PFM 순서)로 진행된다. 마운트 작업은 카드 메모리를 PC에 설치하면 보통 자동 마운트가 된다. 파일 시스템을 만드는 포맷 작업을 하려면 항상 파티션에서 해야 하므로 파티션이 잘 되어 있는지를 먼저 확인한다.

```
bbb@Desktop: ~
bbb@Desktop:~$ lsblk
NAME    MAJ:MIN RM   SIZE RO TYPE MOUNTPOINT
sda       8:0    0 465.8G  0 disk
├─sda1    8:1    0    10G  0 part
├─sda2    8:2    0    82G  0 part
└─sda3    8:3    0 373.8G  0 part
sdb       8:16   0 465.8G  0 disk
├─sdb1    8:17   0 232.9G  0 part
├─sdb2    8:18   0     1K  0 part
├─sdb5    8:21   0     3G  0 part [SWAP]
└─sdb6    8:22   0 229.9G  0 part /
sdj       8:144  1   3.7G  0 disk
├─sdj1    8:145  1  70.6M  0 part /media/bbb/boot1
├─sdj2    8:146  1 941.3M  0 part /media/bbb/rootfs
├─sdj3    8:147  1 941.3M  0 part /media/bbb/usrdata
└─sdj4    8:148  1   1.8G  0 part /media/bbb/data
sr0      11:0    1  1024M  0 rom
bbb@Desktop:~$ ▌
```

그림 5.40 lsblk 명령으로 본 파티션 정보와 마운팅 포인트

PC 리눅스에서 microSD 카드를 꽂으면 자동으로 마운팅 되면서 폴더가 열린다. 터미널에서 lsblk 명령어를 사용해서 메모리의 파티션 정보와 마운팅 지점(mounting point)을 살펴보자. 마운팅 지점은 디렉터리로 표시된다. 그림 5.38에서 보면 파티션은 네 개가 있으며 각각의 파티션이 디렉터리에 자동 마운팅 되어 있다. 예를 들면 파티션 /dev/sdj1은 /media/bbb/boot1 디렉터리에 마운팅 되어 있다.

5.4.3.1 파티션(partition)

microSD 메모리 작업 중 첫 단계는 파티션 작업이다. 이것은 하나의 물리적 메모리 장치를 여러 개의 논리적 메모리 장치로 변환하는 작업이다. MS Windows의 경우와 비교하여 설명하면 물리적으로 한 개의 하드 디스크를 C: 드라이브와 D: 드라이브로 나누는 작업과 같다. 파티션의 명령은 다음과 같다.

```
sudo fdisk /dev/sdX
```

X는 환경마다 다르며 lsblk 명령어로 알아낸다. 그림 5.38에서 sda와 sdb는 PC의 하드 디스크이다. 물리적으로 두 개의 하드 디스크를 사용하는 PC라는 것을 알 수 있다.

sda1, sda2 등은 논리적 파티션이다. 다시 명령어로 돌아가면 그림 5.38에서 비교하여 보면 X가 j이다. 따라서 /dev/sdX는 /dev/sdj를 의미한다. 그림 5.39는 fdisk 명령을 수행 후에 m 옵션 명령어로 help 메시지를 본 화면이다.

```
bbb@Desktop: ~
└─sdj4    8:148   1   1.8G  0 part /media/bbb/data
sr0      11:0     1  1024M  0 rom
bbb@Desktop:~$ sudo fdisk /dev/sdj

Command (m for help): m
Command action
   a   toggle a bootable flag
   b   edit bsd disklabel
   c   toggle the dos compatibility flag
   d   delete a partition
   l   list known partition types
   m   print this menu
   n   add a new partition
   o   create a new empty DOS partition table
   p   print the partition table
   q   quit without saving changes
   s   create a new empty Sun disklabel
   t   change a partition's system id
   u   change display/entry units
   v   verify the partition table
   w   write table to disk and exit
   x   extra functionality (experts only)

Command (m for help):
```

그림 5.41 fdisk (option m for help)

```
lsblk:
NAME   MAJ:MIN RM   SIZE RO TYPE MOUNTPOINT
sda      8:0    0 465.8G  0 disk
├─sda1   8:1    0    10G  0 part
├─sda2   8:2    0    82G  0 part
└─sda3   8:3    0 373.8G  0 part
sdb      8:16   0 465.8G  0 disk
├─sdb1   8:17   0 232.9G  0 part
├─sdb2   8:18   0     1K  0 part
├─sdb5   8:21   0     3G  0 part [SWAP]
└─sdb6   8:22   0 229.9G  0 part /
sdj      8:144  1   3.7G  1 disk
├─sdj1   8:145  1  70.6M  1 part /media/bbb/boot1
├─sdj2   8:146  1 941.3M  1 part
├─sdj3   8:147  1 941.3M  1 part
└─sdj4   8:148  1   1.8G  1 part /media/bbb/data
```

그림 5.42 lsblk 명령 후 일부 파티션이 오토 마운팅이 안 된 경우

fdisk 프로그램의 옵션 명령어 중에서 자주 사용되는 것은 m, p, n, d, a, t, l, w, q 등이다.

흔하지 않은 경우지만 가끔 파티션 중에서 일부가 오토 마운팅이 되지 않는 경우가 있는데 그림 5.40과 같은 경우이다. 이럴 때 fdisk 명령으로 파티션을 수정하고 저장하면 그림 5.41과 같은 오류 메시지가 보인다. 즉, 파티션을 삭제하고 저장한 후 그림 5.41 처럼(w 명령) 빠져나온 후에 다시 fdisk 명령을 수행하면 수정이 안 된 것을 볼 수 있다. 이런 경우엔 microSD 메모리를 뺀 후에 다시 설치해서 오토 마운팅이 되도록 해야 한다. 만약 오토 마운팅이 안 된 파티션이 계속 보이는 경우라면 PC의 메모리 리더 기능이 안 좋은 경우가 대부분이다. 이런 경우엔 외장 멀티 카드 리더(card reader)를 사용해서 오토 마운팅을 해야 한다. 그림 6.40은 PC에 직접 삽입한 경우이고 오토 마운팅이 안 된 경우이다. 반면에 그림 5.38은 외장 카드 리더를 사용해서 모든 파티션이 오토 마운팅 된 경우이다(/dev/sdj).

```
bbb@Desktop: ~
Disk /dev/sdf: 3965 MB, 3965190144 bytes
255 heads, 63 sectors/track, 482 cylinders, total 7744512 sectors
Units = sectors of 1 * 512 = 512 bytes
Sector size (logical/physical): 512 bytes / 512 bytes
I/O size (minimum/optimal): 512 bytes / 512 bytes
Disk identifier: 0x00000000

   Device Boot      Start         End      Blocks   Id  System
/dev/sdf1   *          63      144584       72261    c  W95 FAT32 (LBA)
/dev/sdf2          144585     2072384      963900   83  Linux
/dev/sdf3         2072385     4000184      963900   83  Linux
/dev/sdf4         4000185     7743329     1871572+   c  W95 FAT32 (LBA)

Command (m for help): w
The partition table has been altered!

Calling ioctl() to re-read partition table.

WARNING: Re-reading the partition table failed with error 16: 장치나 자원이 동작
 중.
The kernel still uses the old table. The new table will be used at
the next reboot or after you run partprobe(8) or kpartx(8)
Syncing disks.
bbb@Desktop:~$ 
```

그림 5.43 fdisk 명령 후 오류 메시지가 나온 경우

이제 그림 5.42와 같이 p 명령어(p for print)를 사용해서 파티션을 살펴보자.

```
Command (m for help): p

Disk /dev/sdj: 3965 MB, 3965190144 bytes
255 heads, 63 sectors/track, 482 cylinders, total 7744512 sectors
Units = sectors of 1 * 512 = 512 bytes
Sector size (logical/physical): 512 bytes / 512 bytes
I/O size (minimum/optimal): 512 bytes / 512 bytes
Disk identifier: 0x00000000

   Device Boot      Start         End      Blocks   Id  System
/dev/sdj1   *          63      144584       72261    c  W95 FAT32 (LBA)
/dev/sdj2          144585     2072384      963900   83  Linux
/dev/sdj3         2072385     4000184      963900   83  Linux
/dev/sdj4         4000185     7743329     1871572+   c  W95 FAT32 (LBA)

Command (m for help): 
```

그림 5.44 fdisk (p 명령어)

그림 5.43처럼 d 명령어(d for delete)를 사용해서 파티션을 모두 지워보자.

```
bbb@Desktop: ~
I/O size (minimum/optimal): 512 bytes / 512 bytes
Disk identifier: 0x00000000

   Device Boot      Start         End      Blocks   Id  System
/dev/sdj1   *          63      144584       72261    c  W95 FAT32 (LBA)
/dev/sdj2          144585     2072384      963900   83  Linux
/dev/sdj3         2072385     4000184      963900   83  Linux
/dev/sdj4         4000185     7743329     1871572+   c  W95 FAT32 (LBA)

Command (m for help): d
Partition number (1-4): 1

Command (m for help): d
Partition number (1-4): 2

Command (m for help): d
Partition number (1-4): 3

Command (m for help): d
Selected partition 4

Command (m for help): 
```

그림 5.45 fdisk (d 명령어)

```
Command (m for help): p

Disk /dev/sdj: 3965 MB, 3965190144 bytes
255 heads, 63 sectors/track, 482 cylinders, total 7744512 sectors
Units = sectors of 1 * 512 = 512 bytes
Sector size (logical/physical): 512 bytes / 512 bytes
I/O size (minimum/optimal): 512 bytes / 512 bytes
Disk identifier: 0x00000000

   Device Boot      Start         End      Blocks   Id  System

Command (m for help): n
Partition type:
   p   primary (0 primary, 0 extended, 4 free)
   e   extended
Select (default p):
Using default response p
Partition number (1-4, default 1):
Using default value 1
First sector (2048-7744511, default 2048):
Using default value 2048
Last sector, +sectors or +size{K,M,G} (2048-7744511, default 7744511): +200M

Command (m for help): 
```

그림 5.46 fdisk (n 명령어)

```
bbb@Desktop: ~
Command (m for help): n
Partition type:
   p   primary (1 primary, 0 extended, 3 free)
   e   extended
Select (default p):
Using default response p
Partition number (1-4, default 2):
Using default value 2
First sector (411648-7744511, default 411648):
Using default value 411648
Last sector, +sectors or +size{K,M,G} (411648-7744511, default 7744511):
Using default value 7744511

Command (m for help): p

Disk /dev/sdj: 3965 MB, 3965190144 bytes
255 heads, 63 sectors/track, 482 cylinders, total 7744512 sectors
Units = sectors of 1 * 512 = 512 bytes
Sector size (logical/physical): 512 bytes / 512 bytes
I/O size (minimum/optimal): 512 bytes / 512 bytes
Disk identifier: 0x00000000

   Device Boot      Start         End      Blocks   Id  System
/dev/sdj1            2048      411647      204800   83  Linux
/dev/sdj2          411648     7744511     3666432   83  Linux

Command (m for help): 
```

그림 5.47 fdisk(n 명령어, 두 번째 파티션)

이제 n 명령어(n for new)를 사용해서 그림 5.44와 그림 5.45처럼 새로운 파티션을 두 개 만들어보자. 두 개의 파티션을 모두 생성한 후에 p 명령어로 잘 만들어졌는지 확인한다(그림 5.46).

그림 5.46처럼 첫 번째 파티션 즉, /dev/sdj1을 부팅 파티션으로 만든다. 즉, a 명령어를 사용해서 /dev/sdj1 파티션을 부팅 파티션으로 만든다. 부팅 파티션은 *가 첨가되어 보인다. 그림 5.46에서 보면 /dev/sdj1의 Boot 항목 열에서 *가 보인다.

```
Command (m for help): a
Partition number (1-4): 1

Command (m for help): p

Disk /dev/sdj: 3965 MB, 3965190144 bytes
255 heads, 63 sectors/track, 482 cylinders, total 7744512 sectors
Units = sectors of 1 * 512 = 512 bytes
Sector size (logical/physical): 512 bytes / 512 bytes
I/O size (minimum/optimal): 512 bytes / 512 bytes
Disk identifier: 0x00000000

   Device Boot      Start         End      Blocks   Id  System
/dev/sdj1   *        2048      411647      204800   83  Linux
/dev/sdj2          411648     7744511     3666432   83  Linux

Command (m for help): 
```

그림 5.48 fdisk(a 명령어)

그림 5.47에서는 파티션의 system Id를 변경하고자 한다. 시스템 Id는 16진수로 표시되며 디폴트는 0x83인데 첫 번째 파티션을 0xc로 만들어보자. 이것은 t 명령어(t for type)를 사용해서 파티션의 타입을 변경할 수 있다. 변경할 파티션은 /dev/sdj1으로서 16진수 0xc로 변경 후에는 W95 FAT32(LBA)로 보인다(W95는 Windows95를 의미). 나머지 파티션은 ext4(0x83) 타입으로 디폴트 상태 그대로 둔다.

그림 5.48은 파티션의 16진수 Id와 이에 대응하는 시스템 타입을 보여주는 것으로 l 명령어를 사용하면 볼 수 있다.

```
bbb@Desktop: ~

Command (m for help): t
Partition number (1-4): 1
Hex code (type L to list codes): c
Changed system type of partition 1 to c (W95 FAT32 (LBA))

Command (m for help): p

Disk /dev/sdj: 3965 MB, 3965190144 bytes
255 heads, 63 sectors/track, 482 cylinders, total 7744512 sectors
Units = sectors of 1 * 512 = 512 bytes
Sector size (logical/physical): 512 bytes / 512 bytes
I/O size (minimum/optimal): 512 bytes / 512 bytes
Disk identifier: 0x00000000

   Device Boot      Start         End      Blocks   Id  System
/dev/sdj1   *        2048      411647      204800    c  W95 FAT32 (LBA)
/dev/sdj2          411648     7744511     3666432   83  Linux
```

그림 5.49 fdisk(t 명령어)

```
bbb@Desktop: ~
Command (m for help): l

 0  Empty           24  NEC DOS         81  Minix / old Lin bf  Solaris
 1  FAT12           27  Hidden NTFS Win 82  Linux swap / So c1  DRDOS/sec (FAT-
 2  XENIX root      39  Plan 9          83  Linux           c4  DRDOS/sec (FAT-
 3  XENIX usr       3c  PartitionMagic  84  OS/2 hidden C:  c6  DRDOS/sec (FAT-
 4  FAT16 <32M      40  Venix 80286     85  Linux extended  c7  Syrinx
 5  Extended        41  PPC PReP Boot   86  NTFS volume set da  Non-FS data
 6  FAT16           42  SFS             87  NTFS volume set db  CP/M / CTOS / .
 7  HPFS/NTFS/exFAT 4d  QNX4.x          88  Linux plaintext de  Dell Utility
 8  AIX             4e  QNX4.x 2nd part 8e  Linux LVM       df  BootIt
 9  AIX bootable    4f  QNX4.x 3rd part 93  Amoeba          e1  DOS access
 a  OS/2 Boot Manag 50  OnTrack DM      94  Amoeba BBT      e3  DOS R/O
 b  W95 FAT32       51  OnTrack DM6 Aux 9f  BSD/OS          e4  SpeedStor
 c  W95 FAT32 (LBA) 52  CP/M            a0  IBM Thinkpad hi eb  BeOS fs
 e  W95 FAT16 (LBA) 53  OnTrack DM6 Aux a5  FreeBSD         ee  GPT
 f  W95 Ext'd (LBA) 54  OnTrackDM6      a6  OpenBSD         ef  EFI (FAT-12/16/
10  OPUS            55  EZ-Drive        a7  NeXTSTEP        f0  Linux/PA-RISC b
11  Hidden FAT12    56  Golden Bow      a8  Darwin UFS      f1  SpeedStor
12  Compaq diagnost 5c  Priam Edisk     a9  NetBSD          f4  SpeedStor
14  Hidden FAT16 <3 61  SpeedStor       ab  Darwin boot     f2  DOS secondary
16  Hidden FAT16    63  GNU HURD or Sys af  HFS / HFS+      fb  VMware VMFS
17  Hidden HPFS/NTF 64  Novell Netware  b7  BSDI fs         fc  VMware VMKCORE
18  AST SmartSleep  65  Novell Netware  b8  BSDI swap       fd  Linux raid auto
1b  Hidden W95 FAT3 70  DiskSecure Mult bb  Boot Wizard hid fe  LANstep
1c  Hidden W95 FAT3 75  PC/IX           be  Solaris boot    ff  BBT
1e  Hidden W95 FAT1 80  Old Minix

Command (m for help): 
```

그림 5.50 fdisk(l 명령어)

그림 5.49는 모든 작업을 마치고 수정된 상태를 저장하는 w 명령어(w for write)를 수행하는 화면이다. 오류 메시지가 보이지만 이것은 구 파티션 테이블을 이용하기 때문이며 다시 fdisk 명령어를 수행하면 그림 5.50처럼 파티션 작업이 수정된 상태로 보인다. 수정하지 않고 fdisk를 끝내려면 q 명령어(q for quit)를 사용한다.

```
Command (m for help): w
The partition table has been altered!

Calling ioctl() to re-read partition table.

WARNING: Re-reading the partition table failed with error 16: 장치나 자원이 동작
 중.
The kernel still uses the old table. The new table will be used at
the next reboot or after you run partprobe(8) or kpartx(8)

WARNING: If you have created or modified any DOS 6.x
partitions, please see the fdisk manual page for additional
information.
Syncing disks.
bbb@Desktop:~$ █
```

그림 5.51 fdisk(w 명령어)

```
bbb@Desktop:~$ sudo fdisk /dev/sdj

Command (m for help): p

Disk /dev/sdj: 3965 MB, 3965190144 bytes
122 heads, 62 sectors/track, 1023 cylinders, total 7744512 sectors
Units = sectors of 1 * 512 = 512 bytes
Sector size (logical/physical): 512 bytes / 512 bytes
I/O size (minimum/optimal): 512 bytes / 512 bytes
Disk identifier: 0x00000000

   Device Boot      Start         End      Blocks   Id  System
/dev/sdj1   *        2048      411647      204800    c  W95 FAT32 (LBA)
/dev/sdj2          411648     7744511     3666432   83  Linux

Command (m for help): q

bbb@Desktop:~$ █
```

그림 5.52 fdisk (q 명령어)

실습 5.22 ❙ microSD 메모리 초기화

1. PC에 microSD 메모리 장착
2. sudo dd if=/dev/zero of=/dev/sdX bs=1M count=10

실습 5.23 ❙ 파티션(partition)

1. sudo fdisk /dev/sdX
   m : 도움말
   p : 현재 파티션 보기(print)
   n : 파티션 새로(new) 생성
   d : 파티션 삭제(delete)
   a : 파티션 부팅 디바이스로 설정하기
   l : 파티션 타입 리스트
   t: 파티션 타입 설정하기
   w : 저장(write)
   q : 끝내기(quit)

5.4.3.2 포맷(format)

포맷은 microSD 카드 메모리 작업의 두 번째 단계로서 ext4 같은 리눅스 파일 시스템(file system)을 만드는 작업이다. 첫 번째 파티션을 FAT32 파일 시스템으로 포맷해 보자.

```
sudo mkfs.vfat /dev/sdX1
```

이 명령어에서 mk는 make, fs는 file system을 의미하며 vfat는 FAT32를 말한다. /dev/sdX1은 본서의 경우에 /dev/sdj1을 의미한다. 따라서 그림 5.51과 같이 보인다. 다음과 같은 문법으로 사용해도 같은 동작을 한다. 여기서 -t 옵션은 type이란 뜻이다.

```
sudo mkfs -t vfat /dev/sdX1
```

```
bbb@Desktop: ~
bbb@Desktop:~$ sudo mkfs.vfat /dev/sdj1
mkfs.fat 3.0.26 (2014-03-07)
bbb@Desktop:~$ █
```

그림 5.53 vfat 타입으로 포맷

두 번째 파티션은 그림 5.52처럼 ext4 파일 시스템으로 포맷해보자. 이것은 -t 옵션을 사용해서 다음 명령을 실행한다. 이 작업은 메모리의 나머지 크기이므로 GB 단위가 되어서(본서의 경우 3.7GB) 수십 초의 시간이 걸린다.

```
sudo mkfs -t ext4 /dev/sdj2
```

위 명령어와 완전히 동일한 명령이 다음 명령어이다. 이것은 mkfs.ext4로서 mkfs -t ext4와 완전히 같다.

```
sudo mkfs.ext4 /dev/sdj2
```

```
bbb@Desktop:~$ sudo mkfs.ext4 /dev/sdj2
mke2fs 1.42.9 (4-Feb-2014)
Filesystem label=
OS type: Linux
Block size=4096 (log=2)
Fragment size=4096 (log=2)
Stride=0 blocks, Stripe width=0 blocks
229376 inodes, 916608 blocks
45830 blocks (5.00%) reserved for the super user
First data block=0
Maximum filesystem blocks=939524096
28 block groups
32768 blocks per group, 32768 fragments per group
8192 inodes per group
Superblock backups stored on blocks:
        32768, 98304, 163840, 229376, 294912, 819200, 884736

Allocating group tables: done
Writing inode tables: done
Creating journal (16384 blocks): done
Writing superblocks and filesystem accounting information: done

bbb@Desktop:~$ █
```

그림 5.54 포맷(ext4)

이 포맷 명령어에서 -L 옵션을 써서 볼륨 레이블(volume label)을 동시에 만들 수 있다. 아래는 rootfs라는 볼륨 레이블을 만드는 명령어인데 이것을 오토 마운팅시키면 자동으로 디렉터리 rootfs로 마운팅된다.

```
sudo mkfs.ext4 /dev/sdj2 -L rootfs
```

실습 5.24 ‖ 포맷(Format)

```
1. sudo mkfs.ext4 /dev/sdX1 -L rootfs
```

5.4.3.3 마운트(mount)

MS Windows를 주로 사용하는 개발자에게는 생소하게 느껴지는 부분인데 MS의 경우엔 개발자가 마운팅을 직접 다루는 경우가 많지 않기 때문이다. 디스크 검사를 할 때 마운팅 해제(unmount) 후에 하는 경우 정도이다. 이것도 디스크 검사 내부에 포함된 작업이다. 리눅스의 경우엔 마운팅 작업을 해야 하는 경우가 자주 발생한다. 특히 microSD 카드를 다루는 경우엔 더 자주 하는 작업이다. 마운트란 한 마디로 메모리 파티션을 디렉터리에 일대일 대응시키는 작업을 말한다. 이 디렉터리를 마운팅 포인트라고 한다. 이제 /dev/sdj1을 /media/ $USER/boot에 마운팅 시켜보자. 여기서 $USER는 리눅스의 로그인 이름이다. 따라서 우리의 경우엔 bbb가 된다.

마운팅하려고 포맷한 메모리 카드를 PC에 꽂았는데 그림 5.53처럼 오토 마운트되었다. 그러나 마운트 지점 즉, 디렉터리 이름이 16진수 숫자로 되어 있어서 이것을 우리가 사용하고 싶은 간단한 디렉터리로 변경해보자. 그렇게 하려면 현재 마운트 되어 있는 것을 해제하여야 한다. 즉, 언마운트(unmount)하여야 한다. 언마운트 작업과 작업 후에 lsblk 결과 화면을 그림 5.54에 보여준다. 숫자가 긴 디렉터리 이름을 타이핑 할때 탭(tab) 키를 누르면 자동으로 긴 디렉터리 이름이 생성되어 편리하다. 이때 명령어는 unmount가 아니라 umount인 것을 주의하자.

```
bbb@Desktop: ~
bbb@Desktop:~$ lsblk
NAME    MAJ:MIN RM   SIZE RO TYPE MOUNTPOINT
sda       8:0    0 465.8G  0 disk
├─sda1    8:1    0    10G  0 part
├─sda2    8:2    0    82G  0 part
└─sda3    8:3    0 373.8G  0 part
sdb       8:16   0 465.8G  0 disk
├─sdb1    8:17   0 232.9G  0 part
├─sdb2    8:18   0     1K  0 part
├─sdb5    8:21   0     3G  0 part [SWAP]
└─sdb6    8:22   0 229.9G  0 part /
sdj       8:144  1   3.7G  0 disk
├─sdj1    8:145  1   200M  0 part /media/bbb/5C3D-29A0
└─sdj2    8:146  1   3.5G  0 part /media/bbb/c5ce3c9c-9b51-4fb9-bc00-00ccd6618dd5
sr0      11:0    1  1024M  0 rom
bbb@Desktop:~$ 
```

그림 5.55 오토 마운트(/dev/sdj1)

```
bbb@Desktop:~$ sudo umount /media/bbb/5C3D-29A0
bbb@Desktop:~$ sudo umount /media/bbb/c5ce3c9c-9b51-4fb9-bc00-00ccd6618dd5
bbb@Desktop:~$ lsblk
NAME    MAJ:MIN RM   SIZE RO TYPE MOUNTPOINT
sda       8:0    0 465.8G  0 disk
├─sda1    8:1    0    10G  0 part
├─sda2    8:2    0    82G  0 part
└─sda3    8:3    0 373.8G  0 part
sdb       8:16   0 465.8G  0 disk
├─sdb1    8:17   0 232.9G  0 part
├─sdb2    8:18   0     1K  0 part
├─sdb5    8:21   0     3G  0 part [SWAP]
└─sdb6    8:22   0 229.9G  0 part /
sdj       8:144  1   3.7G  0 disk
├─sdj1    8:145  1   200M  0 part
└─sdj2    8:146  1   3.5G  0 part
sr0      11:0    1  1024M  0 rom
bbb@Desktop:~$ 
```

그림 5.56 언마운트

이제 아래 명령을 실행하여 원하는 디렉터리에 마운트해 보자(그림 5.55).

```
sudo mount /dev/sdj1 /media/bbb/boot
sudo mount /dev/sdj2 /media/user/rootfs
```

```
bbb@Desktop:~$ sudo mount /dev/sdj1 /media/bbb/boot/
bbb@Desktop:~$ sudo mount /dev/sdj2 /media/bbb/rootfs/
bbb@Desktop:~$ lsblk
NAME   MAJ:MIN RM   SIZE RO TYPE MOUNTPOINT
sda      8:0    0 465.8G  0 disk
├─sda1   8:1    0    10G  0 part
├─sda2   8:2    0    82G  0 part
└─sda3   8:3    0 373.8G  0 part
sdb      8:16   0 465.8G  0 disk
├─sdb1   8:17   0 232.9G  0 part
├─sdb2   8:18   0     1K  0 part
├─sdb5   8:21   0     3G  0 part [SWAP]
└─sdb6   8:22   0 229.9G  0 part /
sdj      8:144  1   3.7G  0 disk
├─sdj1   8:145  1   200M  0 part /media/bbb/boot
└─sdj2   8:146  1   3.5G  0 part /media/bbb/rootfs
sr0     11:0    1  1024M  0 rom
bbb@Desktop:~$
```

그림 5.57 수동 마운트

이 과정에서 원하는 디렉터리가 없어서 에러가 날 때는 디렉터리를 생성 후에 마운트한다. 이상으로서 microSD 메모리 카드에 대한 3단계 작업(파티션, 포맷, 마운트)이 완료되었다.

실습 5.25 | 마운트(mount)

```
1. sudo mount /dev/sdX1 /media/$USER/rootfs
```

CHAPTER 6

커널 모듈 및 디바이스 드라이버

디바이스 드라이버도 커널 모듈(loadable kernel module, LKM)의 하나이다. 커널 모듈은 시스템 부팅 후에 동적으로 로딩하는 커널의 한 부분으로서 커널 전체를 다시 컴파일할 필요가 없다. 디바이스 드라이버, 파일 시스템, 네트워크 프로토콜 등이 모듈로 제공되는데 일반 응용 프로그램(application)과의 차이점은 `main()` 함수가 없고 커널에 로딩될 때와 커널에서 제거될 때 `module_init()`과 `module_exit()` 함수가 호출된다는 점이다.

6.1 커널 모듈

아래는 커널 모듈 예제 hello.ko 파일의 소스 코드인 hello.c를 보인다.

```
//hello.c
#include <linux/init.h>     //macro정의 (__init, __exit)
#include <linux/kernel.h>  //type, macro, function (KERN_ALERT)
#include <linux/module.h>  //중요한 header 파일
MODULE_LICENSE("GPL");

static int __init hello_begin (void) {
   printk(KERN_ALERT "Hello, Module! \n");
```

```
    return 0;
}

static void __exit hello_end (void) {
    printk(KERN_ALERT "Good bye, Module! \n");
}

module_init(hello_begin);
module_exit(hello_end);
```

이 파일을 컴파일하려면 아래와 같은 Makefile이 필요하다.

```
obj-m := hello.o
KDIR :=~/bb-kernel/KERNEL/

all:
    make ARCH=arm CROSS_COMPILE=$(CC) -C $(KDIR) M=$(PWD) modules

clean:
    make ARCH=arm CROSS_COMPILE=$(CC) -C $(KDIR) M=$(PWD) clean
```

주의할 점은 make 앞에는 탭(tab) 문자가 와야 한다. 컴파일 결과로서 hello.ko 파일이 생성된다. 또한 BBB Linux의 커널 버전과 생성된 커널 모듈의 Linux header 버전이 같아야 한다. 이를 위해서는 커널을 빌드할 때 적어도 zImage가 컴파일되어야 한다.

다음과 같은 명령어를 실행함으로써 커널 모듈을 리눅스 커널에서 로딩하고 제거할 수 있다.

```
modinfo hello.ko (커널 모듈 hello.ko의 정보를 보여준다)
lsmod (커널 모듈의 리스트)
sudo insmod hello.ko (현재 커널에 모듈 hello.ko 로딩)
tail /var/log/kern.log (커널 로그파일 확인)
sudo rmmod hello.ko (모듈 hello.ko 삭제)
```

실습 6.1 ┃ hello 모듈

위치:~/module/bbb/hello

1. BBB에 설치된 우분투 리눅스의 커널버전과 동일한 버전의 커널 헤더파일이 ~/bb-kernel/KERNEL/include에 설치되어 있어야 한다.
   BBB의 커널 버전을 우선 확인한다.
2. PC Linux에서 BBB 커널의 header 버전을 아래와 같이 수행하여 일치시킨다.
   .config 파일을 생성시킨 다음에 zImage 파일이 생성되도록 컴파일한다.
3. hello.c 소스코드와 Makefile을 작성
4. make all
5. hello.ko 파일을 BBB로 복사한다.
   sudo cp hello.ko /media/$USER/rootfs/home/ubuntu
6. 복사된 파일 크기를 확인하여 잘 복사되었는지를 검사함.
7. BBB 부팅
8. BBB에 로그인
9. hello.ko 확인
10. modinfo hello.ko
11. lsmod
12. sudo insmod hello.ko
13. lsmod로 hello 모듈이 설치된 것을 확인
14. tail /var/log/kern.log로 커널 메시지 확인
15. sudo rmmod hello.ko
16. lsmod로 hello 모듈이 삭제된 것을 확인
17. tail /var/log/kern.log로 커널 메시지 확인

6.2 디바이스 드라이버(device driver)

디바이스는 타입(type)과 번호(number)로 구성된다. 디바이스 타입은 다시 문자(char), 블록(block) 및 네트워크(network) 형으로 분류된다. 디바이스 번호는 주 번호(major number)와 부 번호(minor number)로 구성되는데 주 번호는 12 bit, 부 번호는 20 bit로 이루어진다. 디바이스 파일은 다음 명령어로 볼 수 있다.

```
ls -l /dev
crw-r--r--  1  root root 240,  0  Nov  28 11:30 /dev/v_device
```

가상의 문자형 디바이스 v_device를 생성해 보자.

```
sudo mknod /dev/v_device c 240 0
```

이것은 문자형 디바이스로서 주 번호 240을 갖고 있다. 디바이스 삭제는 rm 명령어를 사용하면 된다. 원래의 데이터 타입을 알아내는 방법에는 두 가지가 있다. 첫째로, grep 명령어를 이용하는 방법이다.

```
grep -r dev_t ~/bb-kernel/KERNEL/include
grep -r dev_t ~/bb-kernel/KERNEL/include |grep typedef
```

위 명령어를 반복하여 사용하면 결국 dev_t는 unsigned int라는 사실을 알아낼 수 있다. 두 번째 방법은 Linux Cross Reference를 이용하는 것이다.

http://lxr.free-electrons.com 에 접속하여 identifier search를 실행하면 된다.

다음에 문자형 디바이스 드라이버에 대하여 알아보자. 문자형 디바이스를 등록하는 방법에는 구 방식과 신 방식이 있다.

구 방식(old style)에는 디바이스 등록할 때 `register_chardev()` 함수를 사용하고 해제할 때는 `unregister_chrdev()` 함수를 사용한다. 그러나 신 방식(new style)에서는 디바이스를 등록할 때에 `register_chrdev_region()`, `cdev_init()`, `cdev_add()` 함수를 차례로 실행한다. 해제할 때에는 `cdev_del()`, `unregister_chrdev_region()` 함수를 차례로 실행한다. 이런 함수들의 kernel API는 다음 사이트를 참고하면 된다.

```
kernel API : http://www.kernel.org/doc/htmldocs/kernel-api/
```

아래 코드는 문자형 디바이스 드라이버의 한 예를 나타낸다.

```
//bbb_driver.c

#include <linux/init.h>
#include <linux/kernel.h>
#include <linux/module.h>
#include <linux/fs.h>        // for file operations, register_
                                chrdev_region()
#include <linux/kdev_t.h>    // for MKDEV
#include <linux/cdev.h>      // for struct cdev
#include <linux/uaccess.h>   // for user/kernel space copy routines
#include <linux/types.h>     // for dev_t typedef
#include <linux/slab.h>      // for kmalloc()

dev_t dev_num;               // dev_num=MKDEV(major,minor)
struct cdev my_cdev;
char *kbuffer = NULL;

int vd_open(struct inode *inode, struct file *filp) {
    printk(KERN_ALERT " \nvirtual_device open function called \n");
    return 0;
}
int vd_release( struct inode *inode, struct file *filp ) {
    printk(KERN_ALERT " \nvirtual device release function called \n");
    return 0;
}

ssize_t vd_write(struct file *filp, const char *buf, size_t
count, loff_t *f_pos) {
    printk(KERN_ALERT " \nvirtual_device write function called \n");
    if(copy_from_user(kbuffer, buf, 1024))
        return -EFAULT;
    return count;
}

ssize_t vd_read(struct file *filp, char *buf, size_t count,
loff_t *f_pos) {
```

```
    printk(KERN_ALERT " \nvirtual_device read function called \n");
    if(copy_to_user(buf, kbuffer, 1024))
        return -EFAULT;
    return count;
}
// file operations
struct file_operations my_fops = {
    .open = vd_open,
    .release = vd_release,
    .read = vd_read,
    .write = vd_write,
};

static int __init vd_init(void) {
    dev_num = MKDEV(240,0);
    register_chrdev_region(dev_num, 1, "my_device");
                                    //dev_t, device 갯수, device이름
    printk(KERN_ALERT "BBB Device driver is initialized! \n");
    cdev_init(&my_cdev, &my_fops);
    cdev_add(&my_cdev, dev_num, 1);
    kbuffer = (char*) kmalloc(1024, GFP_KERNEL);
    return 0;
}
static void __exit vd_exit(void) {
    printk(KERN_ALERT "driver removed. \n");
    cdev_del(&my_cdev);
    unregister_chrdev_region(dev_num,1);
    kfree(kbuffer);
}

module_init(vd_init);
module_exit(vd_exit);
MODULE_LICENSE("GPL");
```

이 코드에서 단계별 호출 관계는 그림 6.1에 나타낸다. 사용자 응용 프로그램에서 `open()` system call을 사용하면 실제 디바이스 드라이버에서는 `vd_open()` 함수가 사용되는 것을 나타낸다. kmalloc(size, flags) 함수는 user space에서의 `malloc()`과 유사하며 byte 단위로 커널메모리를 할당한다. 최대 32 page밖에 할당하지 못하기 때문에 총 32×4,096 = 128 KB를 할당할 수 있다. size 크기의 메모리 포인터를 return하고 에러 발생시 NULL을 리턴한다.

이 디바이스 드라이버의 기능으로서 `vd_write()` 함수는 `copy_from_user()` 함수를 실행하는데 유저 스페이스(user space)의 메모리 영역을 커널 스페이스(kernel space)의 메모리 영역으로 복사하는 함수이다. 이 함수는 성공했을 때에는 0을 리턴하고 실패 시에는 copy하지 못한 byte 수를 리턴한다.`copy_to_user()` 함수는 `vd_read()` 함수가 실행될 때 동작하는데 성공했을 때 0을 리턴하고 실패했을 때에는 copy하지 못한 바이트 크기를 리턴한다.

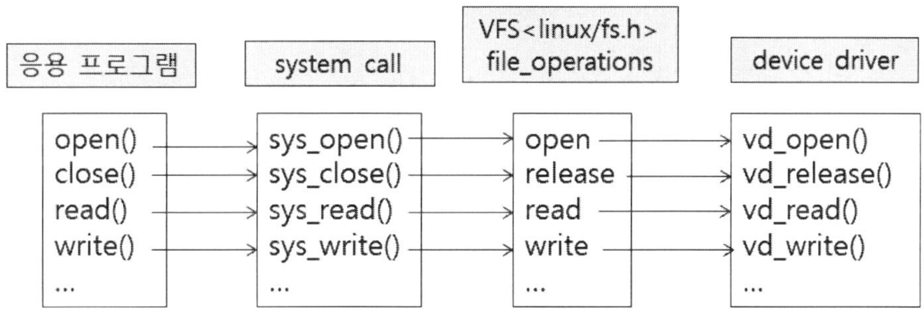

그림 6.1 Linux의 단계별 호출 관계

이 디바이스 드라이버를 컴파일하는 Makefile은 아래에 나타낸다.

```
//Makefile for bbb_driver.c
obj-m = bbb_driver2.o
KDIR  := ~/bb-kernel/KERNEL/
all:
    make ARCH=arm CROSS_COMPILE=$CC -C $(KDIR) M=$(PWD) modules
```

```
clean:
    make ARCH=arm CROSS_COMPILE=$CC -C $(KDIR) M=$(PWD) clean
```

make all 명령을 실행하면 bbb_driver.ko 파일이 생성된다. 이 드라이버를 커널에 로딩하고 user space에서 사용자 응용 프로그램을 실행해서 드라이버를 테스트한다. 사용자 응용 프로그램의 소스 코드 testapp.c는 아래와 같다.

```
//testapp.c
#include <stdio.h>
#include <unistd.h>
#include <sys/fcntl.h>

int main(int argc, char *argv[]) {
    int fd;
    char ubuff[1024] = "Text in buffer \n";
    char kbuff[1024];
    printf("Device driver test from user application. \n");
    fd = open("/dev/v_device", O_RDWR);
    printf("file descriptor : %d \n", fd);

    if(fd < 0) {
        printf("device file open error \n");
        return -1;
    }
    write(fd, ubuff, 1);
    printf("Write user buffer to device: %s \n", ubuff);

    read(fd, kbuff, 1);
    printf("read kernel buffer from device: %s \n", kbuff);
    close(fd);

    return 0;
}
```

이 사용자 응용 프로그램 testapp.c는 ubuff에 있는 문자 배열 “Text in buffer\n”를 디바이스에 쓰고 다시 디바이스를 읽어서 문자 배열 kbuff에 복사하는 프로그램이다. 이 응용 프로그램을 컴파일할 때에는 arm용 컴파일러를 사용한다.

```
arm-linux-gnueabihf-gcc testapp.c -o testapp
```

이 testapp 프로그램을 실행하면 user space에서 시스템 콜을 사용하여 하드웨어를 제어할 수 있다. 즉, 디바이스 드라이버를 제어할 수 있게 된다.

실습 6.2 ❙ bbb_driver.ko 드라이버

위치:~/module/bbb/bbb_driver

1. bbb_driver.c 작성
2. Makefile 작성
3. make all
4. linux가 설치된 microSD 카드를 PC에 장착 =>auto mounting
5. sudo cp bbb_driver.ko /media/user/rootfs/home/ubuntu
6. sudo umount /dev/sdX1
7. microSD 카드를 빼서 BBB에 장착 후 부팅

실습 6.3 ❙ testapp 응용 프로그램

위치:~/module/bbb/bbb_driver

1. testapp.c 작성
2. ${CC}gcc testapp.c –o testapp

실습 6.4 ❙ 드라이버와 응용 프로그램 테스트(bbb_driver.ko와 testapp)

~/module/bbb/bbb_driver

1. microSD 카드를 PC에 장착
2. cp bbb_driver.ko testapp /media/$USER/rootfs/home/ubuntu
3. 2번에서 파일 복사 후 BBB 부팅 및 로그인

4. bbb_driver.ko 와 testapp 파일이 있는지 확인
   ls -l
5. 현재 문자 디바이스 번호 확인
   cat /proc/devices
6. c type, major 240, minor 0 인 문자 디바이스 생성
   sudo mknod /dev/v_device c 240 0
7. 디바이스 드라이버 설치
   sudo insmod bbb_driver.ko
8. 커널 메시지 확인:BBB driver is loaded. 240:0
   dmesg|tail
9. /testapp 실행
10. 커널 메시지 확인
   dmesg|tail -40
   또는 tail /var/log/kern.log

CHAPTER 7

안드로이드 설치 및 빌드

7.1 안드로이드 설치

안드로이드(android)는 리눅스 기반의 모바일 운영체제로서 크게 세 부분으로 이루어지는데 부트 로더(bootloader), 커널(kernel), 그리고 안드로이드 파일 시스템(android file system)으로 구성된다. 응용(application) 프로그램은 달빅(dalvik) 가상 머신 위에서 동작한다. 그림 7.1은 안드로이드의 구조를 나타낸다.

부트 로더는 u-boot을 사용하며 이에 대한 설치 방법은 이미 Linux 포팅 때 학습하였다. 그리고 파일 시스템은 리눅스 파일 시스템(linux file system) 대신에 안드로이드 파일 시스템을 만들어서 microSD에 설치하면 된다. 그러나 안드로이드 루트 파일 시스템(android root file system)의 압축된 크기가 120 MB가 넘는다. 따라서 압축 해제하면 약 500 MB가 되는 매우 많은 양이 되는데 이것을 만드는 일이 결코 쉬운 일은 아니다. Andrew Henderson은 BBB 버전의 Android Kitkat 4.4.4 버전을 빌드해서 이미지 파일로 제공한다. 따라서 아래 사이트에서 파일을 내려받아서 설치하면 쉽게 안드로이드를 설치할 수 있다(265 MB).

```
https://sourceforge.net/projects/bbbandroid/
```

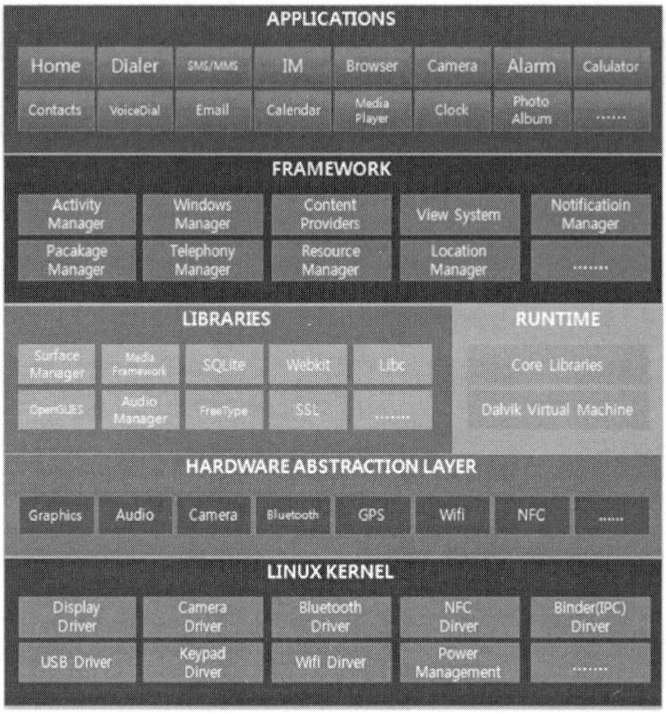

그림 7.1 안드로이드 구조

파일을 압축해제 후에 dd 명령어를 이용하여 설치한다.

```
sudo dd if=bbbandroid_111514.img of=/dev/sdX bs=1M status=progress
```

실습 7.1 ∥ Pre-built Android 설치

1. 파일을 다운로드한다.
   `https://sourceforge.net/projects/bbbandroid/`
2. 내려받은 파일을 압축해제 후 홈 디렉터리로 이동시킨다.
3. microSD 메모리를 PC에 장착한다.
4. microSD 메모리에 설치한다.
   `dd if=bbbandroid_111514.img of=/dev/sdX bs=1M status=progress`
5. microSD 메모리를 PC에서 꺼내어 BBB에 장착한다.

6. BBB에 LCD display 연결한다.
7. Power adapter를 연결하여 BBB를 부팅한다.

7.2 안드로이드 소스코드

안드로이드는 오픈소스(open source) 운영체제로서 소스 코드(android source file)는 AOSP(android open source project)에서 제공하는데 그 주소는 source.android.com이다. 이 사이트는 결국 android.googlesource.com과 연결되며 repo 툴을 이용하여 내려받는다. Android 4.3은 JellyBean이고 4.4는 Kitkat이다. 다음은 Jelly Bean 소스 코드를 내려받는 것이다.

```
repo init -u https://android.googlesource.com/platform/
manifest -b android-4.3_r2.1
```

major.minor 버전은 -4.3으로 표시되고 release는 _r2.1로 표시된다. 웹 브라우저로 https://android.googlesource.com/platform/manifest를 접속하여 브랜치(branch)를 보면 다른 버전도 모두 볼 수 있다. 이 소스 코드를 받으면 무려 27 GB 정도가 되는 어마어마한 양의 소스 코드를 받게 된다. 시간도 약 50분 정도 걸린다. 이것을 make를 이용하여 컴파일하면 컴퓨터 사양에 따라 다르지만 필자의 경우 약 2시간이 약간 넘게 걸렸다.

컴파일 속도는 일반적으로 CPU의 성능, 메모리(RAM)의 크기와 속도, 하드 디스크 액세스 속도의 순서로 영향을 받는다. 즉, CPU의 성능이 가장 좋아야 하고 메모리 크기도 클수록 컴파일 속도는 빠르게 된다. 컴파일 방법은 아래와 같다. Android 4.x 버전의 빌드에는 openjdk 버전 6이 필요하다. 설치는 다음과 같다.

```
sudo apt-get install openjdk-6-jdk
export JAVA_HOME=/usr/lib/jvm/java-6-openjdk-amd64
```

빌드는 아래 make 명령을 실행한다.

```
make TARGET_PRODUCT=beagleboneblack OMAPES=4.x droid -j8
```

여기서 -j8은 보통 CPU core 갯수x2로 계산되며 경우에 따라서 약간 더 증가시켜도 된다. 그러나 너무 증가시키면, 예를 들어서 -j16으로 make를 수행하면 잘 되다가 나중에 작업이 정지되는 현상이 발생되기도 한다. 또한 끝나지 않은 작업이 있다는 에러를 발생시키기도 한다. 컴파일이 완료되면 안드로이드 루트 파일 시스템(android root file system) 즉, rootfs.tar.bz2 파일을 만들어서 microSD에 복사하여야 한다.

실습 7.2 ❙ repo 설치

1. repo 파일을 설치한다.
   ```
   curl https://storage.googleapis.com/git-repo-downloads/repo >
   ~/bin/repo
   ```
2. 실행모드로 변경한다.
   ```
   chmod a+x ~/bin/repo
   ```

실습 7.3 ❙ 안드로이드 소스코드 다운로드

1. `repo init -u https://github.com/csimmonds/android4beagle -b android-6.0`
2. `repo sync -c`

실습 7.4 ❙ openjdk-7 설치

1. ```
   sudo add-apt-repository ppa:openjdk-r/ppa
   sudo apt-get update
   sudo apt-get install openjdk-7-jdk
   ```

실습 7.5 ❙ JAVA_HOME 환경변수 설정

1. `export JAVA_HOME=/usr/lib/jvm/java-7-openjdk-amd64`
2. `sudo update-alternative-config java`
   ```

실습 7.6 | mkimage 명령어 설치

```
1. sudo apt-get install u-boot-tools
```

실습 7.7 | 안드로이드 환경

```
~/a4b
1. source build/envsetup.sh
2. lunch
   beagleboneblack-sd_eng 선택
```

실습 7.8 | Linaro gcc compiler 설치

1. http://releases.linaro.org/components/toolchain/binaries/4.9-2017.01/arm-linux-gnueabihf/gcc-linaro-4.9.4-2017.01-x86_64_arm-linux-gnueabihf.tar.xz 설치
2. ti-kernel/build-kernel.sh 파일에서 unset CC 라인을 주석처리

실습 7.9 | 소스코드 사이트 변경

~/a4b

1. ti-kernel/scripts/git.sh에서 맨 마지막 부분에서 링크를 다음과 같이 수정한다.
   `git clone https://kernel.googlesource.com/pub/scm/linux/kernel/git/torvalds/linux`

실습 7.10 | 빌드 및 설치

~/a4b

1. `./build-beagleboneblack.sh`
2. `script/write-sdcard-beagleboneblack.sh sdX`
   X는 lsblk 명령으로 알아낸다.

7.3 BBB를 위한 안드로이드 프로젝트

7.3.1 Rowboat 프로젝트

일련의 개발자들이 BBB(beaglebone black) 보드에다가 안드로이드를 포팅하는 프로젝트를 진행했는데 첫째, rowboat 프로젝트가 유명한데 이것은 시기적으로 가장 앞선 것이다. 이 프로젝트는 beagleboard와 beaglebone black 보드에 Android donut, eclair, froyo를 포팅하는 프로젝트이다. 현재는 활동을 하지 않으며 공식 사이트는 code. google.com/p/rowboat로 연결된다. Kernel 3.2만 지원한다.

7.3.2 TI 프로젝트

둘째, BBB의 AM335x sitara processor를 개발하여 보급하는 TI에서 제공하는 안드로이드 프로젝트가 있는데 다음 사이트에서 볼 수 있다. 버전은 Jelly Bean까지 지원한다.

```
http://www.ti.com/tool/androidsdk-sitara
```

예로써 Jelly Bean 4.2.2를 개발하는 사이트는 다음과 같다.

```
http://processors.wiki.ti.com/index.php/TI-Android-JB-4.2.2-
DevKit-4.1.1_DeveloperGuide
```

이 사이트도 역시 kernel 3.2만 지원한다. 아래의 URL에는 미리 패키지(package)로 만든 파일(pre-packaged source)을 다운로드 받을 수 있다.

```
http://downloads.ti.com/sitara_android/esd/TI_Android_DevKit/
TI_Android_JB_4_2_2_DevKit_4_1_1/exports/TI_Android_JB_4.2.2_
DevKit_4.1.1.bin
```

TI 방법은 한 번에 u-boot, kernel을 컴파일하고 그 다음에 안드로이드 루트 파일 시스템(android root file system)을 빌드하며 이것들을 한꺼번에 microSD 메모리에 설치할 수 있어서 안드로이드 포팅이 편리하다. 그러나 위에 기술한 rowboat 프로젝트 및 TI 사이트에서 운영하는 방법은 모두 kernel 3.2 버전만 지원하므로 device tree를 지원하지 않는다. Device tree를 이용하면 GPIO나 확장 보드인 cape board를 사용하는데 kernel의 재 컴파일 없이 사용할 수 있다. 이러한 단점을 극복하기 위하여 kernel을 3.8 이상에서 동작하도록 하는 여러 가지 포팅 방법들이 개발되어왔다. 이러한 방법들은 모두 rowboat 프로젝트와 TI 방법들을 개선시킨 것이기 때문에 기본적으로 유사하다.

7.3.3 Henderson 프로젝트

개선 방법 가운데 먼저 Andrew Henderson의 방법을 소개한다. 공식 사이트는 bbbandroid.org인데 bbbandroid.sourceforge.net로 연결된다. 여기서 build 메뉴를 클릭하면 자세한 설명이 나오며 쉽게 포팅이 완료된다. Kernel은 3.8.13을 사용하며 안드로이드 버전은 Kitkat 4.4.4를 지원한다. 특징은 u-boot, kernel, android root file system을 한 번에 컴파일하며 microSD 카드에 설치까지 쉽게 된다. 소스 코드는 다음 사이트에서 다운로드한다.

```
repo init -u http://github.com/hendersa/bbbandroid-manifest
```

이것은 AOSP(Android Open Source Project, http://source.android.com) 코드를 기반으로 하여 beaglebone black 보드의 빌드가 편하게 되도록 포팅 입장에서 AOSP 소스코드를 약간 수정한 것이다.

7.3.4 Simmonds 프로젝트

또 다른 개선된 프로젝트로서 영국의 Chris Simmonds가 운영하는 Android4Beagle 사이트가 있는데 현재 android vanilla를 지원한다. AOSP 사이트에서 소스 코드를 내려받아서 컴파일하고 그 결과를 microSD 카드에 설치하는 일련의 작업을 성공시켰다. 사이트 주소는 아래와 같다.

```
http://2net.co.uk/android4beagle.html
```

여기서는 android 4.4.4 (kitkat, Linux kernel 3.2), android-5.1.1 (lollipop, Linux kernel 3.8), android-6.0.1 (marshmallow, Linux kernel 4.1)을 지원한다.

소스 코드 다운로드는 아래와 같이 repo를 이용한다.

```
repo init -u https://github.com/csimmonds/android4beagle -b an-
droid-6.0
repo sync -c (소스코드 받는데 약 1시간이 걸린다)
source build/envsetup.sh
lunch
```

여기서 beagleboneblack_sd-eng를 선택한다.

Linaro gcc compiler는 4.x를 사용한다. 또한 openjdk-7이 필요하다.

```
sudo add-apt-repository ppa:openj아-r/ppa
sudo apt-get update
sudo apt-get install openjdk-7-jdk
export JAVA_HOME=/usr/lib/jvm/java-7-openjdk-amd64
sudo update-alternative —config java
```

tools.jar 파일이 제대로 있는지 확인해 보자.

```
find /usr/lib/jvm|grep tools.jar
```

빌드는 다음 스크립트를 실행한다.

```
./build_beagleboneblack.sh
```

빌드 첫 화면은 그림 7.2와 같다.

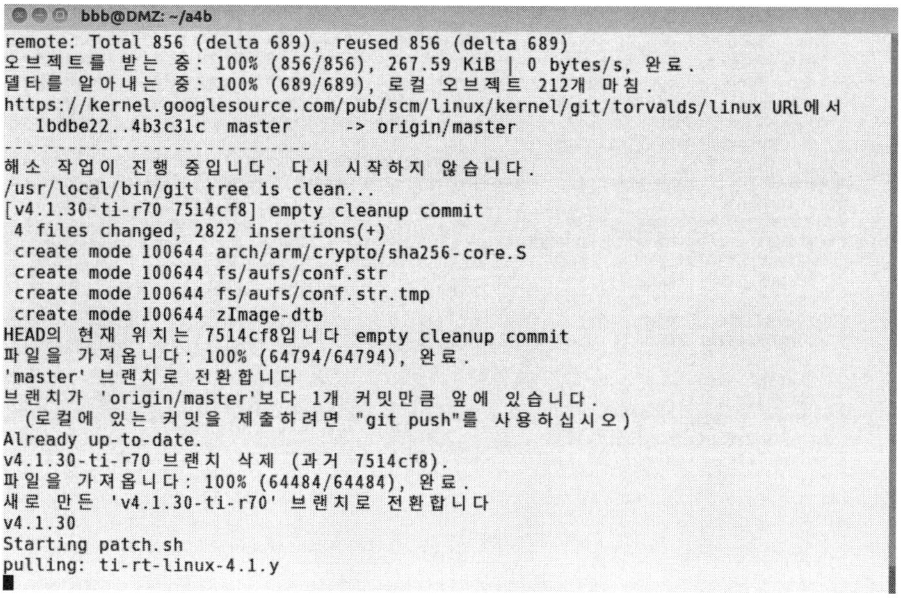

그림 7.2 Android 빌드 첫 화면

cross compiler를 다시 받아서 설치하는데 시간이 오래 걸리므로 다음 명령을 통해서 건너 띠게 할 수 있다.

ti-kernel/build-kernel.sh 파일에서 unset CC를 주석 처리한다.

또한 안드로이드 소스 코드도 빨리 다운로드 받기 위해서 google 사이트로 변경시킨다. ti-kernel/scripts/git.sh에서 맨 마지막 부분에서 torvalds 링크를 아래와 같이 수정한다.

```
git clone https://kernel.googlesource.com/pub/scm/linux/
kernel/git/torvalds/linux
```

빌드가 완료되면 아래와 같은 성공 화면이 나온다.

```
bbb@DMZ: ~/a4b
Target system fs image: out/target/product/beagleboneblack/obj/PACKAGING/systemimag
e_intermediates/system.img
Running:  mkuserimg.sh out/target/product/beagleboneblack/system out/target/product
/beagleboneblack/obj/PACKAGING/systemimage_intermediates/system.img ext4 system 536
870912 -D out/target/product/beagleboneblack/system -L system out/target/product/be
agleboneblack/root/file_contexts
make_ext4fs -T -1 -S out/target/product/beagleboneblack/root/file_contexts -L syste
m -l 536870912 -a system out/target/product/beagleboneblack/obj/PACKAGING/systemima
ge_intermediates/system.img out/target/product/beagleboneblack/system out/target/pr
oduct/beagleboneblack/system
Creating filesystem with parameters:
    Size: 536870912
    Block size: 4096
    Blocks per group: 32768
    Inodes per group: 8192
    Inode size: 256
    Journal blocks: 2048
    Label: system
    Blocks: 131072
    Block groups: 4
    Reserved block group size: 31
Created filesystem with 1641/32768 inodes and 124443/131072 blocks
Install system fs image: out/target/product/beagleboneblack/system.img
out/target/product/beagleboneblack/system.img+ maxsize=548110464 blocksize=4224 tot
al=536870912 reserve=5537664
SUCCESS! Everything built for beagleboneblack_sd
bbb@DMZ:~/a4b$
```

그림 7.3 Android 빌드의 성공

빌드 중에 unsupported reloc 43 등과 같은 에러가 발생하면 다음 그림 7.4와 같이 build/core/clang/HOST_x86_common.mk 파일을 수정한다.

```

CLANG_CONFIG_x86_DARWIN_HOST_EXTRA_CFLAGS := \
  -integrated-as

CLANG_CONFIG_x86_DARWIN_HOST_EXTRA_CFLAGS += -fstack-protector-strong
endif

ifeq ($(HOST_OS),linux)
CLANG_CONFIG_x86_LINUX_HOST_EXTRA_ASFLAGS := \
  --gcc-toolchain=$($(clang_2nd_arch_prefix)HOST_TOOLCHAIN_FOR_CLANG) \
  --sysroot $($(clang_2nd_arch_prefix)HOST_TOOLCHAIN_FOR_CLANG)/sysroot \
  -B$($(clang_2nd_arch_prefix)HOST_TOOLCHAIN_FOR_CLANG)/x86_64-linux/bin

CLANG_CONFIG_x86_LINUX_HOST_EXTRA_CFLAGS := \
  --gcc-toolchain=$($(clang_2nd_arch_prefix)HOST_TOOLCHAIN_FOR_CLANG)

CLANG_CONFIG_x86_LINUX_HOST_EXTRA_CFLAGS += -fstack-protector-strong

ifneq ($(strip $($(clang_2nd_arch_prefix)HOST_IS_64_BIT)),)
CLANG_CONFIG_x86_LINUX_HOST_EXTRA_CPPFLAGS := \
  --gcc-toolchain=$($(clang_2nd_arch_prefix)HOST_TOOLCHAIN_FOR_CLANG) \
  --sysroot $($(clang_2nd_arch_prefix)HOST_TOOLCHAIN_FOR_CLANG)/sysroot \
```

그림 7.4 unsupported reloc 43 에러에 대한 수정

계속 에러가 발생하면 out/host 디렉터리를 삭제하고 다시 빌드한다. 빌드 후 microSD 카드에 설치하는데 mkimage 명령어가 필요한데 이것은 다음과 같은 명령어로 설치한다.

```
sudo apt install u-boot-tools
```

설치는 다음 명령과 같이한다.

```
scripts/write-sdcard-beagleboneblack.sh sdX
```

microSD 메모리에 설치한 화면은 그림 7.5와 같다.

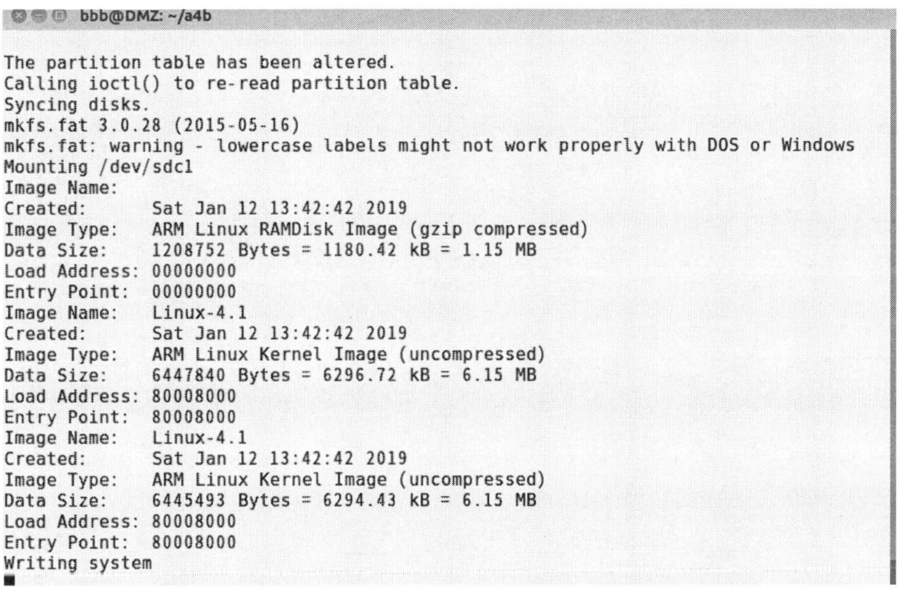

그림 7.5 microSD 메모리에 안드로이드 설치화면

7.3.5 Globaledge 프로젝트

Globaledge software사에서 marsh mallow 버전을 포팅한 사례가 아래 사이트 BBB

에서의 안드로이드 marshmallow 포팅(andriod marshmallow porting on beaglebone black)에 자세히 기술되어 있다.

```
https://elinux.org/Thread:User_talk:MaheshKalmeshwar/Quick_
MarshMallow_Android_Porting_on_Beaglebone_Black
```

CHAPTER

8 Raspberry Pi 하드웨어 프로그래밍

8.1 라즈베리 파이 3(Raspberry Pi 3)

8.1.1 하드웨어 개론

영국의 라즈베리 파이 재단(The Raspberry Pi Foundation)에서 설계한 보드로서 2012년 2월에 라즈베리 파이 모델 B가 처음 발표되었다. 이후에 계속해서 Model B+, 라즈베리 파이 2 모델 B, 그리고 2016년 2월에 라즈베리 파이 모델 3 모델 B가 발표되었고, 2018년 모델 B+가 발표되었다. 2019년 6월에는 라즈베리 파이 4 모델 B가 발표되어 오늘에 이르고 있다. 제조는 Sony 또는 Embest 사가 담당하고 있으며 유사한 오픈 소스 하드웨어 보드로서는 미국의 비글보드 재단에서 설계한 비글본 블랙(Beaglebone black) 보드가 있다.

라즈베리 파이 3에는 모델 B와 모델 B+가 있는데 거의 유사하며 다른 점이 몇 가지가 있는데 설명의 필요성이 있을 때마다 기술하기로 한다. 프로세서는 SoC(System on a Chip)로 제조되는데 Broadcom BCM2837이다. 이것은 CPU로 ARMv8 Cortex-A53 64 bit Quad core를 사용하는데 클럭 주파수가 모델 B는 1.2 GHz이고 모델 B+는 1.4 GHz이다. 실수 계산의 FPU와 비디오를 위한 GPU를 내장하고 있으며 메인 메모리(SDRAM)로 1 GB를 사용한다. 외부 인터페이스로서 4개의 USB2.0, HDMI와 부팅장치/보조기억장치로 microSD를 지원한다, 유선 인터넷은 모델 B는 100 Mbps, 모델 B+는

1 Gbps를 지원한다. Wifi는 모델 B는 2.4 GHz 대역의 IEEE802.11b/g/n(wifi-4)를 지원하고 모델 B+는 2.4/5 GHz 대역의 IEEE802.11b/g/n/ac(wifi-5)를 지원한다. Bluetooth에서도 두 모델이 약간 차이가 나는데 모델 B는 4.1BLE, 모델 B+는 4.2BLE를 지원한다. GPIO 핀은 GPIO00부터 GPIO27까지 총 28개를 지원한다. 지금까지 살펴본 바에 따르면 기능에 큰 차이가 없으므로 본 교재에서의 실습은 두 모델 모두 적용이 가능하다.

8.1.2 개발환경

개발환경을 준비하려면 우선 하드웨어적인 준비물과 소프트웨어적인 준비물이 있다. 하드웨어적인 면에서 보면 우선 필수적인 부품으로 RPi 보드 외에 전원공급 장치(power supply)와 데이터 송수신 케이블을 준비하여야 한다. 구체적으로 5 V(2.5A)의 microUSB 타입의 전원이 필요하다. 현실적으로 microUSB 타입을 사용하는 스마트 폰 충전 어댑터를 사용하면 되지만 공급 전류가 큰 것을 사용하도록 한다. 물론 라즈베리 파이 전용 어댑터를 사용해도 되는데 기본적으로 유사하지만, 공급 전류에서 약간 차이가 날 수 있다. 그리고 데이터 송수신 케이블은 PL2303 케이블을 사용하는데 흔히 시리얼(USB-to-Serial) 케이블 또는 디버그 케이블이라고 부른다. 이 케이블은 총 4가닥의 전선이 있는데 흰색과 초록색 선은 데이터 송수신 선이고 검은색 선(ground)과 함께 사용해야 한다. 나머지 빨간색 선은 PC USB에서 나오는 5 V 전원을 이 케이블을 통해서 라즈베리 파이에 공급할 수 있는데 이렇게 하면 별도의 전원장치를 사용하지 않아도 된다는 장점이 있지만, 전류 공급량이 적어서 설치하는 운영체제의 종류에 따라서 low voltage라는 메시지가 계속 화면에 보일 수 있다. 또한, 부팅자체가 안될 수도 있으므로 추천하는 방법은 아니다.

호스트 컴퓨터는 윈도우즈 운영체제를 사용해도 되지만 여러가지 이유로 우분투 리눅스를 사용하는 것이 더 편하다. 별도의 하드 디스크(예를 들어 외장 SSD)에 우분투 리눅스를 설치해서 호스트 컴퓨터로 사용하는 것이 가장 좋다. 그러나 윈도우즈 PC에서 VMware 또는 VirtualBox 등의 가상머신을 설치하고 그 위에서 우분투 리눅스를 설치 및 사용해도 된다.

8.1.3 Raspberry Pi OS 설치

라즈베리 파이에서는 공장 출하 시에 운영체제가 설치되어 있지 않다. 따라서 데스크탑 PC의 하드 디스크(또는 SSD) 즉, 보조기억 장치 역할을 microSD 카드 메모리가 대신하게 된다. 그리고 따라서 사용자가 직접 microSD 메모리에 운영체제를 설치하여야 한다. 주로 라즈베리 파이 홈페이지(https://www.raspberrypi,.org)에서 제공하는 Raspberry Pi OS를 설치하여 사용하는데 이것은 기본적으로 Debian Linux를 약간 변경한 것이다.

Raspberry Pi OS를 설치하는데 필요한 하드웨어는 HDMI 모니터, HDMI 케이블과 USB 키보드/마우스가 있다. 키보드는 wifi 비밀번호를 입력하는 데 필요하다. 그러나 이것들은 필수적인 것은 아니고 있으면 편리한 것들이다. HDMI 인터페이스의 모니터를 사용하여 라즈베리 운영체제를 설치하는 방법은 비교적 쉽고 기존의 도서나 Youtube에 그 방법이 많이 나와 있다. 본서에서는 HDMI 모니터를 사용하지 않고 호스트 PC로 MS Windows를 사용해서 라즈베리 운영체제를 설치하는 경우에 대하여 설명한다.

라즈베리 파이 웹 사이트(https://www.raspberrypi.org)에 접속하여 그림 8.1처럼

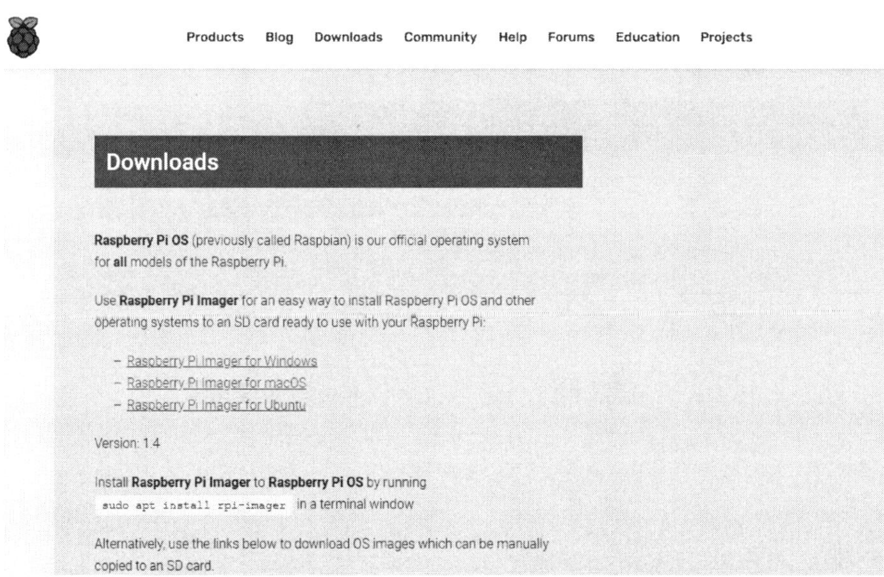

그림 8.1 Raspberry Pi imager 다운로드

Download 메뉴에서 Raspberry Pi imager for Windows를 내려받아 설치한다. 사용자에 따라서 macOS 버전을 설치해도 된다. Imager 프로그램은 Debian 또는 Ubuntu 리눅스 외 다양한 운영체제를 microSD 메모리에 설치하는 유틸리티 소프트웨어이다.

Imager 프로그램을 설치하고 실행하면 그림 8.2와 같이 보이는데 Operating System 항목에서 Raspberry Pi OS(32 bit)를 선택하고, SD Card 항목에서 우리가 사용하는 microSD 카드를 선택한다. 쓰기(write) 작업이 끝나면 microSD 메모리에는 두 개의 파티션(partition)이 만들어진다. 첫째는, boot 파티션인데 FAT32 파일 시스템으로 256 MB가 할당된다. 두 번째 파티션에는 ext4 타입으로 나머지 용량이 할당되는데 ext4 파티션 내용은 Windows 운영체제에서는 읽을 수 없다. 따라서 Windows에서는 그림 8.3 처럼 boot 파티션만 볼 수 있다.

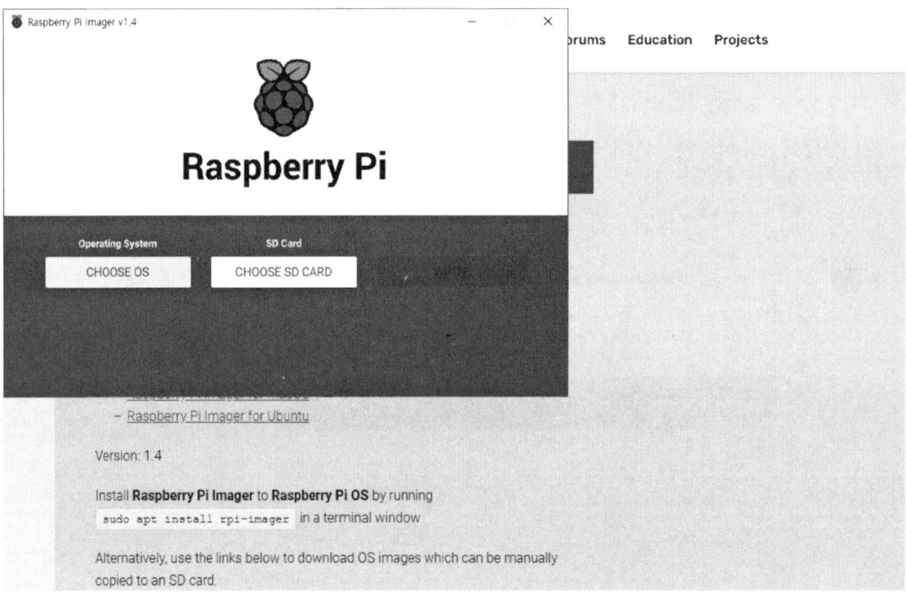

그림 8.2 Raspberry Pi imager 실행화면

Raspberry Pi OS(32bit)를 설치하면 디폴트 값으로 시리얼 케이블 통신이 disable 되어 있다. 따라서 시리얼 케이블을 사용하려면 그림 8.4처럼 boot 파티션에 있는 config.txt 파일을 메모장으로 읽어서 맨 아래 또는 아무 곳이나 enable_uart=1이라고 쓴다. 저장 후에 microSD 메모리를 RPi에 장착 후 부트하면 부팅 메시지를 볼 수 있다. 반면에 Imager에서 Raspberry Pi OS 대신에 Ubuntu 리눅스를 설치하면 디폴트로 enable_uart=1이 config.txt 파일에 쓰여 있다. Ubuntu 리눅스의 loginname/passwd는 ubuntu/ubuntu인데 첫 로그인 시 비밀번호를 바꾸어야 한다.

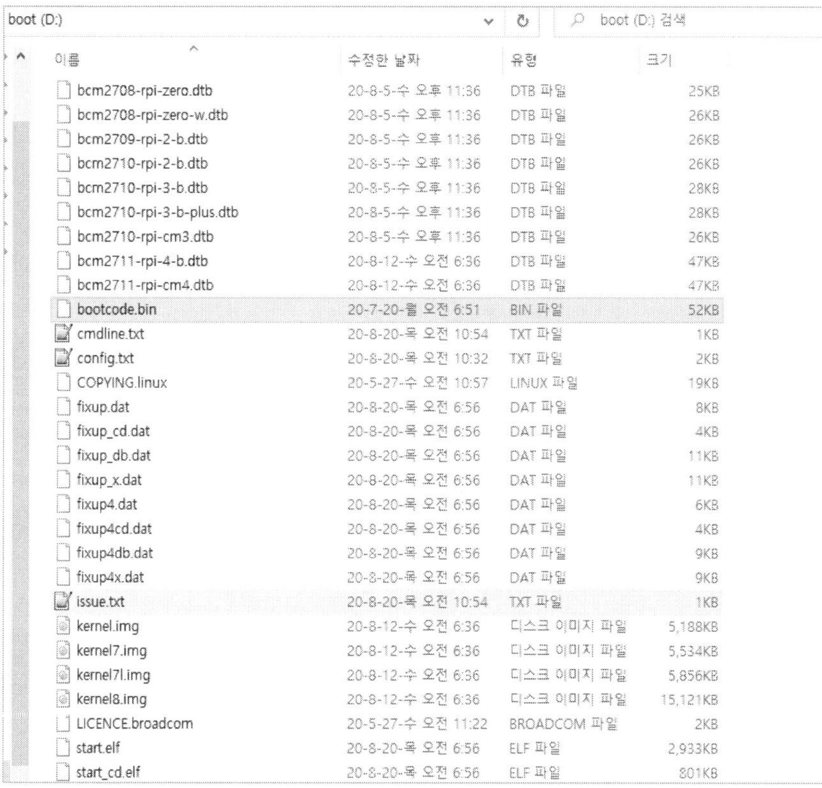

그림 8.3 Raspberry Pi 설치 후 boot 파티션

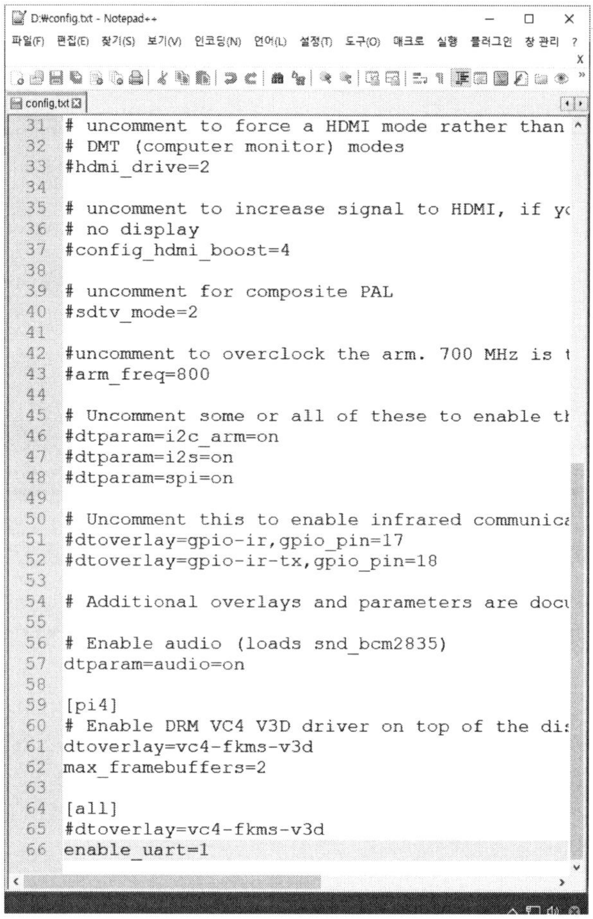

그림 8.4 config.txt 수정

8.1.4 RPi 부팅

RPi를 부팅하려면 RPi OS가 설치된 microSD 메모리를 RPi에 장착하고 모델번호 PL2303인 시리얼 케이블을 설치해야 한다. 호스트 컴퓨터의 키보드와 모니터를 개발자에게 제공하여 RPi를 제어하고 사용하는 방법에는 크게 두 가지가 있다. 첫째, 시리얼 케이블을 이용하는 방법과 둘째, VNC viewer를 이용하여 RPi에 접속하는 방법이다. 시리얼 케이블을 이용할 때는 GUI 환경을 사용할 수 없다는 단점이 있지만 네트워크 설정이 안 되어 있어도 사용할 수 있다는 장점이 있으므로 실제 개발에서는 시리얼 케이블 방법이 많이 사용된다. 그러나 GUI 프로그래밍을 할 때에는 VNC viewer를 이용해서 접속해야 한다. 여기에서는 이해의 명확성을 위해서 첫 번째 방법, 즉 시리얼 케이블을 이용하는 방법만을 설명하고 두 번째 방법인 VNC 접속 방법은 10장 RPi GUI 프로그래밍에서 설명한다.

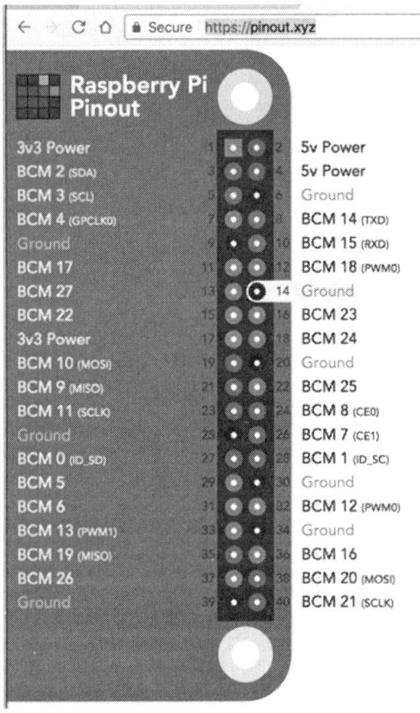

그림 8.5 RPi 보드의 핀 구성

그림 8.5와 같이 RPi 보드의 핀 6(GND), 핀 8(TXD), 핀 10(RXD)에 시리얼 케이블의 검은색, 흰색, 녹색 핀 순서로 연결한다. 빨간색 핀은 사용하지 않는다. 시리얼 케이블을 이용하여 PC 리눅스와 RPi 사이를 연결한 다음에 할 일은 PC 리눅스가 이 시리얼 케이블을 인식하는가를 검사한다. ls 명령어로 /dev 디렉터리를 살펴보아서 ttyUSB0가 발견되면 정상적으로 시리얼 케이블이 설치된 것이다. 시리얼 케이블이 정상적으로 설치된 것을 확인한 후에 시리얼 통신 프로그램 minicom을 실행시키는데 세팅이 안 되어 있다면 먼저 -s 옵션을 사용해서 세팅 작업을 한다.

```
sudo minicom -s
```

메뉴 Serial port setup에서 /dev/ttyUSB0, 115,200bps, 8N1(8 data, No parity, 1 stop bit)으로 하고 hardware, software flow control은 모두 NO로 지정한 다음에 Save setup as dfl로 저장한다. 그다음에 메뉴 Exit from Minicom를 선택해서 세팅 화면을 빠져나온다. 세팅이 끝난 후에 minicom 프로그램을 -s 옵션 없이 다시 실행시킨다.

```
sudo minicom
```

minicom 프로그램을 실행시킨 상태에서 외부 아답터 전원을 RPi에 연결하면 RPi의 녹색과 빨간색 LED가 켜지면서 부팅이 된다. 부팅이 완료되면 녹색 LED는 꺼지고 빨간색 LED는 계속 켜져 있게 되며 그림 8.6과 같이 로그인한다. 이때 login 이름에 pi라고 입력하고 Password에는 raspberry라고 입력하는데 비밀번호는 보이지 않는다. minicom 사용 중에 프로그램 자체를 빠져나오려면 control-a를 누르면 맨 아랫줄에 메뉴 바

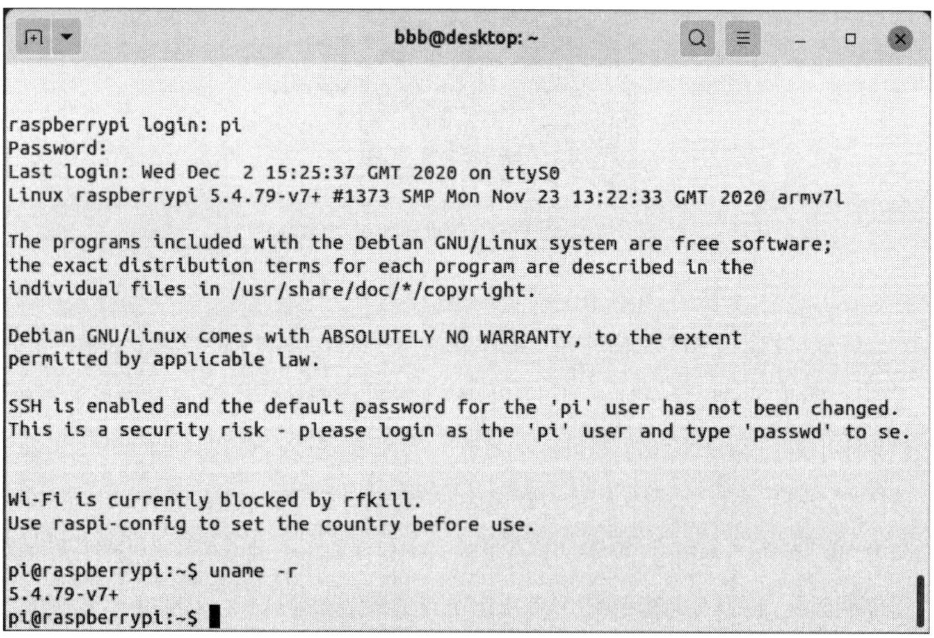

그림 8.6 RPi의 로그인 화면

가 보이며 q를 누르면 minicom 프로그램 자체를 빠져나오는 것을 물어보게 된다.

커널 버전은 uname 명령어를 실행하면 보이는데 2020년 12월 현재 5.4.79-v7+이다. 부팅 후 처음 할 일은 sudo raspi-config 명령을 실행하는 것이다. 이 명령을 실행하면 그림 8.7과 같이 Interface Options를 선택한 후 하부 메뉴에서 SSH, VNC, I2C, 1-wire를 인에이블(enable)시킨다. 이때 항목 이동은 탭(tab) 키를 사용한다.

```
sudo raspi-config
```

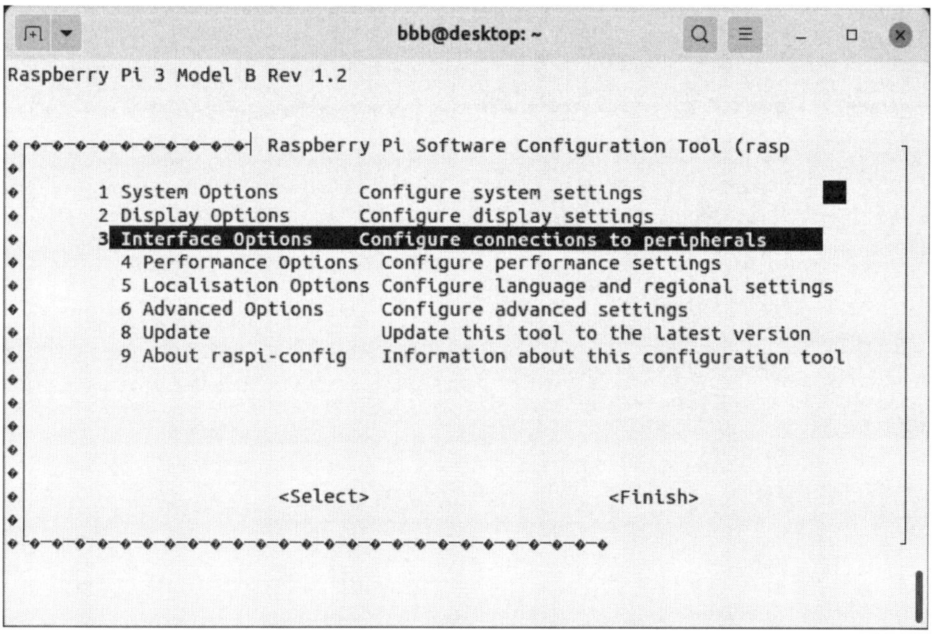

그림 8.7 raspi-config 화면

또한 wifi 연결도 같이 실행한다. 1. System Options를 선택하면 그림 8.8과 같은 서브 메뉴가 보인다. 이때 Wireless LAN을 선택하면 그림 8.9와 같은 SSID 설정 화면이 나오면 각자의 SSID를 입력한다. "TRCNEW"는 저자가 사용하는 SSID이므로 사용자들은 다른 이름을 써넣어야 한다. 뒤이어서 비밀번호를 써넣고 설정을 마친 후에 재시작(reboot)을 수행한다.

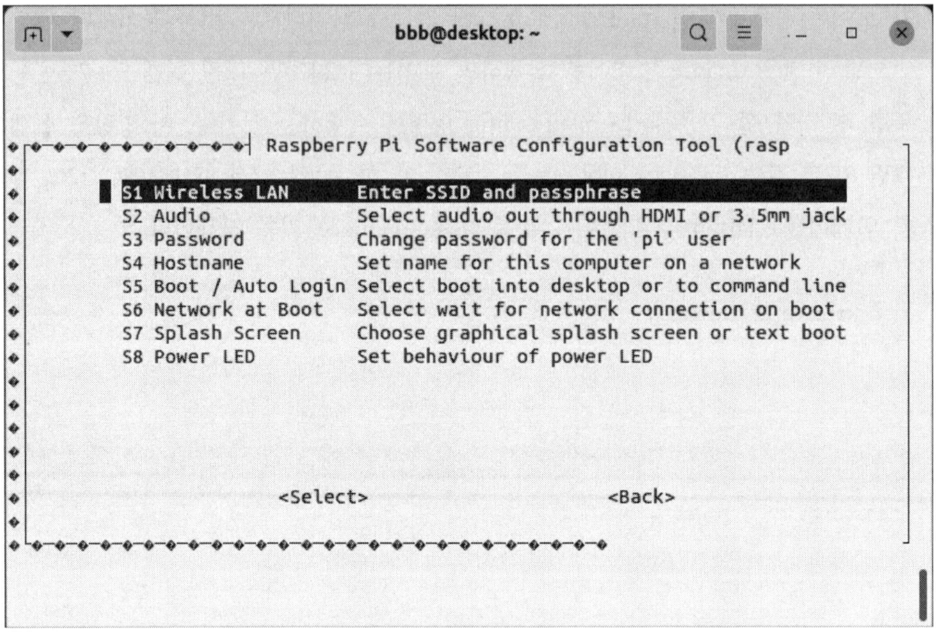

그림 8.8 RPi OS에서 wifi 설정 화면(raspi–config)

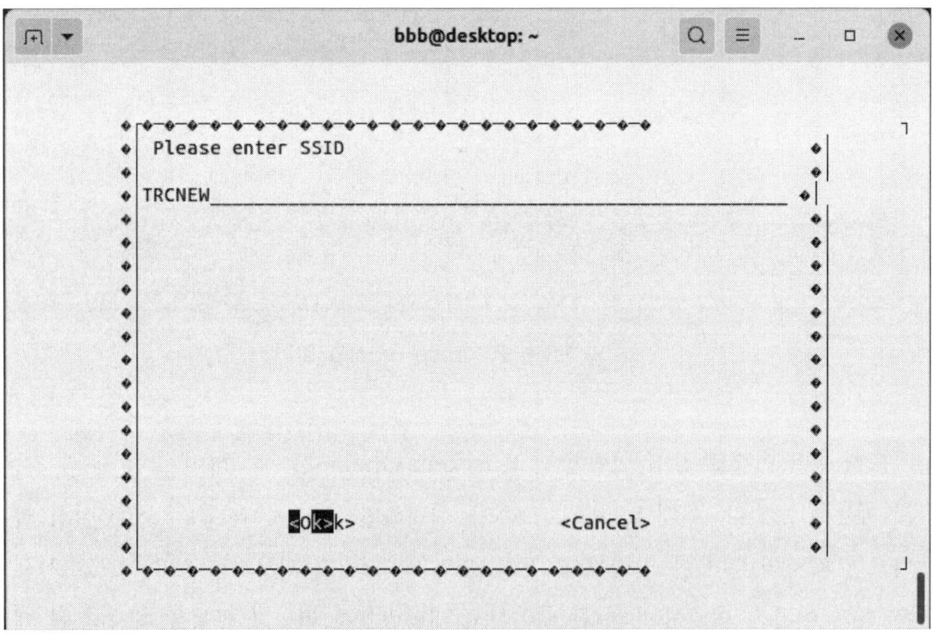

그림 8.9 wifi에서 SSID 설정화면

8.2 RPi 프로그래밍

8.2.1 Python 프로그래밍

RPi의 하드웨어를 제어하는 언어로서 Python과 C 언어가 많이 사용된다. RPi를 위한 Python 라이브러리(library)로서 RPi.GPIO 패키지.모듈이 있는데 이것의 웹 사이트 주소는 다음과 같다. https://sourceforge.net/p/raspberry-gpio-python/wiki 이 라이브러리는 GPIO 클래스(class)를 가지고 있는 모듈로서 RPi의 기본적인 디지털 입출력 프로그래밍에 사용되며 Examples 서브 메뉴에 사용법이 설명되어 있다. 패키지(package)는 디렉터리 개념이고 모듈(module)은 파일 개념이다. 이 모듈에 제어용 클래스가 정의되어 있다. RPi.GPIO는 이미 Raspberry Pi OS에 설치된 라이브러리여서 따로 설치할 필요는 없다. 기본적인 GPIO 제어 이외에 특수 하드웨어 제어는 해당 모듈을 설치해서 사용한다.

8.2.2 C/C++ 프로그래밍

RPi를 C/C++ 언어를 이용해서 제어할 수 있는데, 이때 wiringPi라 불리는 32 bit GPIO 라이브러리를 사용하며 웹 주소는 http://wiringpi.com이다. 이 라이브러리는 C 언어로 만들어졌다. Raspberry Pi OS를 설치하면 자동으로 설치되므로 별도로 설치할 필요는 없고 단지 컴파일할 때 라이브러리를 표시해주면 된다.

이상과 같은 Python과 C/C++ 프로그래밍은 9장의 디지털 및 아날로그 인터페이스와 10장의 GUI 프로그래밍에서 자세히 다룬다.

CHAPTER 9

RPi 디지털 및 아날로그 인터페이스

이 장에서는 RPi에 연결되는 각종 하드웨어 인터페이스와 제어 프로그램을 작성해서 RPi 시스템의 동작 상태를 살펴보는데 프로그래밍 언어는 Python과 C 언어를 사용한다. RPi 하드웨어 인터페이스에 필요한 전자부품과 전자회로 기초는 BBB와 동일하며 3장을 참조한다. 처음에 RPi.GPIO 모듈의 가장 간단한 output 함수를 이용하여 LED를 깜박이게(blink)하는 프로그램을 작성하고 이를 실험한다. 둘째는 input 함수를 이용하여 스위치의 상태를 읽고 output 함수를 이용하여 LED를 켜고 끄는 회로와 프로그램을 작성한다. 셋째는 PWM 모듈을 사용하여 소프트웨어적으로 또는 하드웨어적으로 LED의 밝기를 제어하는 프로그램을 작성하고 실험한다. RPi는 ADC 칩이 내장되어 있지 않기 때문에 아날로그 센서를 직접 인터페이스 할 수 없다. MCP3008 같은 외부 ADC 칩을 아날로그 센서와 함께 회로를 구성해야 하므로 본 교재에서는 아날로그 인터페이스 회로 실습은 다루지 않는다. 이외에도 특수 하드웨어로서 디지털 온습도 센서(dht11), 디지털 가속도 센서(adxl345), 7-세그먼트 디스플레이(ht16k33), 초음파 센서(hcsr04), 서보 모터(sg90) 등을 제어한다.

9.1 디지털 인터페이스

9.1.1 디지털 출력 – LED blink

RPi의 디지털 출력 회로는 LED를 깜박이게 하는 blink 회로인데 그림 9.1과 같다. 12번 핀(GPIO)을 470 Ω 저항에 연결하고 저항은 다시 LED의 양극에 연결한다. LED의 음극은 RPi의 39번 핀(Ground)에 연결한다. RPi 3의 GPIO 12번 핀에서 최대로 흐를 수 있는 전류(maximum draw current)는 16 mA이다. 본서의 부록 1에서 LED BL-B5134 데이터 쉬트를 보면 이때 순방향 전압(forward voltage)은 약 2.1 V가 된다. 그림 9.1의 회로를 보면서 RPi, 빵판, 저항과 LED를 이용해서 디지털 출력 회로 구성을 끝낸 결과가 그림 9.2이다.

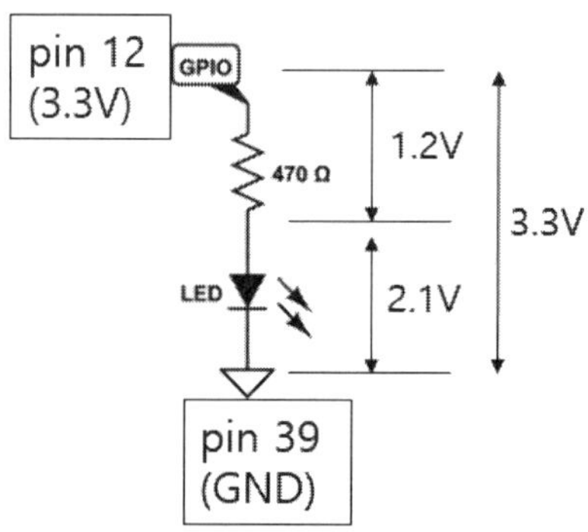

그림 9.1 디지털 출력 회로

그림 9.3에 Python 프로그램 코드와 실행명령어를 보인다. 프로그램을 실행시키면 결과로써 LED가 1초 주기로 깜박이는 것을 확인할 수 있다. 라인 1에서 RPi.GPIO 패키지.모듈을 로딩하고 라인 5에서 RPi GPIO 핀 번호를 보드의 물리적인 번호를 사용한다는 의미에서 GPIO.BOARD를 인수로 사용하였다. 주석 처리된 라인 5가 의미하는 것은 RPi 핀 번호로서 GPIO.BCM 표기법을 사용한다는 의미이며 이때 RPi의 물리적인 핀 번호 12번은 BCM 핀 번호 18번에 해당한다. 이렇게 되면 라인 7, 10, 12에서 12번 핀 대신에 18번 핀으로 표기하여야 한다. BCM 핀 번호는 그림 8.5에 나타나 있다. 라인 7에

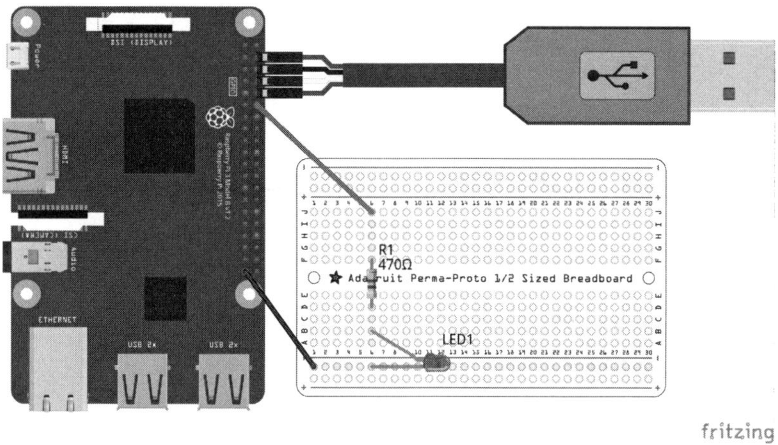

그림 9.2 RPi의 디지털 출력 회로 – LED blink

서는 GPIO 핀 12번을 OUT 모드로 setup하는데 초기 값은 HIGH 상태로 한다는 뜻이다. 라인 8부터 18까지는 try/except/finally 키워드로 감싸는 것인데 이들 키워드는 생략될 수 있다. 프로그램을 빠져나오기 위해서 ctrl-c를 누르면 라인 15의 print 문장이 실

bbb@desktop: ~

```
 1 import RPi.GPIO as GPIO
 2 import time
 3
 4 #GPIO.setwarnings(False)
 5 #GPIO.setmode(GPIO.BCM)
 6 GPIO.setmode(GPIO.BOARD)
 7 GPIO.setup(12, GPIO.OUT, initial=GPIO.HIGH)
 8 try:
 9     while True:
10         GPIO.output(12,GPIO.HIGH)
11         time.sleep(0.5)
12         GPIO.output(12,GPIO.LOW)
13         time.sleep(0.5)
14 except:
15     print ("Error has occured!")
16 finally:
17     print ("GPIO cleanup!")
18     GPIO.cleanup()
19

pi@raspberrypi:~$ python3 blink.py
```

그림 9.3 RPi의 디지털 출력 Python 코드(blink.py)

행된다. 라인 18의 cleanup 함수는 Python에서 하드웨어 상태를 리셋시켜서 다음에 실행할 때 에러가 발생하지 않도록 한다.

9.1.2 C 언어를 사용한 디지털 출력 – LED blink

그림 9.3의 Python 프로그램 코드와 같은 동작을 하는 C 언어 코드를 만들어 본다. C 언어를 사용한 LED 제어 코드는 그림 9.4와 같으며 컴파일러는 gcc를 사용하고 라이브러리 wiringPi를 사용한다고 알려주어야 한다. wiringPi에서 P는 대문자임에 주의한다. 라인 1에서 헤더파일 wiringPi.h를 include해서 라이브러리를 사용할 수 있게 한다. 라인 6은 보드의 물리적인 핀 번호를 사용한다는 의미인데 BCM 핀 번호를 사용하려면 주석 처리된 라인 5를 사용하면 된다. 물리적인 핀 12번은 BCM 핀으로 표시하면 18번이 된다. 라인 7에서 GPIO 핀을 OUTPUT 모드로 지정하고 라인 9와 11에서 digitalWrite 함수를 실행해서 디지털 출력을 한다.

```
bbb@desktop: ~
 GNU nano 3.2                          blink.c

1  #include <wiringPi.h>
2  #define     PIN     12
3
4  int main() {
5  //wiringPiSetupGpio();
6      wiringPiSetupPhys();
7      pinMode(PIN, OUTPUT);
8      while(1) {
9          digitalWrite(PIN, HIGH);
10         delay(500);
11         digitalWrite(PIN,LOW);
12         delay(500);
13     }
14     return 0;
15 }
16

pi@raspberrypi:~$ gcc blink.c -o blink -lwiringPi
pi@raspberrypi:~$ ./blink
```

그림 9.4 RPi의 디지털 출력 C 코드와 실행 화면(blink.c)

9.1.3 디지털 입력 – 스위치(switch)

이번 절에서는 Python의 input 함수를 사용하여 RPi의 프로세서 외부에 있는 스위치 상태를 읽어오는 하드웨어 시스템을 만들어 보자. 그림 9.5와 같이 스위치를 누르면 LED가 켜지고 스위치를 떼면 LED가 꺼지는 회로를 구성한다. 스위치 상태를 읽는 회로는 오른쪽 회로이며 왼쪽 회로는 그림 9.1과 같은 LED 회로이다. 왼쪽 회로와 오른쪽 회로는 pin39(GND)에 의해 서로 연결된다. 즉 두 회로가 서로 연결되어서 하나의 회로처럼 동작하는 것이다. 그림 9.5의 전자회로를 구현한 것이 그림 9.6이다.

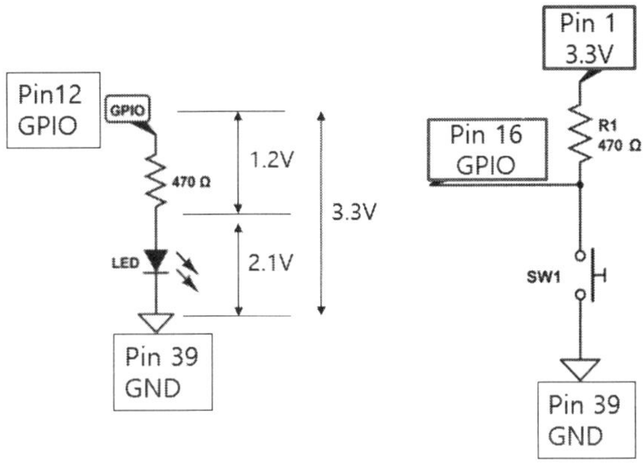

그림 9.5 디지털 입력 회로 – 스위치 상태 읽기

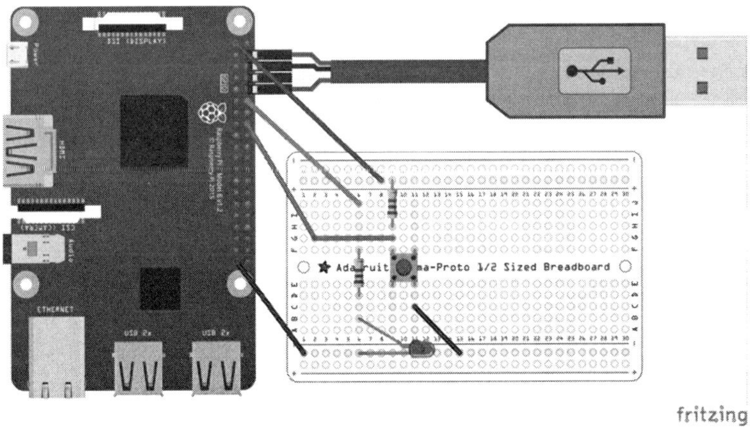

그림 9.6 디지털 입력 – 스위치 회로의 구현

디지털 입력의 예로서 스위치 회로의 Python 코드와 실행문이 그림 9.7에 나타나 있는데 이 코드에서 중요한 문장은 라인 10과 11이다. 라인 10에서 스위치 상태를 읽는데 스위치가 눌려져 있으면 로우(low) 값이 읽혀서 변수 input에 저장된다. 이 값이 그대로 라인 11의 output 함수의 전달인수로 들어가기 때문에 LED가 켜지지 않게 된다. 따라서 라인 10에서 not 연산자로 스위치값을 반전시켜주면 이 변숫값을 그대로 output 함수에 전달해서 LED를 켤 수 있게 된다. 즉, 스위치가 눌려져 있으면 LED가 켜지고 스위치를 떼면 LED가 꺼지도록 하는 것이다.

```
bbb@desktop: ~
GNU nano 3.2                          switch.py

1  import RPi.GPIO as GPIO
2
3  GPIO.setmode(GPIO.BOARD)
4  LED = 12
5  SW = 16
6  GPIO.setup(LED, GPIO.OUT)    #BCM 18
7  GPIO.setup(SW, GPIO.IN)      #BCM 23
8  try:
9      while True:
10         input = not GPIO.input(SW)
11         GPIO.output(LED,input)
12 except KeyboardInterrupt:
13     print("Ctrl-C has pressed!")
14 finally:
15     GPIO.cleanup()
16
17
18

pi@raspberrypi:~$ python3 switch.py
```

그림 9.7 디지털 입력 스위치 회로의 python 코드(switch.py)

9.1.4 C 언어를 사용한 디지털 입력 – 스위치

그림 9.7의 Python 프로그램 코드와 같은 동작을 하는 C 언어 코드를 만들어 본다. C 언어를 사용한 스위치 상태 읽기 코드는 그림 9.8과 같으며 그림에 컴파일 방법과 실행 화면을 보여준다. 라인 1에서 wiringPi 라이브러리를 사용하는 헤더파일을 나타내며

라인 6에서는 보드에서 물리적인 핀 번호를 사용한다는 것을 라이브러리에게 알려준다. 라인 7과 8에서 GPIO 핀의 입력과 출력지정을 위해서 pinMode 함수를 사용하고 이렇게 지정된 핀 모드에 따라 라인 12와 13의 digitalRead와 digitalWrite 함수를 실행한다.

```
bbb@desktop: ~

1 #include <wiringPi.h>
2 #define     LED     12
3 #define     SW      16
4
5 int main() {
6     wiringPiSetupPhys();
7     pinMode(LED, OUTPUT);
8     pinMode(SW, INPUT);
9     int status;
10
11    for(;;) {
12        status = !digitalRead(SW);
13            digitalWrite(LED, status);
14    }
15    return 0;
16 }
17

pi@raspberrypi:~$ gcc switch.c -o switch -lwiringPi
pi@raspberrypi:~$ ./switch
```

그림 9.8 디지털 입력 스위치 회로의 C 코드(switch.c)

9.2 아날로그 인터페이스

일반적으로 아날로그 출력은 보드에 PWM 회로를 이용하고 아날로그 입력은 ADC 기능을 이용한다. 그러나 RPi는 ADC(analog-to-digital conversion) 칩이 없어서 아날로그 입력 회로를 사용할 수 없다. 그래서 외부에 MCP3008 같은 ADC 칩을 사용하여야 하므로 회로 구성이 복잡해진다. 따라서 가성비는 낮지만, ADC 칩이 내장되어 사용하기 편리한 디지털 센서 모듈을 많이 사용하고 있다.

9.2.1 아날로그 출력 – LED 밝기 제어

RPi에서 아날로그 전압을 발생시키는 방법에는 소프트웨어 pwm 방법과 하드웨어 pwm 방법이 있는데 프로세서 내부에서 발생시키는 펄스폭을 이용해서 출력 전압의 크기를 변화시킨다. 하드웨어 pwm 방식은 PWM(pulse width modulation) 핀에서 아날로그 전압을 출력하는데 그림 9.9에서 볼 수 있듯이 모두 2개의 채널에서 4개의 PWM 핀(12, 32, 33, 35)을 제공한다. RPi의 PWM 채널은 오디오(audio) 시스템과 공유하기 때문에 둘 중에서 하나만 사용해야 한다. Python의 GPIO.RPi 모듈에서는 소프트웨어적으로만 pwm 신호를 출력하기 때문에 PWM 핀뿐만 아니라 모든 GPIO 핀에서도 pwm 신호를 발생시킬 수 있다. C 언어로 된 wiringPi 라이브러리에서는 하드웨어 pwm과 소프트웨어 pwm 방식을 선택해서 사용할 수 있는데 출력 전압은 0~3.3 V의 가변 전압(아날로그 전압)이다. 성능은 당연히 하드웨어 pwm 방식이 더 좋다. RPi에서는 PWM 신호를 초기화할 때 주파수와 듀티 사이클(duty cycle)을 정해준다. 듀티 사이클은 한 주기 동안 전압이 출력되는 시간의 비율을 말한다. 아날로그 출력 하드웨어 회로는 그림 9.1의 디지털 출력 회로와 동일한 것을 사용한다.

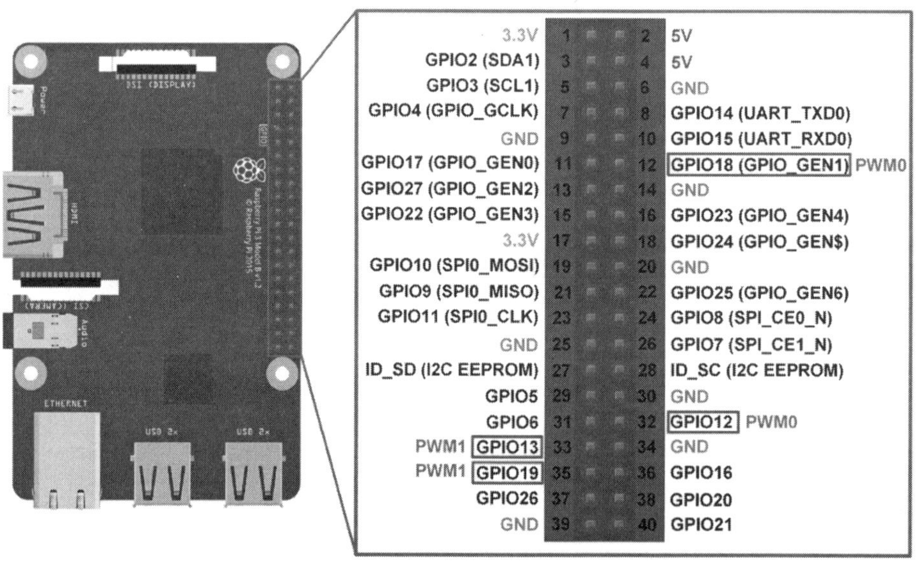

그림 9.9 PWM 핀의 표시

아날로그 출력을 위한 PWM 제어용 Python 코드는 그림 9.10과 같다. 라인 3에서 pwm 신호의 출력 핀을 정의했는데 핀 12는 하드웨어 PWM 핀이다. 그런데 Python의 GPIO.RPi 모듈은 소프트웨어 pwm 신호를 발생시키기 때문에 꼭 이 핀을 쓸 필요는 없다. 예를 들어 핀 16이나 기타 GPIO 핀을 사용해도 된다. 라인 5에서 핀 번호를 보드의 물리적인 번호를 사용한다는 것을 알려준다. 라인 6에서는 LED가 연결된 12번 핀을 OUT 모드로 해주는데 이것은 BBB에서는 필요 없는 명령이다. BBB에서는 PWM 전용 핀을 사용했는데 RPi에서는 GPIO 핀을 사용하기 때문에 입력인지 출력인지를 먼저 setup 함수로 정해주어야 한다. 라인 7에서는 pwm 신호를 발생시키기 전에 먼저 PWM (pwm_channel, frequency) 함수를 사용해서 객체 pwm을 만든다. 인수로는 pwm 핀 번호와 주파수를 전달하는데 라인 4에서 주파수 FREQ을 500 Hz로 정하였다. 이것은 초당 500번의 파형을 발생시키는 것을 의미하며 파형의 주기가 2 msec임을 알려준다. 라인 9에서는 pwm.start 함수를 사용해서 pwm 시작을 알리고 전달인수로 듀티 사이클을 넣는데 초깃값으로 0을 사용하였다. 라인 14에서는 pwm.stop 함수로 pwm 종료를 알

```
bbb@desktop: ~
GNU nano 3.2                    pwmled.py

 1 import RPi.GPIO as GPIO
 2 import time
 3 LED=12
 4 FREQ=500
 5 GPIO.setmode(GPIO.BOARD)
 6 GPIO.setup(LED,GPIO.OUT)
 7 pwm=GPIO.PWM(LED,FREQ)
 8
 9 pwm.start(0)
10 for i in range (0,100,1):
11     pwm.ChangeDutyCycle(i)
12     print("Duty cycle = ", i)
13     time.sleep(0.025)
14 pwm.stop()
15 GPIO.cleanup()
16

pi@raspberrypi:~$ python3 pwmled.py
```

그림 9.10 아날로그 출력(PWM) 제어 python 코드(pwmled.py)

린다. 라인 10의 for 반복문은 0부터 100까지 증가하는데 1씩 증가한다는 의미이다. 라인 11의 중간에 pwm.ChangeDutyCycle 함수의 전달인수로 듀티 사이클 값을 정수로 넣어서 pwm 파형의 듀티 사이클을 변경시키고 이것은 출력 전압의 변화로 나타난다. 라인 13의 sleep 함수는 인수로서 초 단위의 실수를 사용하는데 LED의 밝기 변화를 지연시켜서 눈으로 확인할 수 있도록 하기 위함이다.

9.2.2 C 언어를 사용한 아날로그 출력 – LED 밝기 제어

그림 9.10의 PWM 제어 코드인 pwmled.py 코드와 같은 동작을 하는 C 언어 코드를 만들어 본다. C 언어를 사용할 때는 wiringPi 라이브러리를 사용하는데 Python 코드와는 다르게 하드웨어 PWM 신호를 발생시킬 수 있다. 이때에는 꼭 PWM 핀을 사용해야 한다. PWM C 코드는 그림 9.11과 같으며 그림에 컴파일 방법과 sudo를 사용한 실행 명령어를 보여준다. 라인 1에서 wiringPi 라이브러리를 사용하는 헤더파일을 나타내며

```
bbb@desktop: ~

1  #include <wiringPi.h>
2  #include <stdio.h>
3  #define     PIN     12
4
5  int main() {
6      wiringPiSetupPhys();
7      pinMode(PIN,PWM_OUTPUT);
8      for(int i=0; i<1024; i++) {
9          pwmWrite(PIN, i);
10         printf("PWM output value = %d \n", i);
11     }
12     return 0;
13 }
14

pi@raspberrypi:~$ gcc pwmled.c -o pwmled -lwiringPi
pi@raspberrypi:~$ sudo ./pwmled
```

그림 9.11 아날로그 출력(PWM) 제어 C 코드(pwmled.c)

라인 2는 라인 10의 printf 함수 때문에 사용된다. 라인 9에서 pwmWrite 함수의 두 번째 인수는 0~1023의 정수를 입력해서 듀티 사이클(0~100)을 나타낸다. 라인 7에서 pinMode 함수로 PWM_OUTPUT 모드로 정해주는데 이것은 python에서의 GPIO.OUT 모드와는 다른 것으로 하드웨어 pwm인 것을 확실히 알려준다. C 언어의 소프트웨어 pwm 방식은 wiringPi.h 뿐만 아니라 softPwm.h 헤더파일이 필요하고 pwm 발생함수도 softPwmWrite 함수를 사용하는데 본서에서는 다루지 않는다.

9.3 특수 하드웨어 인터페이스

지금까지 RPi 보드에서 다루었던 디지털 입출력 장치와 아날로그 출력 장치뿐만 아니라 다양한 디지털 입력 센서(온습도 센서, 가속도 센서)와 출력 장치(7-세그먼트(segment) 디스플레이), 초음파 거리 센서, 서보(servo) 모터 제어 등 더 복잡한 하드웨어 인터페이스에 대하여 알아보자.

IC 칩(chip)과 칩 사이의 통신은 전선을 한 개, 두 개 또는 그 이상 사용하는가에 따라서 1-wire 인터페이스, I^2C(inter-integrated circuit) 그리고 SPI(serial peripheral interface)로 나뉜다. 일반적으로 선의 개수가 많아지면 제어 복잡도는 증가하지만, 데이터 전송속도는 빨라진다.

9.3.1 1-wire : 온습도 센서(dht11)

디지털 온습도 센서는 BBB에서 사용한 그림 3.29의 dht11을 사용하는데 이것은 3~5V 전원을 사용하고 2.5mA의 전류를 소비한다. 온도는 0~50℃에서 ±2℃의 정확도를 갖고 습도는 20~80%에서 5%의 정확도를 갖는다. 온도와 습도는 2초마다 측정할 수 있다. dht11 온습도 센서는 하나의 선을 사용하는 1-wire 인터페이스를 사용한다. 일반적으로 데이터 동기를 위한 클럭(clock)을 사용하지 않고 하나의 통신선이 데이터 송신과 수신을 번갈아 전송하므로 데이터 전송속도가 느리다.

동작 원리와 기본 회로는 3.6.1절(그림 3.30)을 참조하고 이 절에서는 RPi 보드의 회로 구성과 python 코드에 대해서 알아보자. 그림 9.12와 같이 dht11 온습도 센서를 RPi

에 연결한다. dht11의 1번 핀은 RPi의 3.3V(1번 핀)에 연결하고 2번 핀은 데이터 선으로서 RPi의 GPIO 12번 핀에 연결하는데 이때 풀업 저항으로 4.7 KΩ 저항을 연결한다. dht11의 4번 핀은 RPi의 GND(39번 핀)에 연결하고 3번 핀은 사용하지 않는다. 즉, BBB에서 사용한 그림 3.30 회로를 보고 빵판과 RPi 보드를 이용해서 회로를 구성하면 그림 9.12가 되는 것이다.

이 회로를 동작시키는 데 필요한 dht11 센서의 python 소스 코드를 git으로 내려받고 dht11 모듈을 설치한다. 아래와 같이 git clone 명령을 사용하면 DHT11_Python 디렉터리가 만들어진다. dht11 모듈은 python3 -m 명령어를 사용해서 설치하는데 설치장소는 현재 디렉터리(.)이다. dht11 모듈을 설치하는 화면은 그림 9.13이고 -m은 모듈을 의미하는데 pip 모듈을 실행하는 것이다.

```
git clone https://github.com/szazo/DHT11_Python
cd DHT11_Python
python3 -m pip install .
```

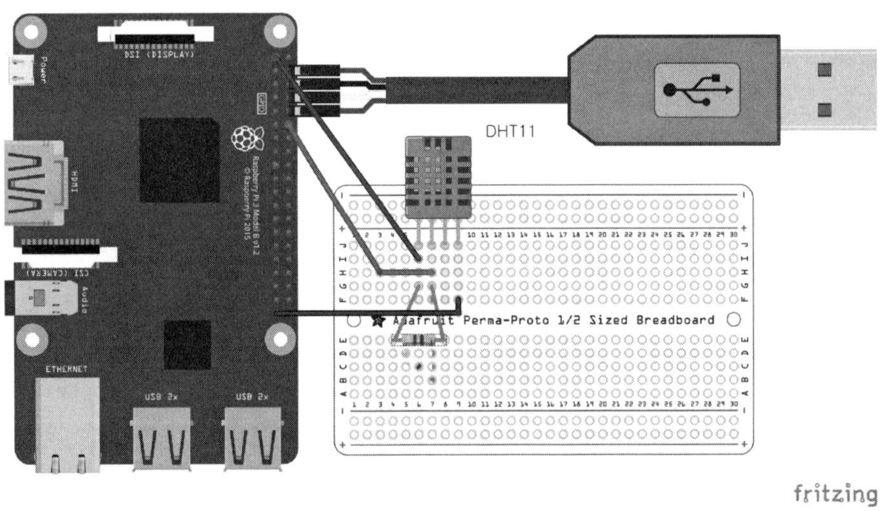

그림 9.12 RPi 보드와 디지털 온습도 센서(dht11) 회로 구성

```
pi@raspberrypi:~/DHT11_Python$ python3 -m pip install .
Looking in indexes: https://pypi.org/simple, https://www.piwheels.org/simple
Processing /home/pi/DHT11_Python
Requirement already satisfied: RPi.GPIO in /usr/lib/python3/dist-packages (from
dht11==0.1.0) (0.7.0)
Building wheels for collected packages: dht11
  Running setup.py bdist_wheel for dht11 ... done
  Stored in directory: /tmp/pip-ephem-wheel-cache-7atq4p_3/wheels/6e/c1/40/2a9cc
00d7c06f47a376a196bded09a81debcc9bff2ce0a7423
Successfully built dht11
Installing collected packages: dht11
  Found existing installation: dht11 0.1.0
    Uninstalling dht11-0.1.0:
      Successfully uninstalled dht11-0.1.0
Successfully installed dht11-0.1.0
pi@raspberrypi:~/DHT11_Python$
```

그림 9.13 dht11 모듈 설치화면

```
bbb@desktop: ~
GNU nano 3.2                    dht11.py

import RPi.GPIO as GPIO
import dht11
import time

GPIO.setmode(GPIO.BOARD)
instance = dht11.DHT11(pin=12)

try:
    while True:
        result = instance.read()
        if result.is_valid():
            print("Temperature: %2.1f C" % result.temperature)
            print("Humidity: %2.1f %%" % result.humidity)
        time.sleep(2)
except KeyboardInterrupt:
    print("CTRL-C pressed")
finally:
    print("Cleanup")
    GPIO.cleanup()
                        [ Read 19 lines ]
^G Get Help  ^O Write Out  ^W Where Is  ^K Cut Text  ^J Justify  ^C Cur Pos
^X Exit      ^R Read File  ^\ Replace   ^U Uncut Text^T To Spell  ^_ Go To Line
```

그림 9.14 디지털 온습도 센서 제어 코드(dht11.py)

디지털 온습도 센서 제어 코드는 그림 9.14에 있는데 실행은 python3 dht11.py 명령으로 실행한다.

```
python3 dht11.py
```

라인 2에서 핵심 모듈 dht11을 로딩한다. 라인 6은 DHT11 함수를 이용해서 객체 instance를 만들고 라인 10의 instance.read 메서드를 이용해서 온습도를 읽는다. 이것은 라인 14에서 2초 지연을 주기 때문에 매 2초당 읽는 것이 된다. 라인 12와 13에서 %는 프린트할 때 포맷 스타일을 정해주는데 C 언어에서 형식 지정자와 같은 역할을 한다. % result.temperature에서와 같이 변수 앞에 %를 사용한다.

9.3.2 I²C : 가속도 센서(adxl345)

I²C(inter-integrated circuit)는 두 가닥의 전선을 이용해서 데이터를 전송하는데 신호의 동기를 위해서 클럭(clock) 신호를 사용한다. 그림 3.35에 전형적인 I²C 버스의 회로 구성을 보여준다. 통신 방식은 그림 3.36에 나타나 있는데 진한 곳은 Slave가 전송하는 데이터이고 흐린 곳은 Master가 전송하는 데이터이다. I²C 통신 방식을 사용하는 센서는 대표적으로 Analog Devices 사의 ADXL345 디지털 가속도 센서(digital accelerometer)로서 그림 3.37에 나타나 보인다. RPi와 ADXL345와의 연결은 그림 9.15와 같은데 센서의 2번 핀(3V3)은 RPi의 1번 핀(3V3)에, 3번 핀(GND)은 RPi의 39번 핀(GND)에, 그리

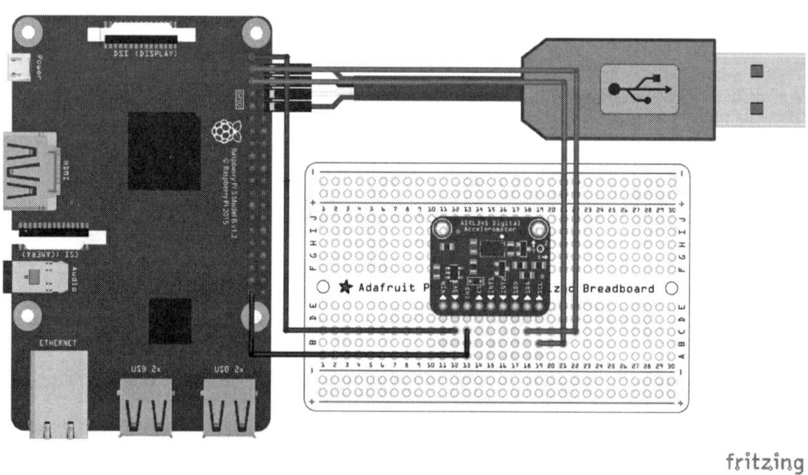

그림 9.15 RPi와 가속도 센서(adxl345) 회로 구성

고 9번 핀(SCL)을 RPi의 5번 핀(SCL)에 연결하고 8번 핀(SDA)을 RPi의 3번 핀(SDA)에 연결한다. 이 가속도 센서는 움직이는 가속도 값을 x, y, z축으로 중력 단위(단위: g) 값으로 읽는다.

프로그램 코드는 CircuitPython이라는 오픈 소스 라이브러리를 이용해서 작성한다. 우선 adxl345를 위한 라이브러리 패키지(adafruit-circuitpython-adxl34x)를 설치한다. 이것은 pip3 프로그램을 이용해서 PyPI로부터 설치한다.

```
pip3 install adafruit-circuitpython-adxl34x
```

이 라이브러리 패키지에 대한 자세한 안내 및 사용법 등은 다음 URL에 접속하면 얻을 수 있다. https://circuitpython.readthedocs.io/projects/adxl34x

또한 소스 코드는 다음 명령으로서 쉽게 설치할 수 있다.

```
git clone https://github.com/adafruit/adafruit_circuitpython_
adxl34x
```

RPi에서 adxl345 가속도 센서를 제어하는 소스 코드는 그림 9.16으로서 BBB 보드에서 사용한 소스 코드와 완전히 같다.

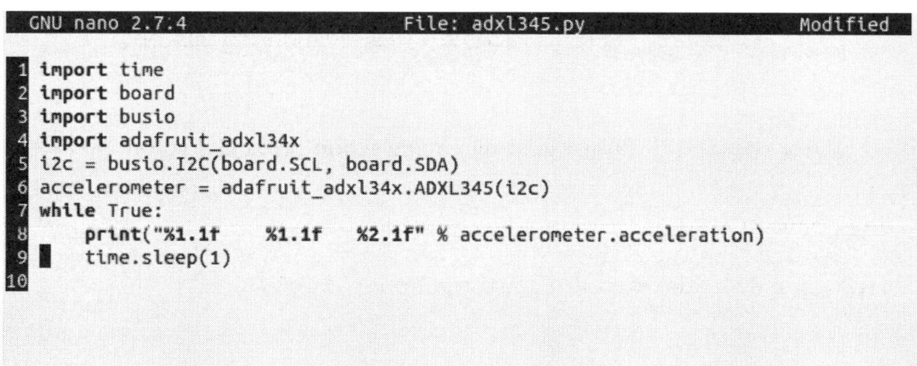

그림 9.16 디지털 가속도 센서 코드(adxl345.py)

9.3.3 I^2C : 7-세그먼드 디스플레이(ht16k33)

이번 절에서는 Adafruit사의 7-세그먼트 디스플레이를 동작시켜 본다. 이 부품은 출력 장치로서 I2C 통신 방식을 사용하며 Holtek사의 ht16k33 칩(chip)이 내장되어 있으며 외관은 3장의 그림 3.41과 같다. 핀 이름은 왼쪽부터 Vcc, GND, SDA, SCL로 구성된다. 이 장치를 구동하기 위한 회로 구성은 그림 9.17과 같다. ht16k33의 Vcc를 RPi의 Vcc(1번 핀)에, GND를 RPi의 GND(39번 핀)에, SDA를 RPi의 SDA(3번 핀)에 연결하고 SCL을 RPi의 SCL(5번 핀)에 연결한다.

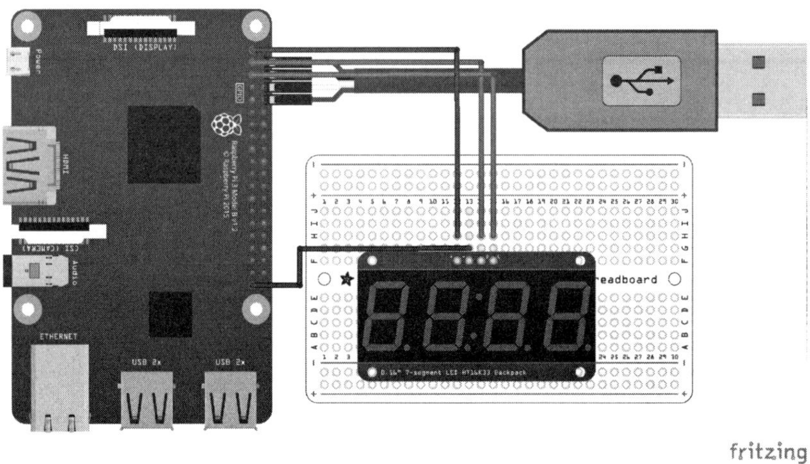

그림 9.17 RPi와 7-세그먼트 디스플레이(ht16k33) 회로 구성

이 장치를 구동시키기 위해서 adafruit-circuitpython-ht16k33 Python 패키지를 설치한다.

```
pip3 install adafruit-circuitpython-ht16k33
```

이 라이브러리 패키지에 대한 자세한 안내 및 사용법 등은 다음 URL에 접속하면 얻을 수 있다. https://circuitpython.readthedocs.io/projects/ht16k33

또한 소스 코드는 다음 명령으로서 쉽게 설치할 수 있다.

```
git clone https://github.com/adafruit/adafruit_circuitpython_
ht16k33
```

RPi와 7-세그먼트 디스플레이 ht16k33을 이용해서 시계를 만들어 본다. 구동 프로그램 코드는 그림 9.18에 있으며 라인 2에서 datetime 모듈을 임포트(import)한다. 라인 5에서 adafruit_ht16k33 패키지의 segments 모듈을 임포트하고 라인 6에서 I2C 인터페이스를 만든다.

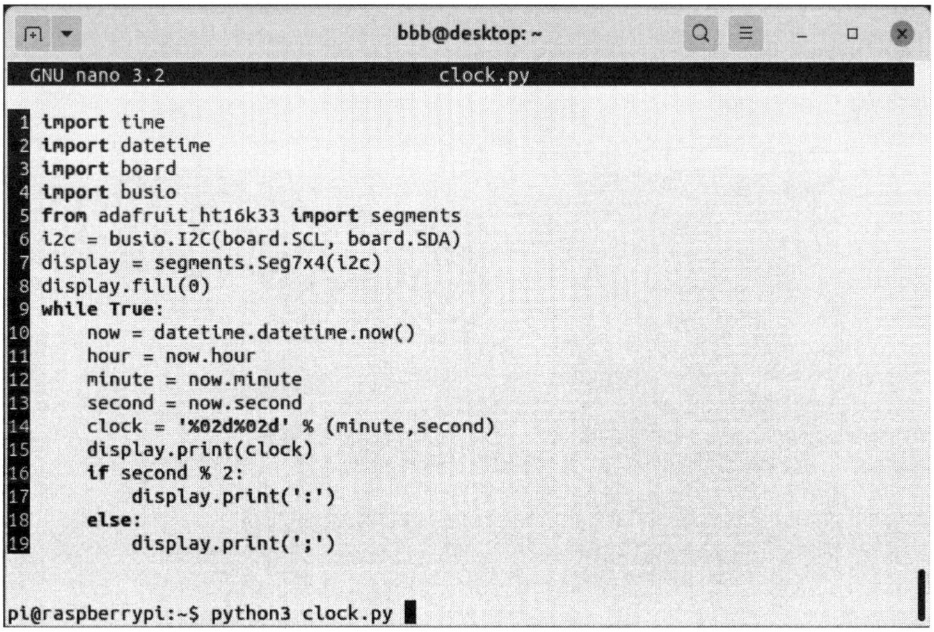

그림 9.18 RPi와 ht16k33을 이용한 시계 구현 코드(clock.py)

라인 7은 adafruit_ht16k33 패키지 디렉터리 안의 모듈 segments.py 파일에 정의된 클래스(class) Seg7x4를 실행하는 것으로서 7x4 디스플레이를 생성한다. 라인 8은 화면을 클리어하고 라인 10은 RPi의 시스템 시간을 가져와서 라인 11, 12, 13에서 시, 분, 초로 나눈다. 이것을 라인 15에서 분(2자리):초(2자리)로 표시한다. 라인 17에서는 처음 1초 동안 콜론(:)을 표시하고 다음 1초 동안은 콜론을 표시하지 않는다.

9.3.4 GPIO : 초음파 센서(hc-sr04)

초음파 센서를 이용한 거리 측정 원리는 그림 3.44와 같이 초음파를 물체에 송신하고 되돌아오는 시간을 측정해서 음파의 전파(propagation) 거리를 계산하는 것이다. 일반적으로 송신(TX) 안테나에서는 40 KHz의 초음파가 송신되는데 거리는 시간×속도로 계산하는데 상온(25℃)에서의 음파 속도는 약 34,300 cm/sec로 계산한다. 초음파 센서 모듈은 그림 3.45의 HC-SR04를 사용하는데 이 모듈의 핀 구성은 왼쪽부터 Vcc(5 V), Trig(Trigger), Echo, GND로 이루어진다. 그림 9.19에서 RPi와 hc-sr04 모듈의 연결을 보여주는데 이들 핀은 각각 PRi의 2번 핀(5 V), 11번 핀(GPIO), 12번 핀(GPIO), 39번 핀(GND)에 연결된다.

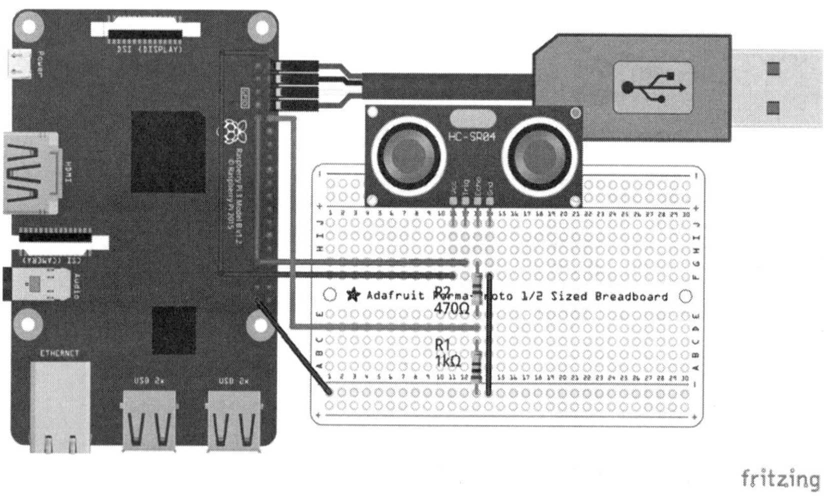

그림 9.19 RPi에서의 초음파 센서(hc-sr04)의 회로 구성

그림 9.19의 빵판 회로 구성에서 Echo 핀에 연결된 저항 두 개는 전압 분배기 저항으로서 Echo 핀에서 출력되는 5v의 전압을 3.3 v로 낮추어주는 효과가 있다. 이렇게 낮춘 전압을 RPi의 11번 핀(GPIO)에 입력한다. 그림 3.44의 초음파 센서의 동작 원리를 이해하고 GPIO의 입출력 함수만을 사용해서 Python 코드를 작성하는데 그림 9.20에 소스 코드를 보인다.

```
1 import RPi.GPIO as GPIO
2 import time
3 GPIO.setmode(GPIO.BOARD)
4 TRIG=11
5 ECHO=12
6 GPIO.setup(TRIG, GPIO.OUT)
7 GPIO.setup(ECHO,GPIO.IN)
8 print("Distance measuring...")
9
10 try:
11     while True:
12         GPIO.output(TRIG,True)
13         time.sleep(0.00001)     #10usec
14         GPIO.output(TRIG,False)
15         while GPIO.input(ECHO) ==0:
16             startTime = time.time()
17         while GPIO.input(ECHO) ==1:
18             endTime = time.time()
19         duration = endTime - startTime
```

그림 9.20 (a) RPi에서 초음파 센서(hcsr04) 제어 코드

```
18             endTime = time.time()
19         duration = endTime - startTime
20         distance = duration * 34300/2
21         print("Distance is %2.1f cm" %distance)
22         time.sleep(2)
23 except KeyboardInterrupt:
24     print("CTRL-C pressed")
25 finally:
26     print("Cleanup")
27     GPIO.cleanup()
28
```

그림 9.20 (b) RPi에서 초음파 센서(hcsr04) 제어 코드

소스 코드는 크게 두 개의 부분으로 나뉘는데 라인 1부터 8까지는 셋업 부분이고 라인 10부터 27까지 try/except/finally 키워드로 묶어주고 그 내부에서 while 반복문을 실행하는 구조이다. 라인 4와 5에서 Trig 핀과 Echo 핀을 정의하고 라인 6에서 Trig 핀을 출력 GPIO로, 라인 7에서는 Echo 핀을 입력 GPIO로 셋업한다. 라인 12~14에서 10 μsec 동안 펄스를 출력하고 라인 16에서 시각을 측정해서 startTime 변수에 저장한다. 그러다가 라인 18에서 Echo 핀에 하이(high) 전압이 발생하는 즉시 시각을 측정해서 endTime 변수에 저장한다. 라인 19와 20에서는 이 시간 차이를 계산하고 음속(343 m/sec)을 이용해서 거리를 계산한다. 그림 9.21에 코드를 실행한 결과화면을 보여준다.

```
pi@raspberrypi:~$ python3 distance.py
Distance measuring...
Distance is 179.4 cm
Distance is 46.1 cm
Distance is 46.3 cm
Distance is 179.4 cm
Distance is 9.0 cm
Distance is 15.3 cm
^CCTRL-C pressed
Cleanup
pi@raspberrypi:~$ █
```

그림 9.21 RPi에서 초음파 센서(hcsr04)를 이용한 거리측정 화면

9.3.5 PWM : 서보 모터(sg90)

모터의 회전 각도가 180도인 서보(servo) 모터의 제어는 PWM 펄스로 제어하는데 RPi에서의 Python 코드로는 소프트웨어 PWM을 이용한다. 즉 보드상의 PWM 핀이 아닌 일반 GPIO 핀으로도 제어가 가능하다. 동작원리는 그림 3.49에서 보여주듯이 주파수 50 Hz의 PWM 파형(주기 20 msec)을 서보 모터에 인가하면 그 펄스폭에 따라 서보 모터의 회전 방향이 정해진다. 펄스폭이 0.5 msec인 경우 즉 듀티 사이클이 2.5%인 경우는 0도를 의미하며 펄스폭이 0.5 msec 증가할수록 회전 방향이 반시계 방향으로 45도씩 움직이게 된다. 펄스폭이 2.5 msec가 되면 즉 듀티 사이클이 12.5%가 되면 180도 회전하는데 이것이 최대 회전각이 되며 이 각도보다 더 회전하지는 않는다.

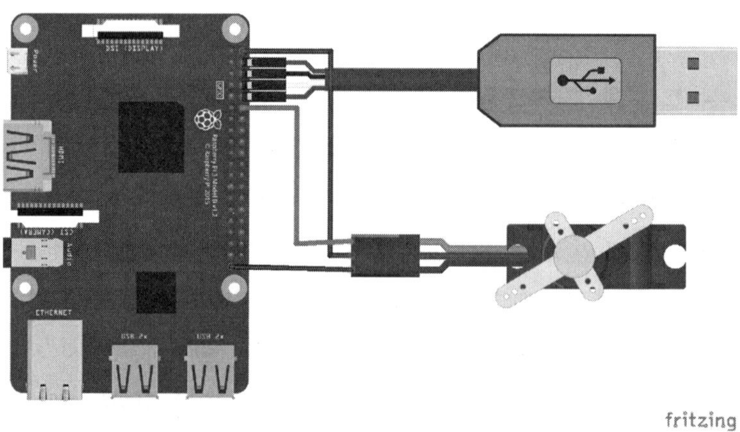

그림 9.22 RPi와 서보 모터(sg90)의 연결 구성도

그림 9.22는 RPi와 서보 모터(sg90)의 연결을 보여준다. 서보 모터의 갈색 핀(1번)은 RPi의 GND(39번 핀)에 연결하고 빨간색 핀(2번)은 RPi의 5v(2번 핀)에 연결하며 오렌지색 핀(3번)은 RPi의 PWM(12번 핀)에 연결한다. 그런데 이 PWM 핀은 소프트웨어 PWM을 사용하므로 실제로는 GPIO 핀으로 동작한다. 서보 모터는 기본 동작이 GPIO를 이용하므로 따로 라이브러리를 설치할 필요가 없다. 서보 모터 제어 코드는 그림 9.23이며 키보드로부터 듀티 사이클을 입력받으면 그만큼 서보 모터를 회전시킨다. 최소 듀티 사이클은 2.5이며 최대 듀티 사이클은 12.5가 된다.

```
bbb@desktop: ~
 GNU nano 3.2                         servo.py

 1 import RPi.GPIO as GPIO
 2 SERVO = 12
 3 duty_cycle = 7.5
 4 freq = 50
 5
 6 GPIO.setmode(GPIO.BOARD)
 7 GPIO.setup(SERVO, GPIO.OUT)
 8 pwm = GPIO.PWM(SERVO, freq)
 9 pwm.start(duty_cycle)
10
11 try:
12     while True:
13         duty_cycle = float(input("Enter duty cycle (Left=>12.5, Right=>2.5)"$
14         pwm.ChangeDutyCycle(duty_cycle)
15 except KeyboardInterrupt:
16     print("CTRL-C ptressed")
17
18 finally:
19     print("Cleanup GPIO...")
                          [ Read 20 lines ]
^G Get Help   ^O Write Out  ^W Where Is   ^K Cut Text   ^J Justify    ^C Cur Pos
^X Exit       ^R Read File  ^\ Replace    ^U Uncut Text ^T To Spell   ^_ Go To Line
```

그림 9.23 RPi에서의 서보 모터(sg90) 제어 코드(servo.py)

그림 9.23 소스 코드의 라인 7에서 서보 모터를 제어할 pwm 신호를 발생시키는 핀을 GPIO.OUT 모드로 셋업시킨다. 라인 8에서는 PWM 함수의 전달 인수로 주파수(50 Hz)를 사용하고 객체 pwm을 만든다. 라인 9에서 start 메서드를 이용해서 초기 듀티 사이클(7.5)로 pwm 파형을 발생시킨다. 라인 11부터 19까지는 try/except/finally 키워드로 묶어주고 라인 12부터 14까지 while 반복문을 실행한다. 라인 13에서 사용자로부터

듀티 사이클을 실수 형태로 입력받아서 라인 14의 ChnageDutyCycle 함수의 전달 인수로 사용한다. 즉 듀티 사이클이 변경됨에 따라서 서보 모터의 회전각이 변화된다. 코드 실행 결과 화면은 그림 9.24에 나타내었다.

```
pi@raspberrypi:~$ python3 servo.py
Enter duty cycle (Left=>12.5, Right=>2.5)2.5
Enter duty cycle (Left=>12.5, Right=>2.5)7.5
Enter duty cycle (Left=>12.5, Right=>2.5)12.5
Enter duty cycle (Left=>12.5, Right=>2.5)7.5
Enter duty cycle (Left=>12.5, Right=>2.5)^CCTRL-C ptressed
Cleanup GPIO...
pi@raspberrypi:~$ █
```

그림 9.24 RPi에서의 서보 모터(sg90) 제어 결과 화면

CHAPTER

10 RPi GUI 프로그래밍

오픈소스 하드웨어인 RPi의 GUI 프로그래밍을 하기 위해서는 우선 RPi의 리눅스 운영체제에 그래픽 모드로 접속해야 한다. 다음에 임베디드 보드의 GUI 프로그래밍으로 가장 많이 사용되는 Qt 프로그래밍을 학습하고 이 Qt 프로그램을 이용하여 RPi의 하드웨어 인터페이스와 GUI 프로그래밍에 대하여 학습한다. Qt 프로그래밍은 기본적으로 C++ 언어를 기반으로 하는데 최근에는 Python 언어를 이용하기도 한다.

10.1 RPi X-Window 접속

RPi 리눅스의 X11 Window에 접속하려면 여러 가지 방법이 있지만, 이 장에서는 비교적 설치하고 사용하기 쉬운 VNC viewer를 사용하기로 한다. VNC 소프트웨어는 클라이언트와 서버로 구성되는데 서버는 RPi에 이미 설치되어 있으며 부팅할 때 기본으로 시작된다. 따라서 우리는 클라이언트 프로그램만 설치해서 실행하면 된다. 클라이언트 프로그램인 VNC viewer는 클라이언트 운영체제에 따라서 리눅스, MS Windows, Mac OS X, 그리고 스마트 폰의 Android, iOS 등 대부분 운영체제에서 실행할 수 있다.

그림 10.1과 같이 https://www.realvnc.com에 접속하여 Products(VNC connect)와 Download(VNC viewer)를 차례로 선택하여 운영체제에 맞게 설치한다. 대부분은 MS Windows 또는 Mac OS X에서 RPi에 바로 접속하는 것이 편리하게 느낄 것이다. 이때

공인 ip 주소가 아닌 사설 ip 주소를 사용한다면 RPi와 VNC viewer가 설치된 호스트 PC는 같은 서브넷(sub network)에 있어야 한다. 즉, ping 테스트가 성공해야 접속할 수 있다. RPi의 wifi 접속은 8.1.4절 RPi 부팅 편을 참조한다. 그림 10.2는 VNC viewer를 이용해서 RPi OS에 접속한 그림이다.

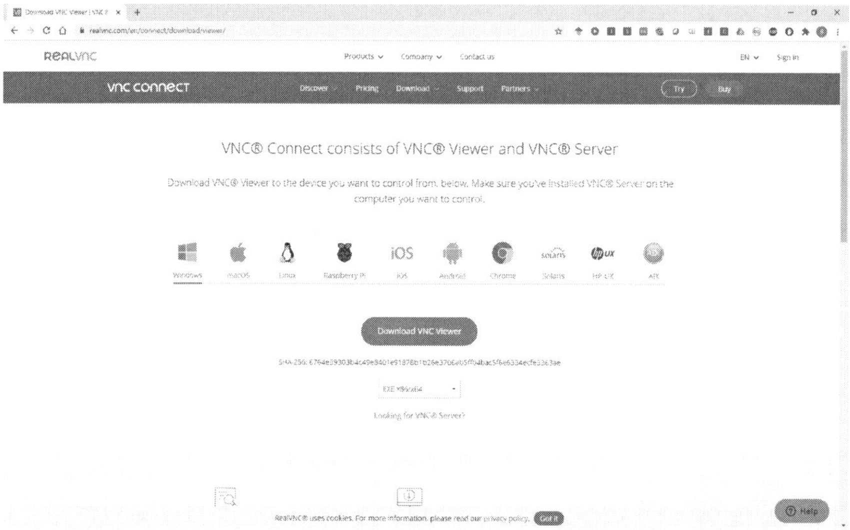

그림 10.1 VNC viewer 제공 사이트

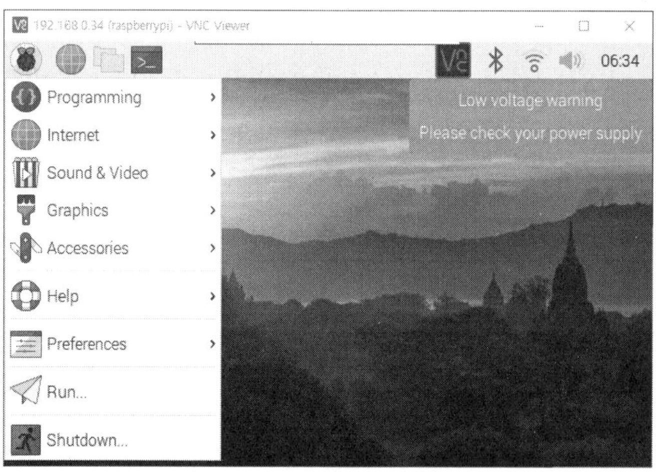

그림 10.2 VNC viewer를 이용한 RPi 접속

10.2 RPi에서 Qt 프로그래밍

10.2.1 RPi에서 Qt 설치

RPi의 OS는 기본 설치에서 Qt가 설치되지 않는다, 따라서 별도로 Qt5를 설치하는데 그림 10.3에 설치화면을 보여준다. 그림 10.4에서는 설치된 후 qmake -v 명령으로 qmake와 qt의 버전 정보를 보여준다. qt의 웹 사이트 주소는 https://qt.io이다.

```
sudo apt-get update
sudo apt-get install qt5-default qtcreator
```

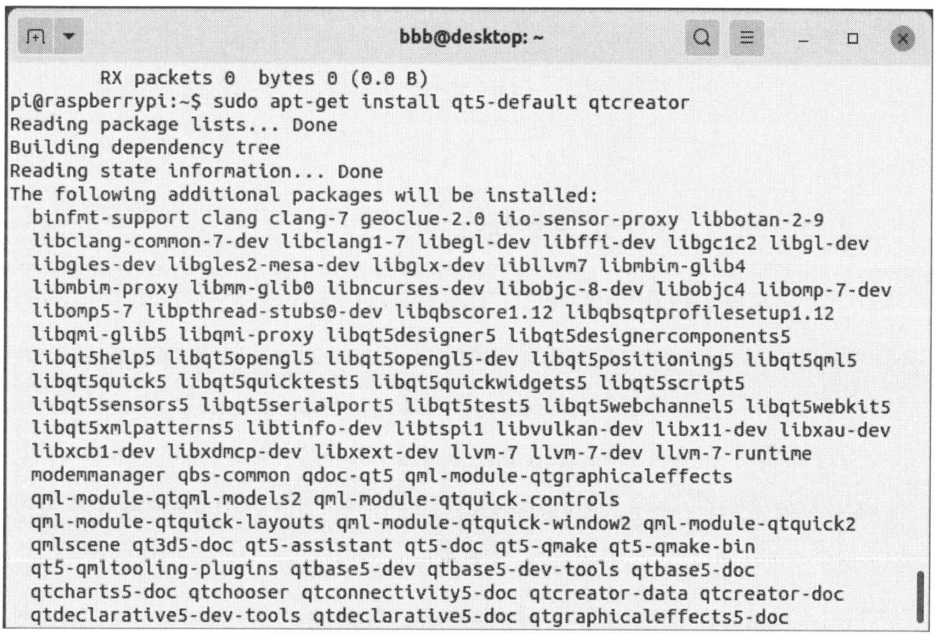

그림 10.3 RPi에서 qt5 설치화면

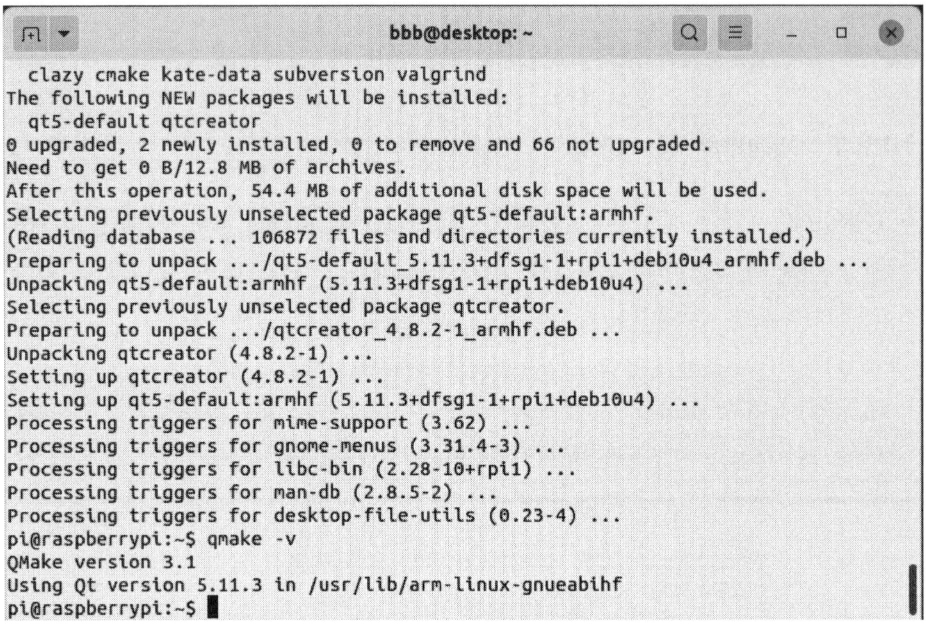

그림 10.4 RPi에서 qt5 설치 후 버전 확인

10.2.2 RPi에서 Qt5 첫 프로젝트

Qt5 설치 후에 Qt5의 통합개발도구(IDE)인 qt5 creator를 그림 10.5와 같이 Programming - Qt creator를 클릭해서 실행한다. Qt creator를 실행하면 New Project를 클릭하고 그림 10.6과 같이 Application-Qt Widgets Application을 선택(Choose)한다. 그림 10.7과 같이 Introduction and Project Location 화면에서 Name 입력창에 프로젝트 이름을 써넣는데 qthello라고 입력한다. Create in 입력창에는 프로젝트가 생성되는 디렉터리 이름을 입력하는데 원하는 디렉터리를 미리 생성한 후에 입력한다. 미리 만든 디렉터리 Qt5를 여기에 입력하고 Use as default project location 체크박스를 체크한다. 그다음 화면 Kit Selection에서 Next를 누르고 그다음 화면 Class Information에서 Base class를 QMainWindow로 선택된 채로 Next를 누른다. 그다음 화면 그림 10.8의 Project Management에서 Finish를 누르면 프로젝트가 생성된다.

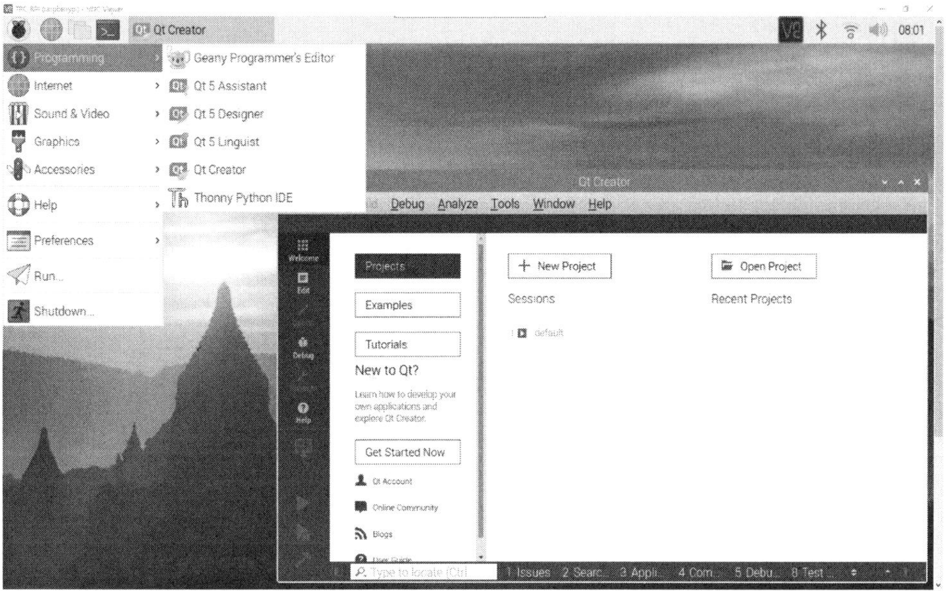

그림 10.5 RPi에서 qt creator 실행

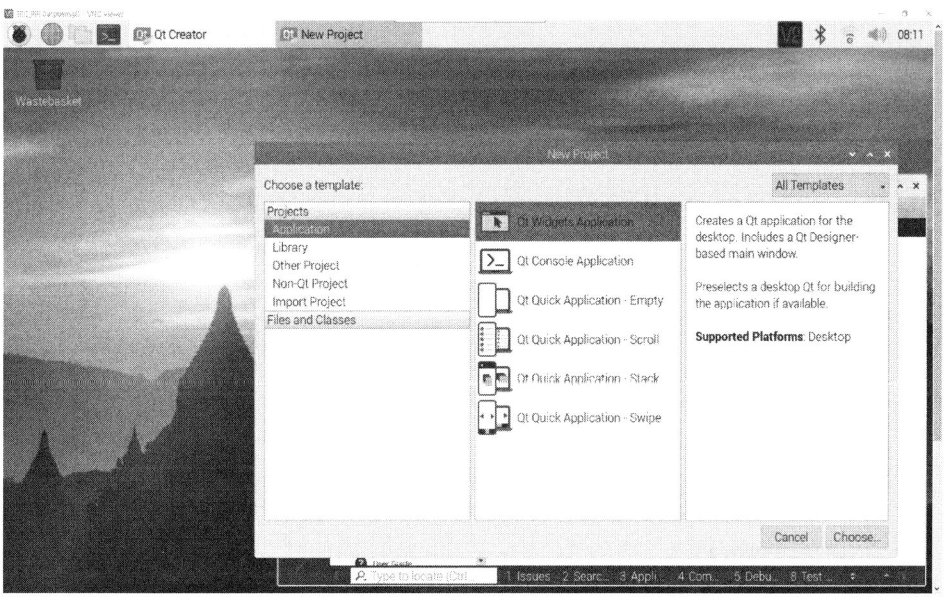

그림 10.6 Qt creator의 New Project 화면

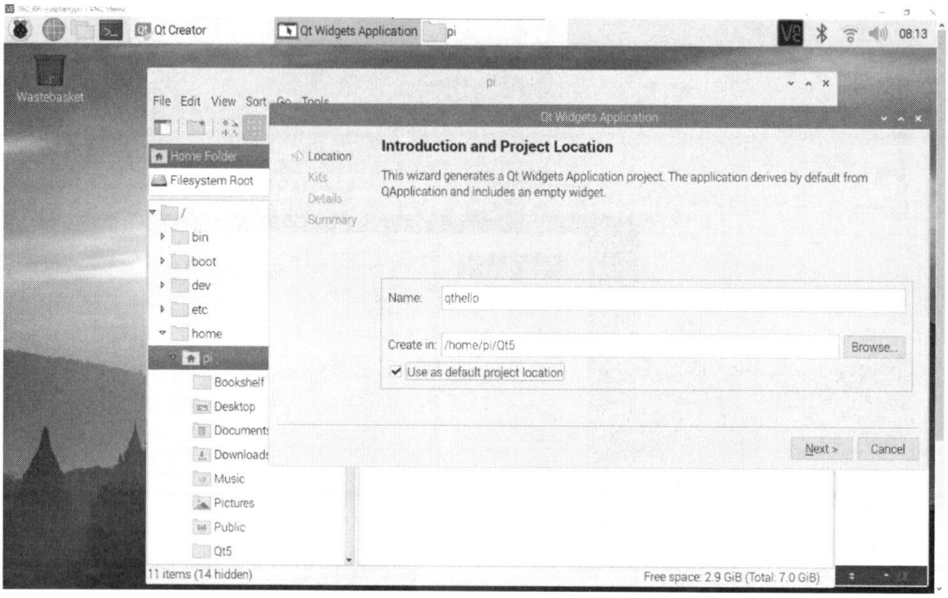

그림 10.7 Qt creator의 Introduction and Project Location 화면

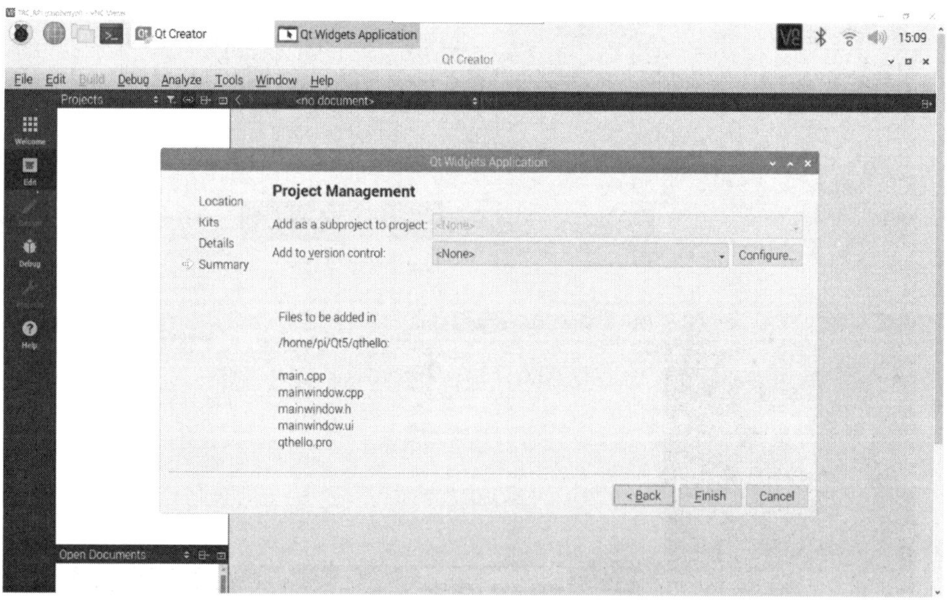

그림 10.8 Qt creator의 Project Management 화면

그림 10.9는 처음 만든 qthello 프로젝트의 여러 가지 생성된 파일들을 보여주는데 프로젝트 파일(qthello.pro), 헤더파일(mainwindow.h), 그리고 소스 코드로서 두 개가 만들어졌는데 main.cpp와 mainwindow.cpp 파일이다. 또한 디자인 파일로서 맨 아래 Forms 폴더의 mainwindow.ui 파일이 만들어졌다. 이 빈 프로젝트를 빌드해서 실행시키려면 메뉴의 Build-Run을 누르거나 왼쪽 아래의 녹색 삼각형을 누르면 된다. 프로그램이 실행되면 그림 10.9의 왼쪽 밑에 타이틀로 MainWindow라고 쓰인 정사각형 모양의 윈도우가 만들어진다. 이것이 우리가 qthello에서 만든 빈 프로젝트의 실행화면이다.

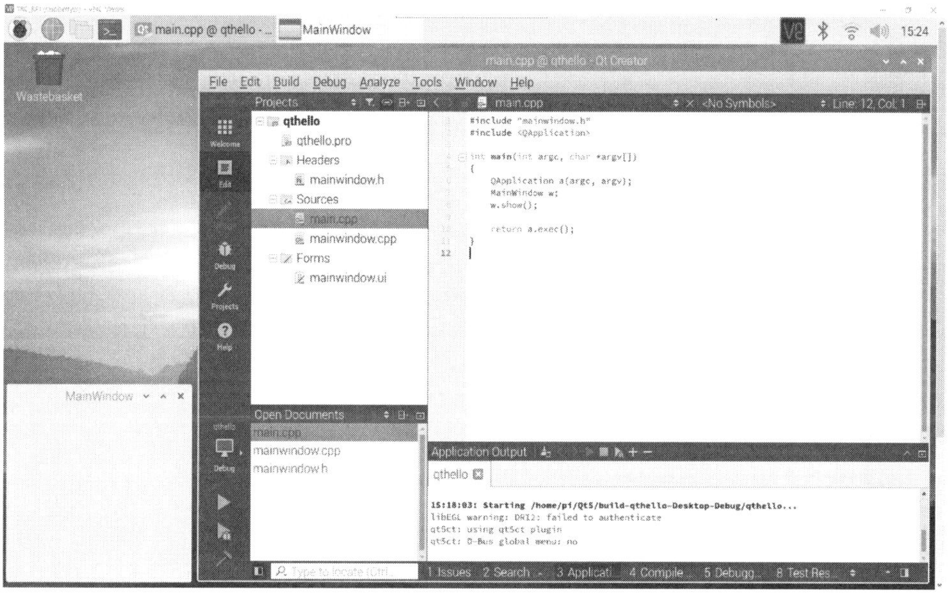

그림 10.9 Qt creator에서 Project 생성 화면

qthello 프로젝트에서 각각의 소스 코드를 살펴보자. 우선 qthello.pro는 프로젝트 파일이다. 가장 중심이 되는 파일은 main.cpp 파일인데 그림 10.10에 보인다. 라인 1에서 mainwindow.h 헤더파일을 포함하고 라인 3에서 QApplication 클래스를 사용한다는 것을 알린다. 라인 7에서 객체 a를 만들고 라인 10에서 a.exec 함수로서 객체가 종료되지 않고 계속 루프를 실행하여 이벤트 처리를 할 수 있도록 한다. 라인 8에서 객체 w를 만들고 라인 9에서는 그 객체를 보여준다(show).

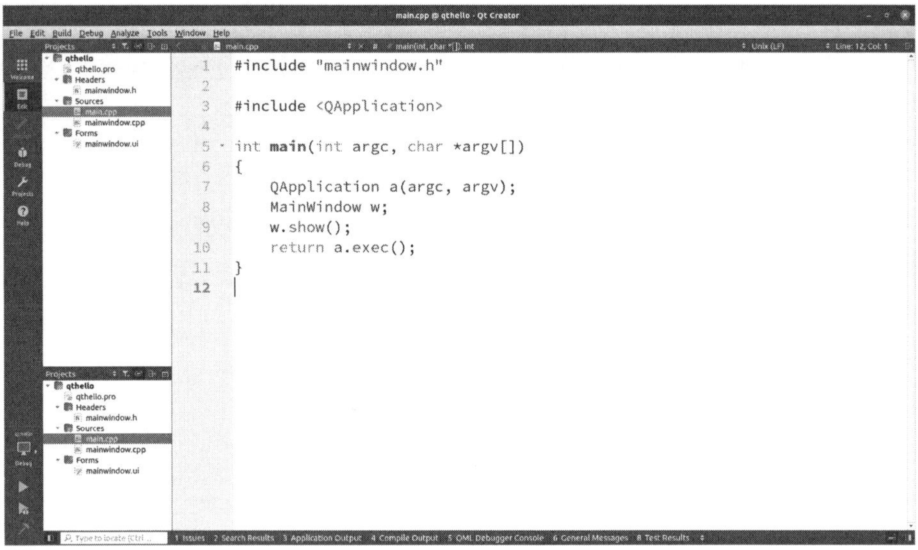

그림 10.10 qthello 프로젝트의 main.cpp

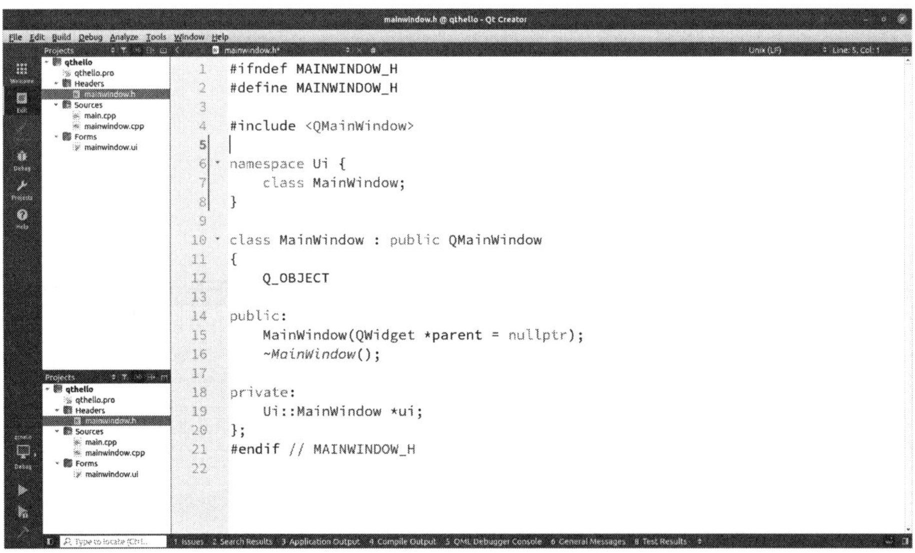

그림 10.11 qthello 프로젝트의 mainwindow.h

mainwindow.h 헤더파일을 보면 라인 4에서 QMainWindow클래스를 사용하는데 Qt에서 기본 클래스는 QWidget, QDialog 및 QMainWindow 클래스가 있다. QDialog와 QMainWindow 클래스는 모두 QWidget 클래스에서 파생되었지만, 최상위 위젯으로서 다른 위젯을 표시할 수 있다. 일반적으로 MainWindow에서 Widget들을 표시하며 Dialog는 팝업창으로 동작한다. 라인 10은 QMainWindow 클래스를 상속받아서 MainWindow 클래스를 만드는데 라인 15와 16은 각각 생성자(constructor)와 소멸자(destructor) 함수를 선언한다. 라인 19에서는 Ui에 있는 MainWindow 클래스를 이용해서 객체 포인터 ui를 만든다. mainwindow.h 헤더파일과 짝을 이루는 mainwindow.cpp 소스 코드는 그림 10.12에 있다.

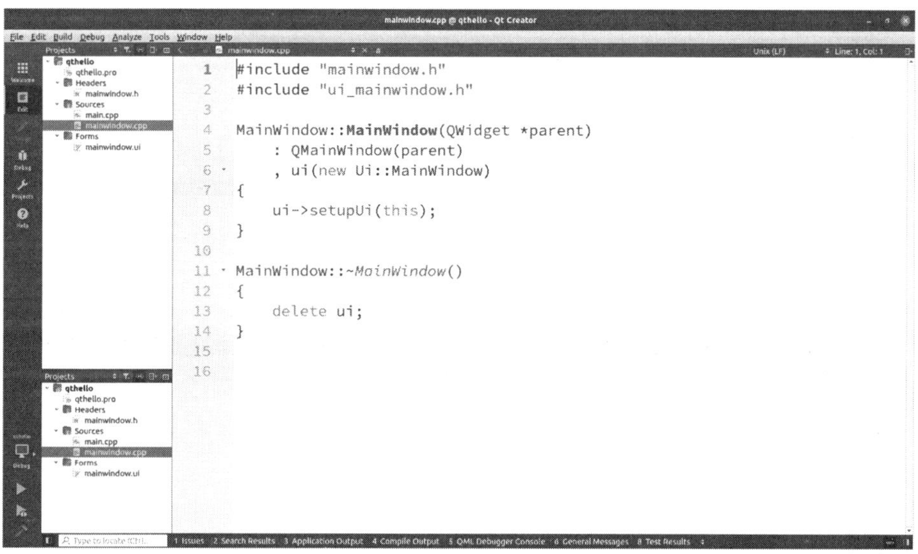

그림 10.12 qthello 프로젝트의 mainwindow.cpp

라인 1과 2는 헤더파일을 포함하는데 특히 라인 2는 화면을 설계하는 ui(user interface) 헤더파일을 포함한다. 이 헤더파일은 mainwindow.ui 파일을 Qt User interface compiler가 컴파일해서 만든 헤더파일이다. 라인 4는 MainWindow 생성자의 정의 부분이며 라인 5와 6은 각각 생성자 안에서 멤버를 초기화하고 라인 8에서 ui 객체의 setupUi(this) 함수를 실행함으로써 메인 윈도우를 화면에 표시한다. 라인 11은 소멸자로서 라인 13번에서 객체 포인터 ui의 메모리를 반환한다. mainwindow.ui 파일은 그림 10.13과 같은데 화면 디자인에 관한 파일이다. 그림에서 왼쪽 세로 부분의 메뉴에서

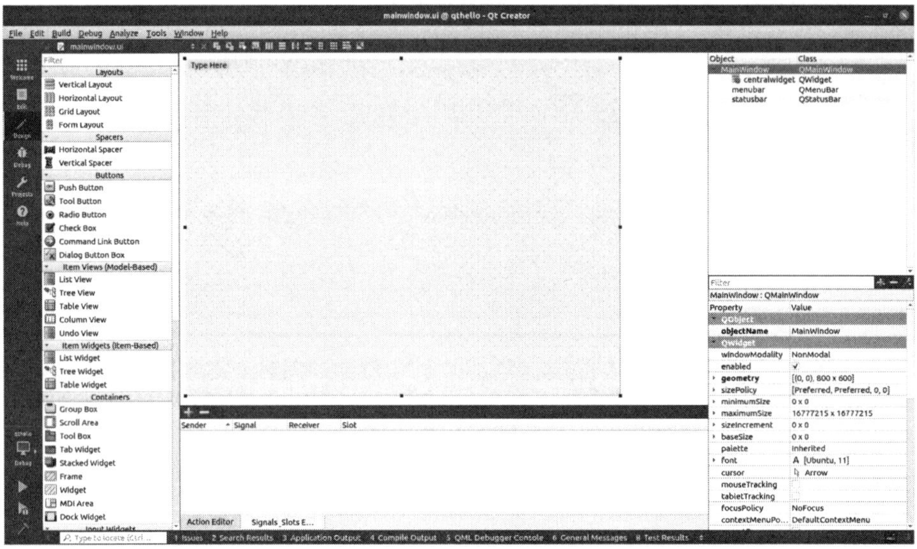

그림 10.13 qthello 프로젝트의 mainwindow.ui(Design)

그림 10.14 qthello 프로젝트의 mainwindow.ui(Edit)

Design이 선택되었는데 이것을 Edit으로 바꾸면 그림 10.14와 같이 xml 코드가 보인다. 그림 10.13의 디자인 화면에다 위젯을 끌어 놓으면 이 화면을 다시 그림 10.14와 같은 디자인 코드로 만드는 것이다.

이제 이 ui 공간에다가 왼쪽 위젯 메뉴에서 label 위젯을 드래그(drag)하여 갖다 놓고 HELLO를 입력하면 그림 10.15와 같게 된다. 이것을 빌드해서 실행시키면 그림 10.16의 왼쪽에 있는 것처럼 MainWindow 타이틀을 가진 윈도우가 생기면서 HELLO라고 쓴 label 위젯이 그 안에 보이게 된다.

이때 소스 코드를 보면 label 위젯이 없을 때나 있을 때나 mainwindow.ui의 디자인 파일을 제외하면 모든 코드가 같다.

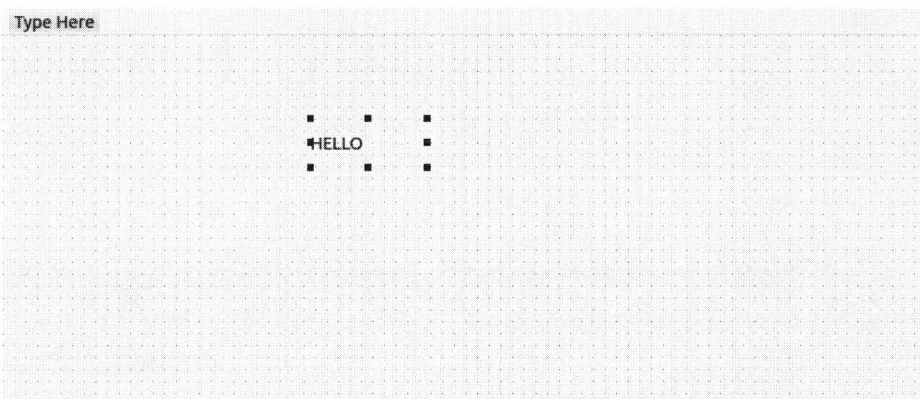

그림 10.15 qthello 프로젝트의 ui 디자인

빌드 디렉터리는 그림 10.16에 보이듯이 /home/pi/Qt5 밑에 생기며 893kb의 최종 실행 코드 qthcllo도 이 디렉터리에 만들어진다. 이 빌드 디렉터리에는 ui 파일을 Qt User interface compiler가 컴파일해서 만들어진 헤더파일 ui_mainwindow.h도 존재한다.

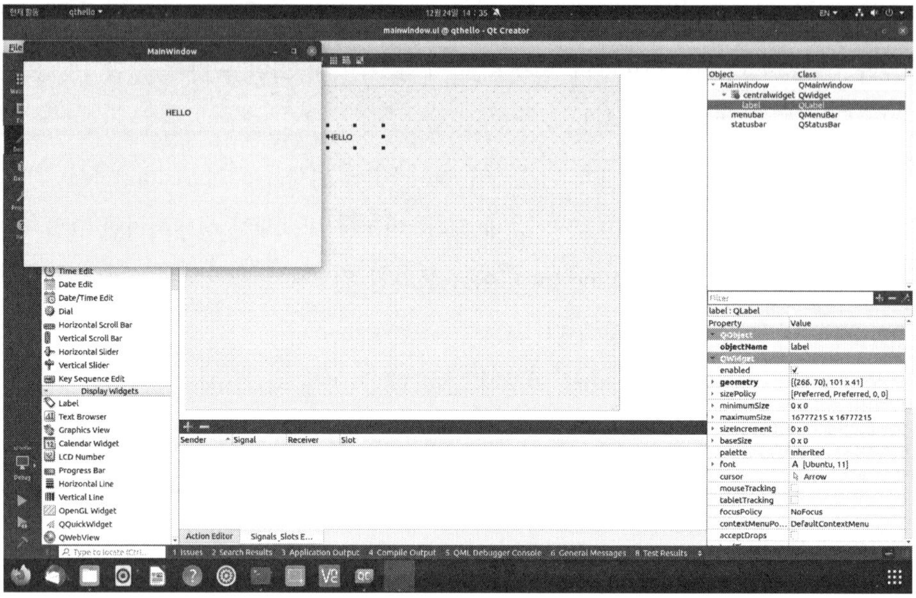

그림 10.16 qthello 프로젝트의 실행 결과

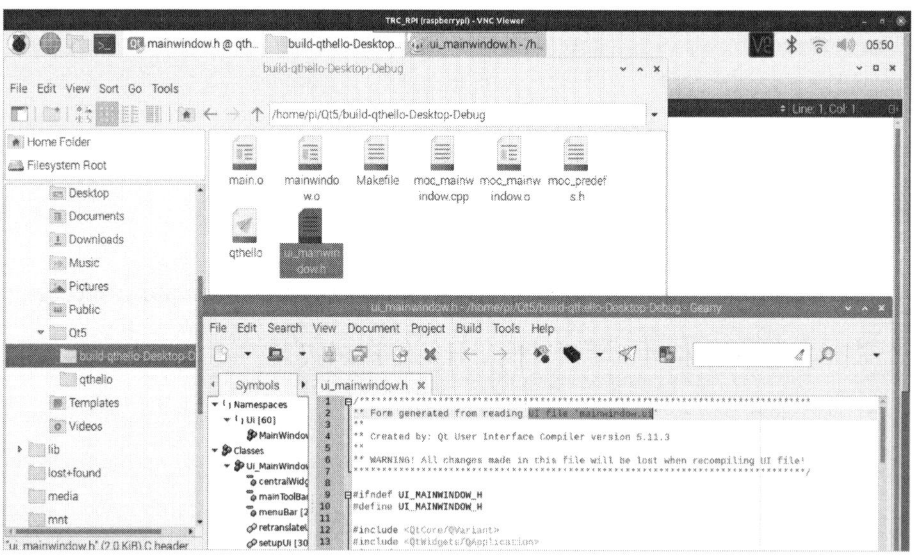

그림 10.17 qthello 프로젝트의 빌드 디렉터리와 ui_mainwindow.h 파일

10.2.3 위젯을 만드는 클래스

Qt 프로그래밍을 할 때 기본이 되는 클래스는 QMainWindow, QDialog, 그리고 QWidget 클래스가 있다. QMainWindow는 주로 메뉴 바, 상태 바, 그리고 툴 바를 만들 때 사용되고, QDialog는 사용자와 대화하는 팝업 창을 만들 때 주로 사용된다. 대부분의 위젯은 QWidget 클래스를 상속받은 클래스(예: QLabel)에 의해 만들어진다. 위젯(widget)은 ui(user interface)상에 자리 잡은 레이블(label), 푸시 버튼(pushbutton) 같은 비주얼한 요소로서 window gadget의 줄임말이다. 따라서 위젯을 만드는 클래스의 종류를 미리 알아두는 것이 GUI 프로그래밍할 때 필수사항이 된다. 버튼(Button)을 만드는 클래스로서 QPushButton, QRadioButton, QCheckBox 등이 있다. 출력 위젯 즉, 표시 위젯(display widgets)을 만드는 클래스로서 QLabel, QLCDNumber, QProgressBar, 그리고 QTextBrowser 등이 있다. 입력 위젯(input widgets)을 만드는 클래스로서 QLineEdit, QTextEdit, QComboBox, QSpinBox, QDial, QSlider, QScrollBar 등이 있다. 레이 아웃(layouts)에 관련된 클래스는 QVBoxLayout과 QHBoxLayout가 있으며 다이얼로그(dialog)를 만드는 클래스는 QMessageBox가 있다. 이에 대한 Qt 클래스의 계층구조를 그림 10.17에 나타내었다. QWidget 클래스에 대한 공식 문서는 다음 주소와 같으며 클래스 상속 관계, 속성 및 함수 등이 잘 정리되어 있다.

https://doc.qt.io/qt-5/qwidget.html

10.2.4 시그널(signal)과 슬롯(slot)

위젯에서 발생하는 시그널은 이벤트와 같은 것이고 다른 위젯에서 처리되는 슬롯 함수는 이벤트 핸들러(event handler)와 같은 동작을 한다. 즉, 시그널과 슬롯은 서로 연결되는 것이다. 슬롯은 세 가지 종류로 나뉘는데 각각 슬롯 1, 슬롯 2, 슬롯 3으로 나눈다.

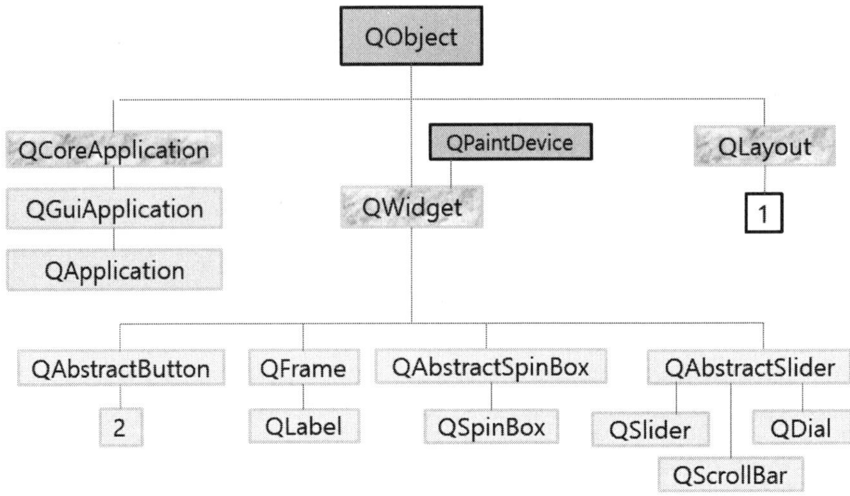

그림 10.18 (a) Qt 클래스 계층구조

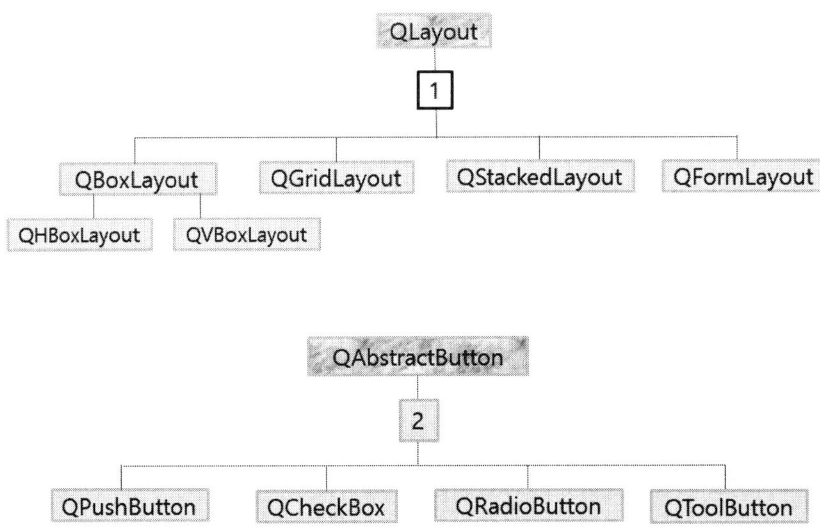

그림 10.18 (b) Qt 클래스 계층구조

10.2.3.1 슬롯 1

slot1 프로젝트를 만들고 왼쪽 위젯 메뉴에서 pushButton 위젯을 드래그하여 그림 10.17과 같이 폼에 배치한다. 시그널/슬롯을 입력하기 위해서 단축 키 F4를 누르거나 Edit 메뉴에서 Edit Signals/Slots를 실행한다. 마우스를 pushButton 위젯 위에다 위치시키면 위젯이 빨간색으로 바뀌면서 마우스를 클릭해서 드래그하면 그림 10.18과 같이 접지선 같은 것이 만들어지면서 Configure Connection이라는 팝업 창이 뜬다. 이때 왼편에는 pushButton의 시그널을 선택하는데 clicked()를 선택한다. 다음에 팝업창 밑부분에 Show signals and slots...라는 체크박스를 체크하면 오른쪽 슬롯 함수 이름이 보이고 이때 `close()` 슬롯 함수를 선택하고 OK를 누른다. Edit Signals/Slots 상태에서 원래 상태인 Edit Widgets 상태로 돌아가려면 단축키 F3을 누르면 된다. 프로그램을 빌드하고 실행하면 MainWindow 안에 pushButton 위젯이 보이고 이것을 마우스로 클릭하면 MainWindow가 종료된다. 즉 슬롯 1은 위젯의 시그널을 상위 위젯으로 보내고 이 시그널을 상위 위젯의 슬롯에서 받아서 처리하는 형태이다.

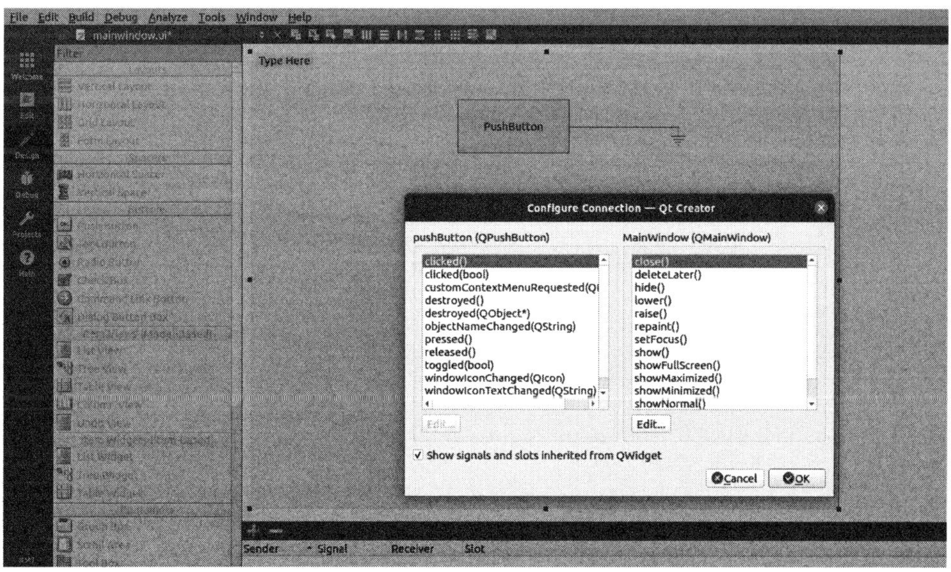

그림 10.19 slot1 프로젝트에서 슬롯 만들기

10.2.3.2 슬롯 2

slot2 프로젝트를 만들고 왼쪽 위젯 메뉴에서 horizontalSlider와 progressBar 위젯을 드래그하여 그림 10.19와 같이 폼에 넣는다. 시그널/슬롯을 입력하기 위해서 단축키 F4를 누르고 마우스를 horizontalSlider 위젯에서 시작해서 progressBar 위젯과 연결시키면 빨간선으로 연결되면서 Configure Connection 팝업 창이 뜬다. 왼쪽에서 horizontalSlider 위젯의 슬롯으로서 valueChanged(int)를 선택하고 오른쪽의 progressBar 슬롯으로서 setValue(int)를 선택한다. 이 프로그램을 실행하면 그림 10.20처럼 마우스로 horizontalSlider를 움직이면 progressBar가 동시에 움직인다. 즉 horizontalSlider 위젯에서 시그널이 발생하면 progressBar 위젯의 슬롯 함수가 동작한다. 이것은 상위 위젯이 아니고 동급의 위젯끼리 시그널/슬롯을 처리하는 방식이다.

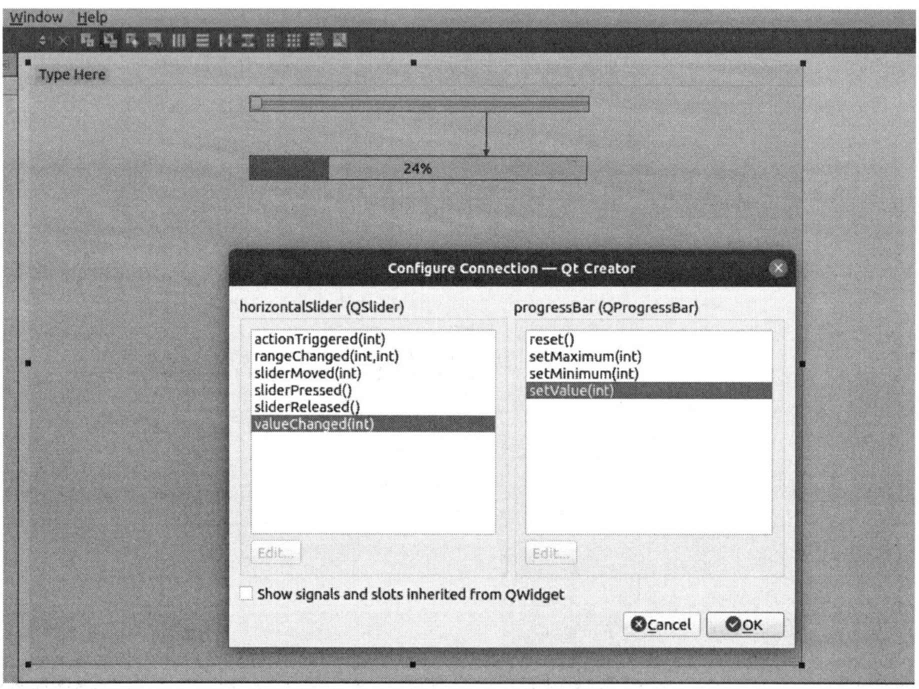

그림 10.20 slot2 프로젝트의 시그널/슬롯

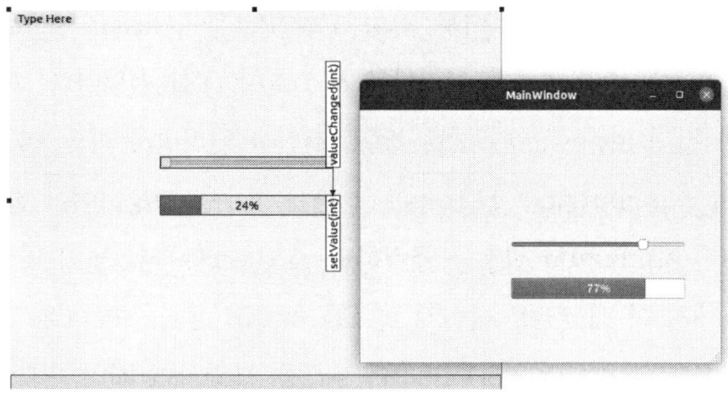

그림 10.21 slot2 프로젝트의 실행 화면

10.2.3.3 슬롯 3(custom slot)

슬롯 3는 사용자가 직접 슬롯 함수를 만드는 커스텀 슬롯(custom slot)이다. slot3 프로젝트를 만들고 그림 10.21과 같이 폼에 pushButton 위젯을 배치하고 "LED Button"으로 타이핑한다. 이어서 그 밑에 label 위젯을 배치하고 "Status"로 이름을 변경한다. pushButton 위젯인 LED Button에 마우스 우클릭한 후 그림 10.21과 같이 Go to slot을 선택한다.

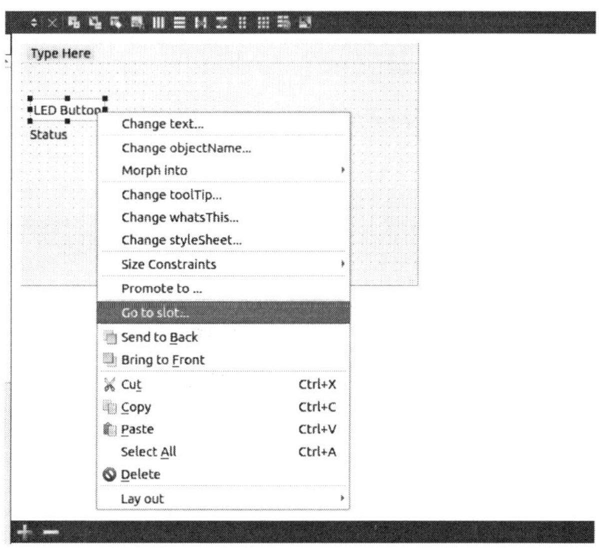

그림 10.22 slot3 프로젝트의 슬롯 만들기

Go to slot을 선택한 후에 바로 그림 10.22와 같이 Select signal 팝업창이 떠서 pushButton 위젯에서 발생하는 시그널로 `clicked()`를 선택한다. 시그널을 선택하면 그림 10.23과 같이 mainwindow.cpp 코드 화면이 열리면서 라인 15~20이 추가되는데 우리는 이 `on_pushButton_clicked()` 슬롯 함수를 코딩하여야 한다. 라인 19를 추가하면 되는데 pushButton 위젯을 클릭하면 `cliked()` 시그널이 발생하고 label 위젯의 슬롯 함수에서 이 시그널을 받아서 글자를 "Status"에서 "LED ON"으로 바꿔준다. 그림 10.23의 MainWindow는 LED Button 위젯을 클릭하기 전의 윈도우를 나타내고 그림 10.24는 클릭 후의 윈도우를 나타낸다. label의 스트링이 "Status"에서 "LED ON"으로 바뀌었음을 볼 수 있다. 이 커스텀 슬롯함수를 사용하려면 그림 10.11의 mainwindow.h 헤더파일의 라인 11처럼 Q_OBJECT 마크로(macro)가 있어야 한다. 그러나 슬롯1과 슬롯2에서는 없어도 된다.

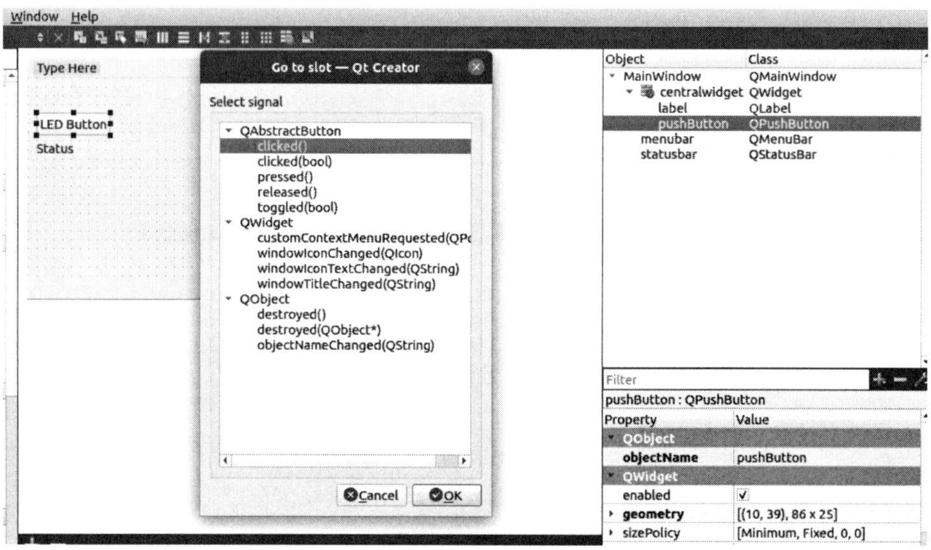

그림 10.23 slot3 프로젝트의 시그널 선택

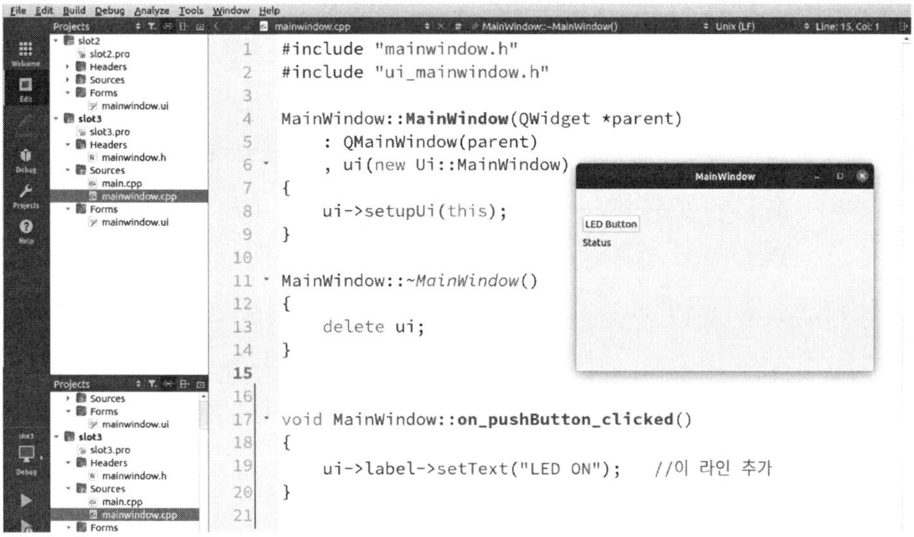

그림 10.23 slot3 프로젝트의 슬롯 함수 실행(클릭 전)

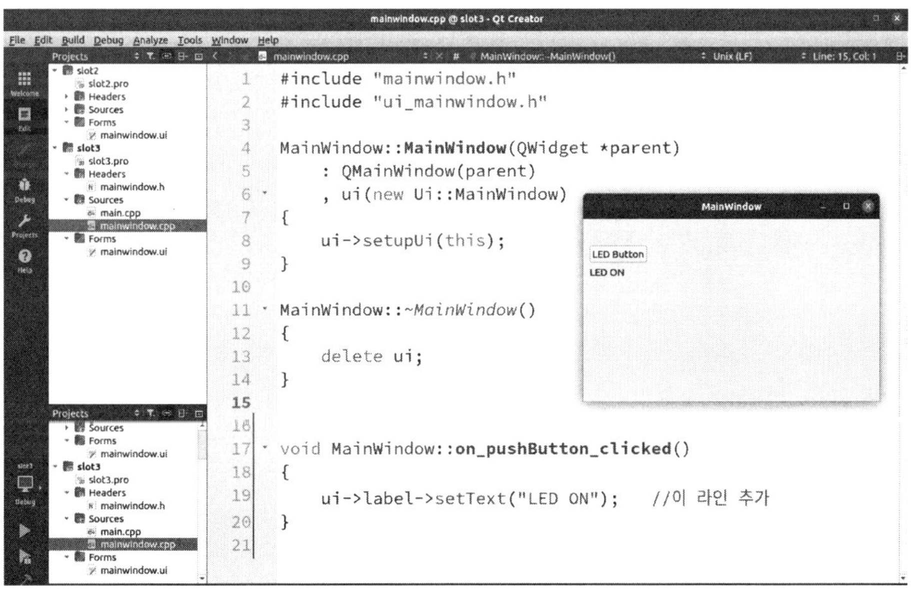

그림 10.24 slot3 프로젝트의 슬롯 함수 실행(클릭 후)

10.2.5 RPi에서 LED 제어 프로젝트

RPi에서 LED를 제어하는 GUI 프로그램을 만들어 보자. rpiled 프로젝트를 만들고 폼에 그림 10.25와 같이 위젯을 배치한다. pushButton위젯으로 "EXIT"을 만들고 슬롯1의 `close()` 함수를 선택한다. label 위젯으로 "LED CONTROL"을 만든다. radioButton 위젯으로 ON/OFF 두 개를 만들고 "ON" radioButton의 objectName(ui 화면의 오른쪽 하단에 있음)을 radioButton_On으로 바꾼다. 이것은 의미 있는 슬롯 함수 이름으로 만들어서 코드의 가독성을 높이기 위해서다. "OFF" radioButton의 objectName도 마찬가지로 radioButton_Off로 바꾼다. radioButton "ON"의 슬롯을 만들기 위해서 우마우스 클릭해서 Go to slot을 선택하고 시그널로서 `clicked()`를 선택한다. radioButton "OFF"도 마찬가지로 우마우스 클릭해서 슬롯을 만드는데 Go to slot을 선택하고 시그널로서 `clicked()`를 선택한다. 이제 파일 3개를 수정한다. 첫째, 프로젝트 파일 rpiled.-pro 파일을 그림 10.26의 라인 28과 같이 한 줄 추가한다.

```
LIB += -lwiringPi
```

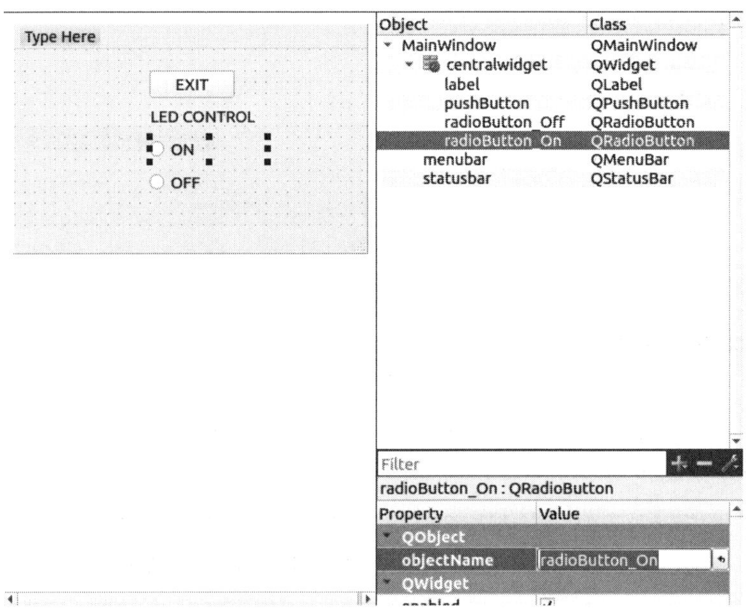

그림 10.25 rpiled 프로젝트의 ui

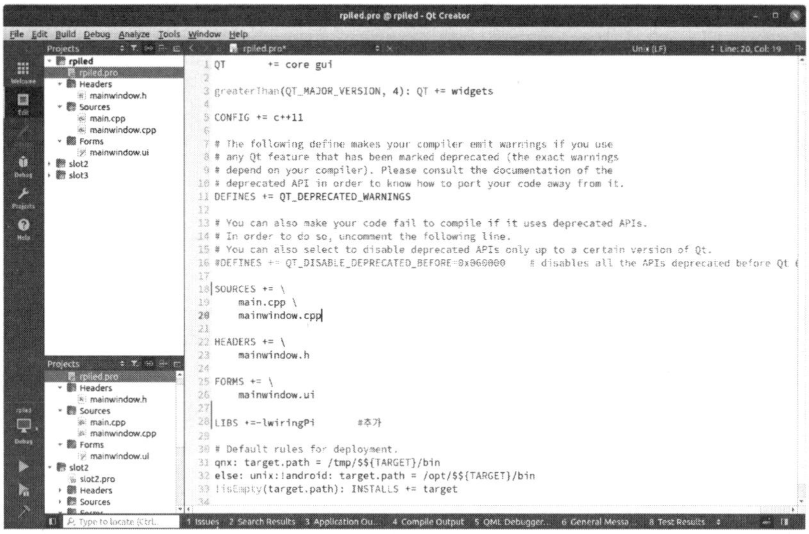

그림 10.26 rpiled 프로젝트의 프로젝트 파일(rpiled.pro)

둘째, 그림 10.27의 헤더파일 mainwindow.h에서 라인 5, 6처럼 두 줄을 추가한다.

```
#include <wiringPi.h>    //추가
#define PIN 12           //추가
```

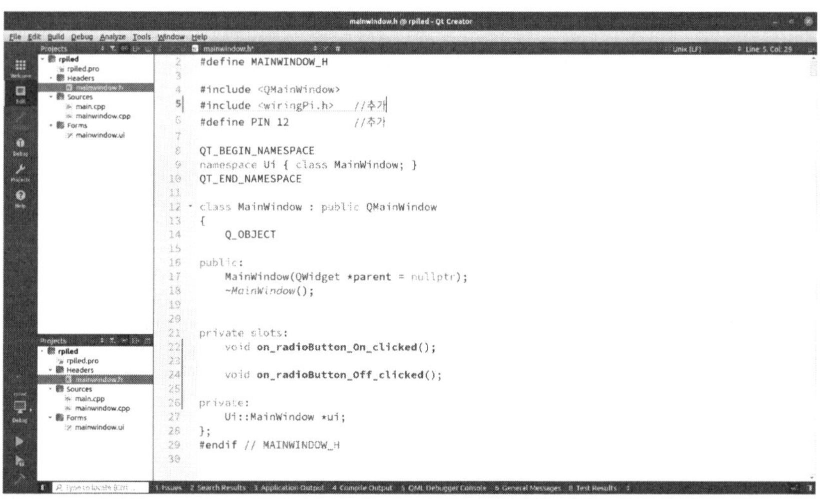

그림 10.27 rpiled 프로젝트의 mainwindows.h

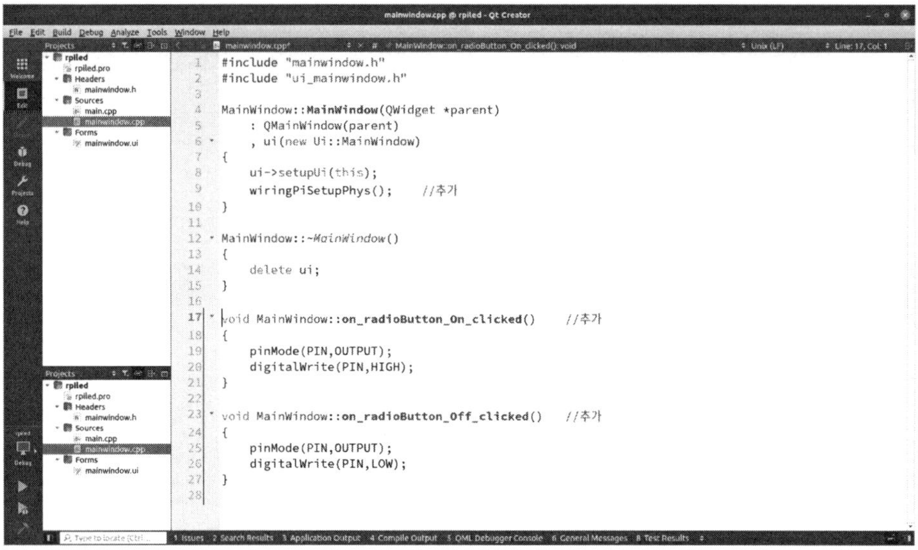

그림 10.28 rpiled 프로젝트의 mainwindows.cpp

셋째, 그림 10.28의 mainwindow.cpp 파일에서 라인 9를 추가한다.

```
wiringPiSetupPhys();
```

그리고 슬롯 3(커스텀 슬롯)의 정의 부분을 라인 19, 20, 25, 26처럼 추가한다.

```
라인 19:    pinMode(PIN,OUTPUT);
라인 20:    digitalWrite(PIN,HIGH);
라인 25:    pinMode(PIN,OUTPUT);
라인 26:    digitalWrite(PIN,LOW);
```

이상과 같이 코딩이 완료되었으면 빌드해서 실행한다. MainWindow의 ON 버튼을 클릭하면 LED에 불이 켜지고 OFF 버튼을 클릭하면 LED가 꺼지는 것을 확인할 수 있다.

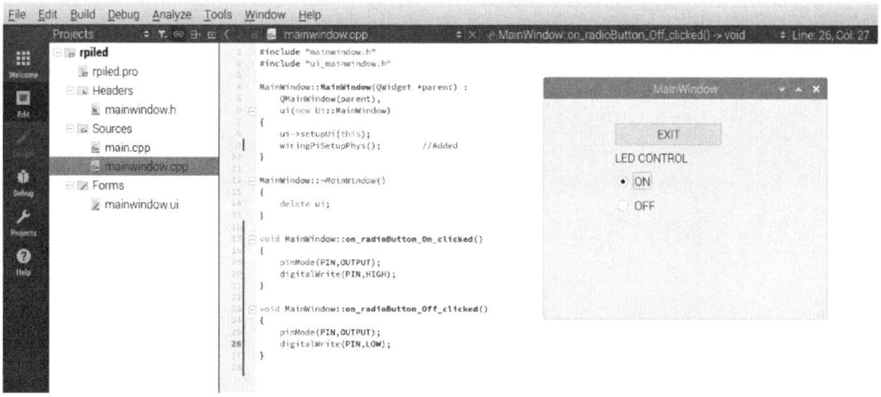

그림 10.29 rpiled 프로젝트의 실행결과 화면

APPENDIX 1

LED(BL-B5134) Datasheet

BRIGHT LED ELECTRONICS CORP.

LED LAMPS SPECIFICATION

●COMMODITY : T-1 3/4 Standard 1.0"Lead, 5 ϕ

●DEVICE NUMBER : BL-B5134 PAGE: 2

●ELECTRICAL AND OPTICAL CHARACTERISTICS (Ta=25℃) VERSION : 1.0

Chip		Lens	Absolute Maximum Rating				Electro-optical Data (At 20mA)			Viewing Angle $2\theta 1/2$ (deg)
Emitted Color	Peak Wave Length λP(nm)	Appearance	$\Delta\lambda$ (nm)	Pd (mW)	If (mA)	Peak If(mA)	Vf(V) Typ.	Vf(V) Max.	Iv Typ. (mcd)	
Bright Red	700	Red Diffused	90	40	15	50	2.2	2.6	12.0	35

Remark : Viewing angle is the Off-axis angle at which the luminous intensity is half the axial luminous intensity.

●ABSOLUTE MAXIMUN RATINGS (Ta=25℃)

Reverse Voltage 5V
Reverse Current (V_R=5V) 100μA
Operating Temperature Range .... -40℃ ~ 80℃
Storage Temperature Range .... -40℃ ~ 85℃
Lead Soldering Temperature .... 260℃ For 5 Seconds

●PACKAGE DIMENSIONS

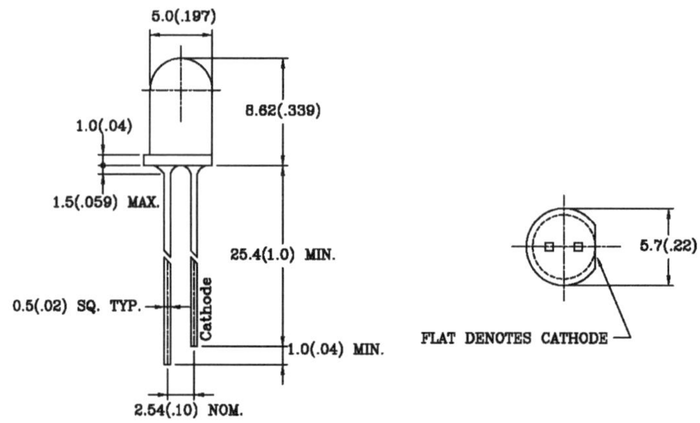

NOTES: 1.All dimensions are in millimeters (inches).
2.Tolerance is ± 0.25mm (0.01") unless otherwise specified.
3.Lead spacing is measured where the leads emerge from the package.
4.Specifications are subject to change without notice.

BRIGHT LED ELECTRONICS CORP.

LED LAMPS SPECIFICATION

- **COMMODITY:T-1 3/4 Standard 1.0"Lead,5ø**
- **DEVICE NUMBER: BL-B5134** PAGE: 3
- **ELECTRICAL AND OPTICAL CHARACTERISTICS(Ta=25°C)** REVISION: 1.0

SPECTRAL DISTRIBUTION

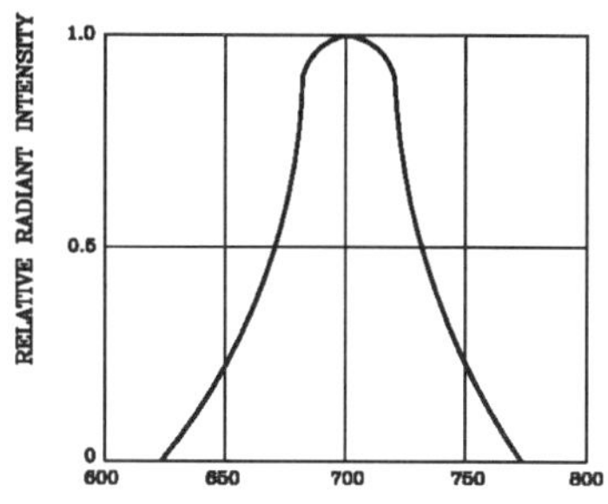

FORWARD CURRENT DERATING CURVE

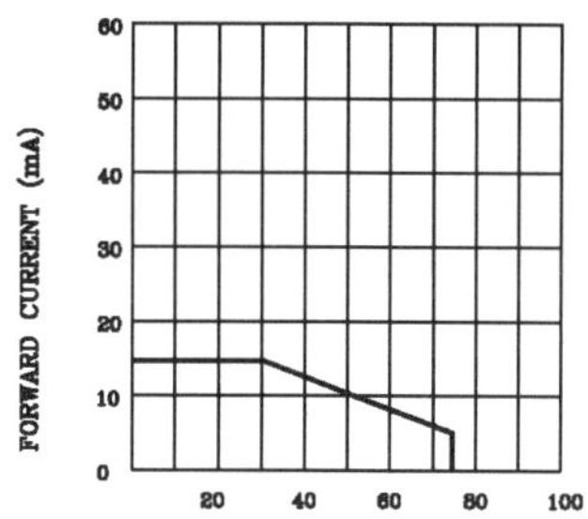

FORWARD CURRENT VS. FORWARD VOLTAGE

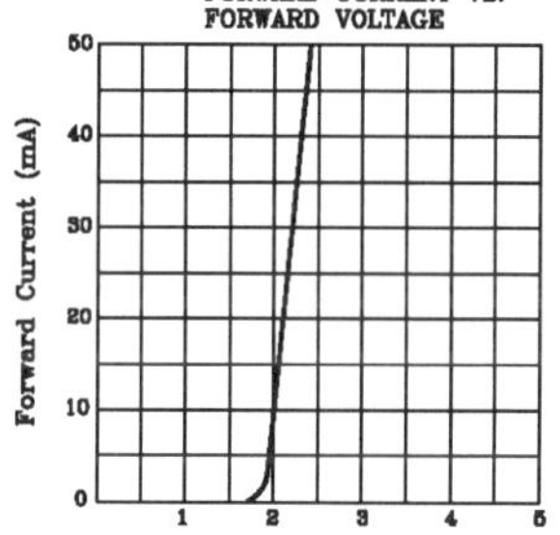

RELATIVE RADIANT INTENSITY VS. AMBIENT TEMPERATURE

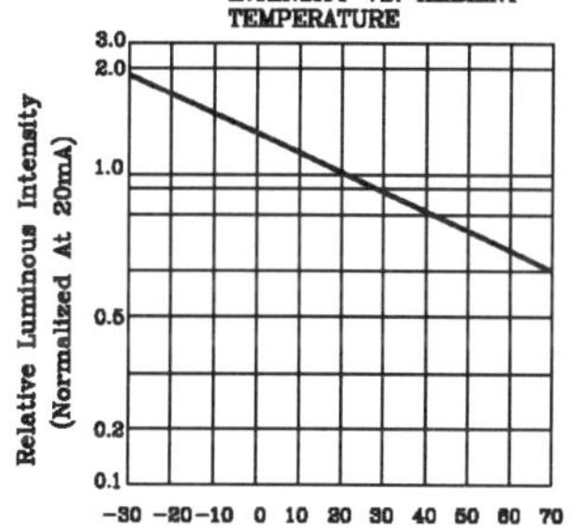

RELATIVE RADIANT INTENSITY VS. FORWARD CURRENT

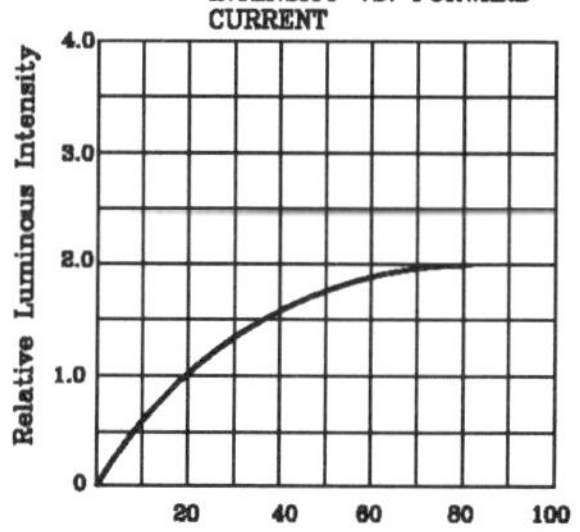

RADIATION DIAGRAM

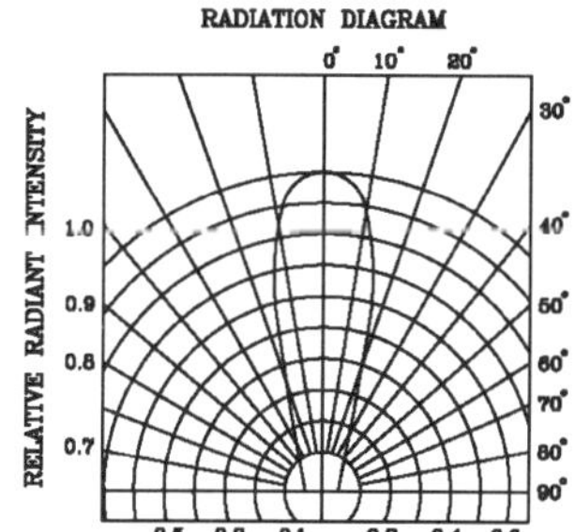

APPENDIX 2

온도 센서(TMP36) Datasheet

ANALOG DEVICES

Low Voltage Temperature Sensors

TMP35/TMP36/TMP37

FEATURES

Low voltage operation (2.7 V to 5.5 V)
Calibrated directly in °C
10 mV/°C scale factor (20 mV/°C on TMP37)
±2°C accuracy over temperature (typ)
±0.5°C linearity (typ)
Stable with large capacitive loads
Specified −40°C to +125°C, operation to +150°C
Less than 50 μA quiescent current
Shutdown current 0.5 μA max
Low self-heating
Qualified for automotive applications

APPLICATIONS

Environmental control systems
Thermal protection
Industrial process control
Fire alarms
Power system monitors
CPU thermal management

GENERAL DESCRIPTION

The TMP35/TMP36/TMP37 are low voltage, precision centigrade temperature sensors. They provide a voltage output that is linearly proportional to the Celsius (centigrade) temperature. The TMP35/ TMP36/TMP37 do not require any external calibration to provide typical accuracies of ±1°C at +25°C and ±2°C over the −40°C to +125°C temperature range.

The low output impedance of the TMP35/TMP36/TMP37 and its linear output and precise calibration simplify interfacing to temperature control circuitry and ADCs. All three devices are intended for single-supply operation from 2.7 V to 5.5 V maximum. The supply current runs well below 50 μA, providing very low self-heating—less than 0.1°C in still air. In addition, a shutdown function is provided to cut the supply current to less than 0.5 μA.

The TMP35 is functionally compatible with the LM35/LM45 and provides a 250 mV output at 25°C. The TMP35 reads temperatures from 10°C to 125°C. The TMP36 is specified from −40°C to +125°C, provides a 750 mV output at 25°C, and operates to 125°C from a single 2.7 V supply. The TMP36 is functionally compatible with the LM50. Both the TMP35 and TMP36 have an output scale factor of 10 mV/°C.

FUNCTIONAL BLOCK DIAGRAM

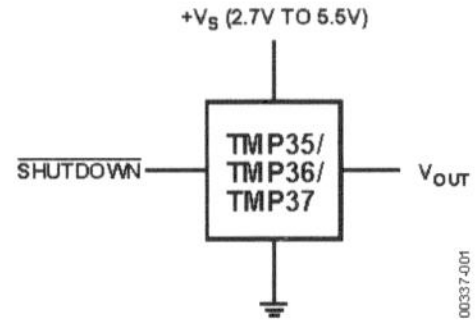

Figure 1.

PIN CONFIGURATIONS

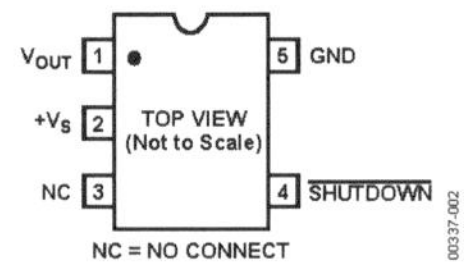

Figure 2. RJ-5 (SOT-23)

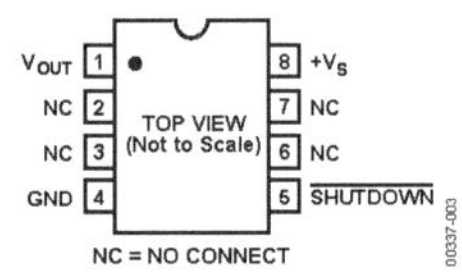

Figure 3. R-8 (SOIC_N)

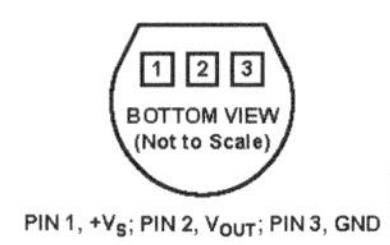

Figure 4. T-3 (TO-92)

The TMP37 is intended for applications over the range of 5°C to 100°C and provides an output scale factor of 20 mV/°C. The TMP37 provides a 500 mV output at 25°C. Operation extends to 150°C with reduced accuracy for all devices when operating from a 5 V supply.

The TMP35/TMP36/TMP37 are available in low cost 3-lead TO-92, 8-lead SOIC_N, and 5-lead SOT-23 surface-mount packages.

One Technology Way, P.O. Box 9106, Norwood, MA 02062-9106, U.S.A.
Tel: 781.329.4700 www.analog.com
Fax: 781.461.3113

SPECIFICATIONS

V_S = 2.7 V to 5.5 V, −40°C ≤ T_A ≤ +125°C, unless otherwise noted.

Table 1.

Parameter[1]	Symbol	Test Conditions/Comments	Min	Typ	Max	Unit
ACCURACY						
TMP35/TMP36/TMP37 (F Grade)		T_A = 25°C		±1	±2	°C
TMP35/TMP36/TMP37 (G Grade)		T_A = 25°C		±1	±3	°C
TMP35/TMP36/TMP37 (F Grade)		Over rated temperature		±2	±3	°C
TMP35/TMP36/TMP37 (G Grade)		Over rated temperature		±2	±4	°C
Scale Factor, TMP35		10°C ≤ T_A ≤ 125°C		10		mV/°C
Scale Factor, TMP36		−40°C ≤ T_A ≤ +125°C		10		mV/°C
Scale Factor, TMP37		5°C ≤ T_A ≤ 85°C		20		mV/°C
		5°C ≤ T_A ≤ 100°C		20		mV/°C
		3.0 V ≤ V_S ≤ 5.5 V				
Load Regulation		0 μA ≤ I_L ≤ 50 μA				
		−40°C ≤ T_A ≤ +105°C		6	20	m°C/μA
		−105°C ≤ T_A ≤ +125°C		25	60	m°C/μA
Power Supply Rejection Ratio	PSRR	T_A = 25°C		30	100	m°C/V
		3.0 V ≤ V_S ≤ 5.5 V		50		m°C/V
Linearity				0.5		°C
Long-Term Stability		T_A = 150°C for 1 kHz		0.4		°C
SHUTDOWN						
Logic High Input Voltage	V_{IH}	V_S = 2.7 V	1.8			V
Logic Low Input Voltage	V_{IL}	V_S = 5.5 V			400	mV
OUTPUT						
TMP35 Output Voltage		T_A = 25°C		250		mV
TMP36 Output Voltage		T_A = 25°C		750		mV
TMP37 Output Voltage		T_A = 25°C		500		mV
Output Voltage Range			100		2000	mV
Output Load Current	I_L		0		50	μA
Short-Circuit Current	I_{SC}	Note 2			250	μA
Capacitive Load Driving	C_L	No oscillations[2]	1000	10000		pF
Device Turn-On Time		Output within ±1°C, 100 kΩ‖100 pF load[2]		0.5	1	ms
POWER SUPPLY						
Supply Range	V_S		2.7		5.5	V
Supply Current	I_{SY} (ON)	Unloaded			50	μA
Supply Current (Shutdown)	I_{SY} (OFF)	Unloaded		0.01	0.5	μA

[1] Does not consider errors caused by self-heating.
[2] Guaranteed but not tested.

TMP35/TMP36/TMP37

ABSOLUTE MAXIMUM RATINGS

Table 2.

Parameter[1, 2]	Rating
Supply Voltage	7 V
Shutdown Pin	GND ≤ $\overline{\text{SHUTDOWN}}$ ≤ $+V_S$
Output Pin	GND ≤ V_{OUT} ≤ $+V_S$
Operating Temperature Range	−55°C to +150°C
Die Junction Temperature	175°C
Storage Temperature Range	−65°C to +160°C
IR Reflow Soldering	
Peak Temperature	220°C (0°C/5°C)
Time at Peak Temperature Range	10 sec to 20 sec
Ramp-Up Rate	3°C/sec
Ramp-Down Rate	−6°C/sec
Time 25°C to Peak Temperature	6 min
IR Reflow Soldering—Pb-Free Package	
Peak Temperature	260°C (0°C)
Time at Peak Temperature Range	20 sec to 40 sec
Ramp-Up Rate	3°C/sec
Ramp-Down Rate	−6°C/sec
Time 25°C to Peak Temperature	8 min

[1] Digital inputs are protected; however, permanent damage can occur on unprotected units from high energy electrostatic fields. Keep units in conductive foam or packaging at all times until ready to use. Use proper antistatic handling procedures.
[2] Remove power before inserting or removing units from their sockets.

Stresses above those listed under Absolute Maximum Ratings may cause permanent damage to the device. This is a stress rating only; functional operation of the device at these or any other conditions above those indicated in the operational section of this specification is not implied. Exposure to absolute maximum rating conditions for extended periods may affect device reliability.

THERMAL RESISTANCE

θ_{JA} is specified for the worst-case conditions, that is, a device in socket.

Table 3. Thermal Resistance

Package Type	θ_{JA}	θ_{JC}	Unit
TO-92 (T-3)	162	120	°C/W
SOIC_N (R-8)	158	43	°C/W
SOT-23 (RJ-5)	300	180	°C/W

ESD CAUTION

ESD (electrostatic discharge) sensitive device. Charged devices and circuit boards can discharge without detection. Although this product features patented or proprietary protection circuitry, damage may occur on devices subjected to high energy ESD. Therefore, proper ESD precautions should be taken to avoid performance degradation or loss of functionality.

TYPICAL PERFORMANCE CHARACTERISTICS

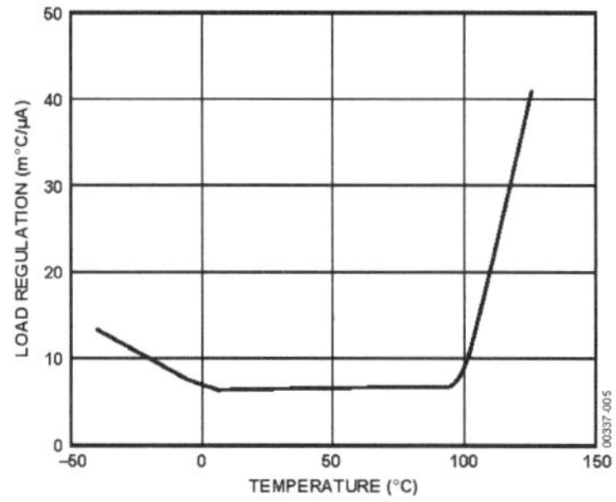

Figure 5. Load Regulation vs. Temperature (m°C/µA)

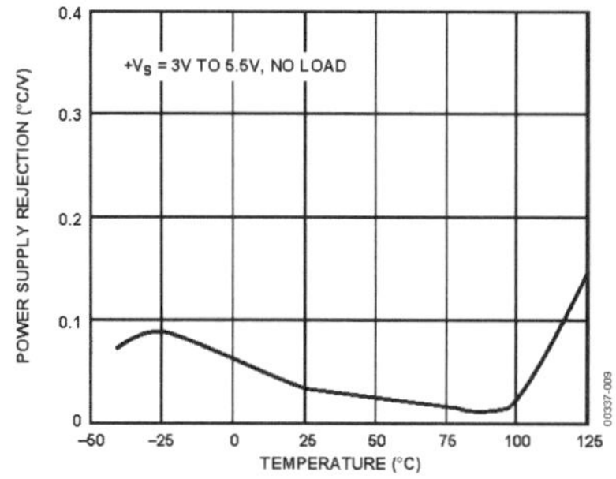

Figure 8. Power Supply Rejection vs. Temperature

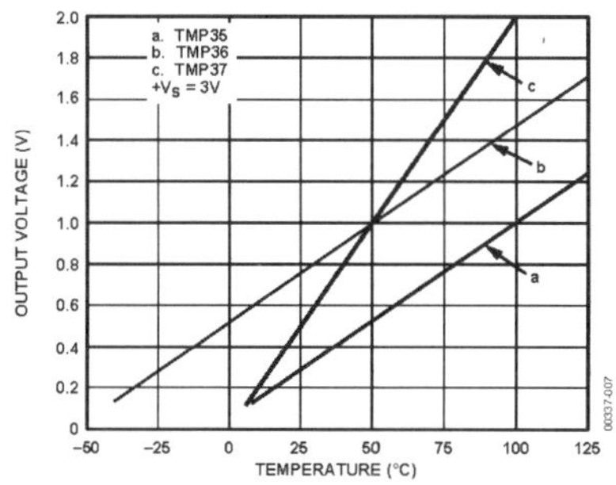

Figure 6. Output Voltage vs. Temperature

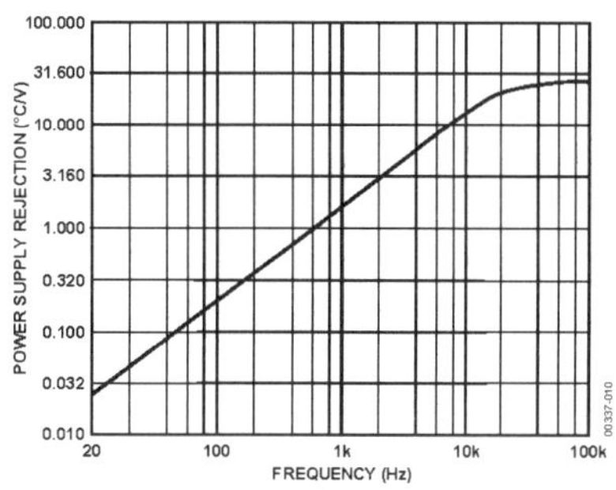

Figure 9. Power Supply Rejection vs. Frequency

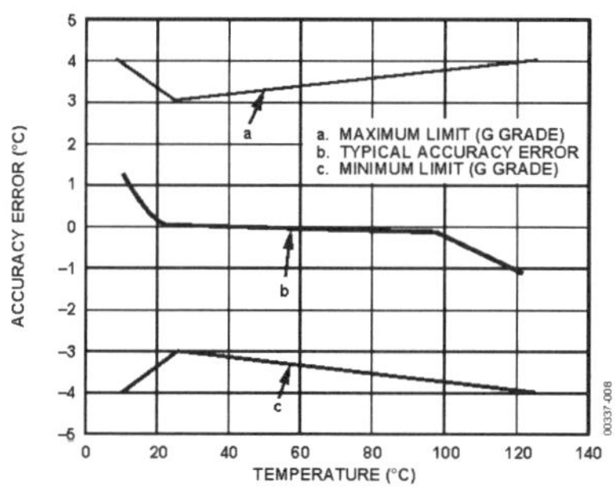

Figure 7. Accuracy Error vs. Temperature

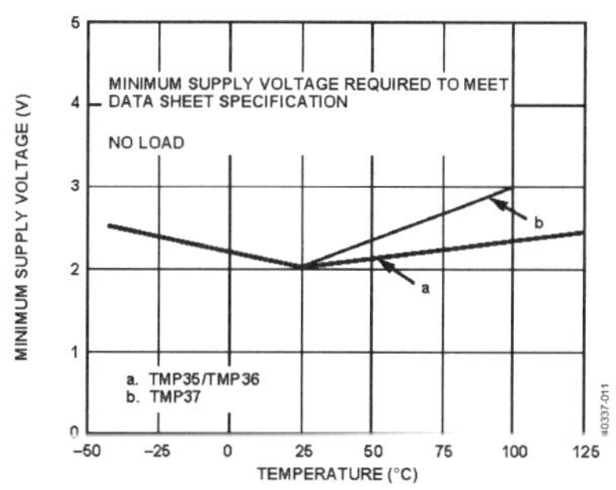

Figure 10. Minimum Supply Voltage vs. Temperature

TMP35/TMP36/TMP37

FUNCTIONAL DESCRIPTION

An equivalent circuit for the TMP3x family of micropower, centigrade temperature sensors is shown in Figure 22. The core of the temperature sensor is a band gap core that comprises transistors Q1 and Q2, biased by Q3 to approximately 8 μA. The band gap core operates both Q1 and Q2 at the same collector current level; however, because the emitter area of Q1 is 10 times that of Q2, the V_{BE} of Q1 and the V_{BE} of Q2 are not equal by the following relationship:

$$\Delta V_{BE} = V_T \times \ln\left(\frac{A_{E,Q1}}{A_{E,Q2}}\right)$$

Resistors R1 and R2 are used to scale this result to produce the output voltage transfer characteristic of each temperature sensor and, simultaneously, R2 and R3 are used to scale the V_{BE} of Q1 as an offset term in V_{OUT}. Table 4 summarizes the differences in the output characteristics of the three temperature sensors.

The output voltage of the temperature sensor is available at the emitter of Q4, which buffers the band gap core and provides load current drive. The current gain of Q4, working with the available base current drive from the previous stage, sets the short-circuit current limit of these devices to 250 μA.

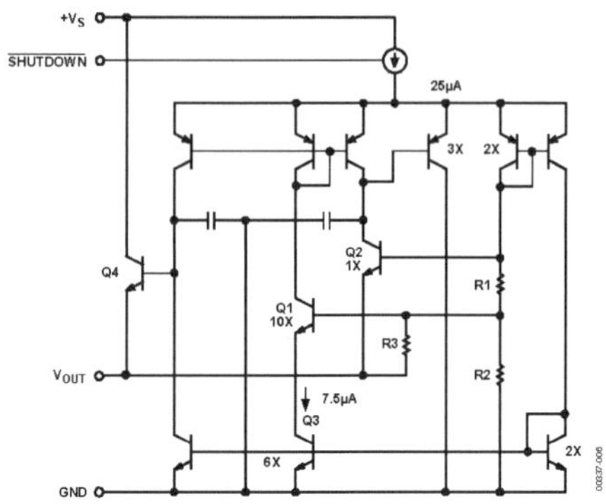

Figure 22. Temperature Sensor Simplified Equivalent Circuit

Table 4. TMP3x Output Characteristics

Sensor	Offset Voltage (V)	Output Voltage Scaling (mV/°C)	Output Voltage @ 25°C (mV)
TMP35	0	10	250
TMP36	0.5	10	750
TMP37	0	20	500

Rev. F | Page 8 of 20

APPENDIX 3

조도 센서(GL5528) Datasheet

CdS PHOTOCONDUCTIVE CELLS — GL5528

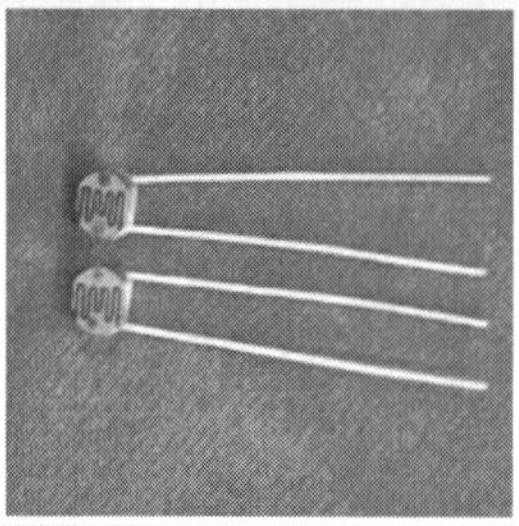

- ▲ Epoxy encapsulated
- ▲ Quick response
- ▲ Small size
- ▲ High sensitivity
- ▲ Reliable performance
- ▲ Good characteristic of spectrum

Light Resistance at 10Lux (at 25℃)	8～20KΩ
Dark Resistance at 0 Lux	1.0MΩ(min)
Gamma value at 100-10Lux	0.7
Power Dissipation(at 25℃)	100mW
Max Voltage (at 25℃)	150V
Spectral Response peak (at 25℃)	540nm
Ambient Temperature Range:	- 30～+70℃

Outline

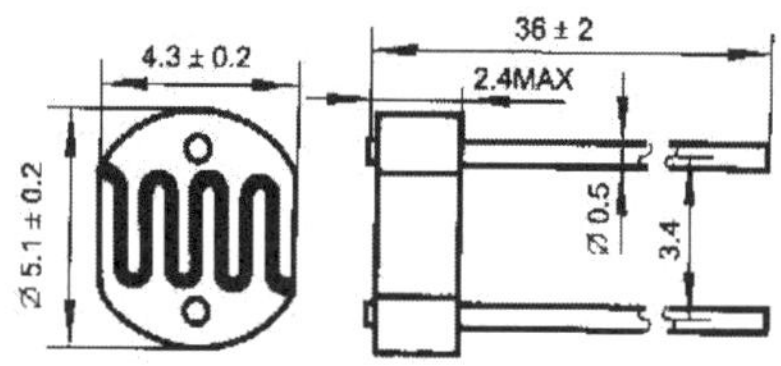

Measuring Conditions

1. Light Resistance:
   measured at 10 lux with standard light A (2854k color temperature) and 2h pre-illumination at 400-600 lux prior to testing.
2. Dark Resistance:
   measured 10 seconds after pulsed 10 lux.
3. Gamma Characteristic:
   between 10 lux and 100 lux and given by
   $$T = \frac{\log (R10/R100)}{\log (100/10)} = \log (R10/R100)$$
   R10, R100 cell resistance at 10 lux and 100 lux.
   The error of T is +0.1.
4. Pmax:
   Max. power dissipation at ambient temperature of 25°C.
5. Vmax:
   Max. voltage in darkness that may be applied to the cell continuously.

Illuminance Vs. Photo Resistance

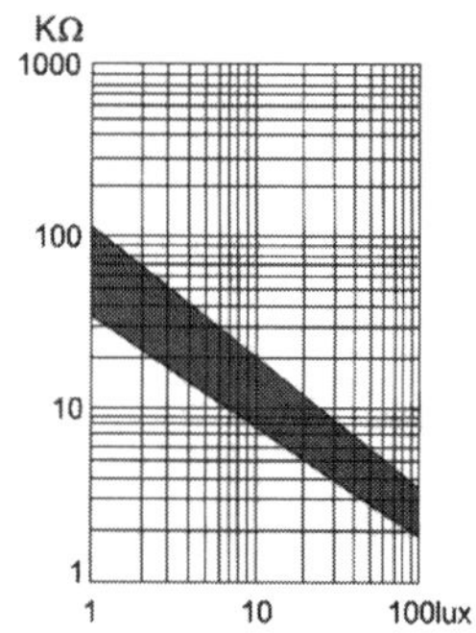

Spectral Response

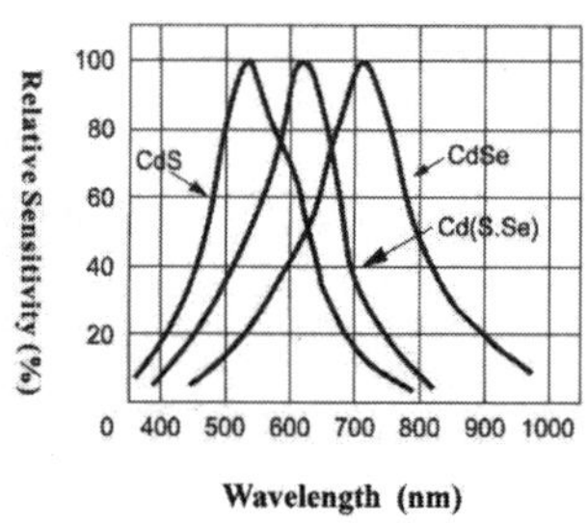

찾아보기